ちくま新書

プロ野球選手の戦争

場記録

山際康之
Yamagiwa Yasuyuki

1788

プロ野球選手の戦争史――122名の戦場記録【目次】

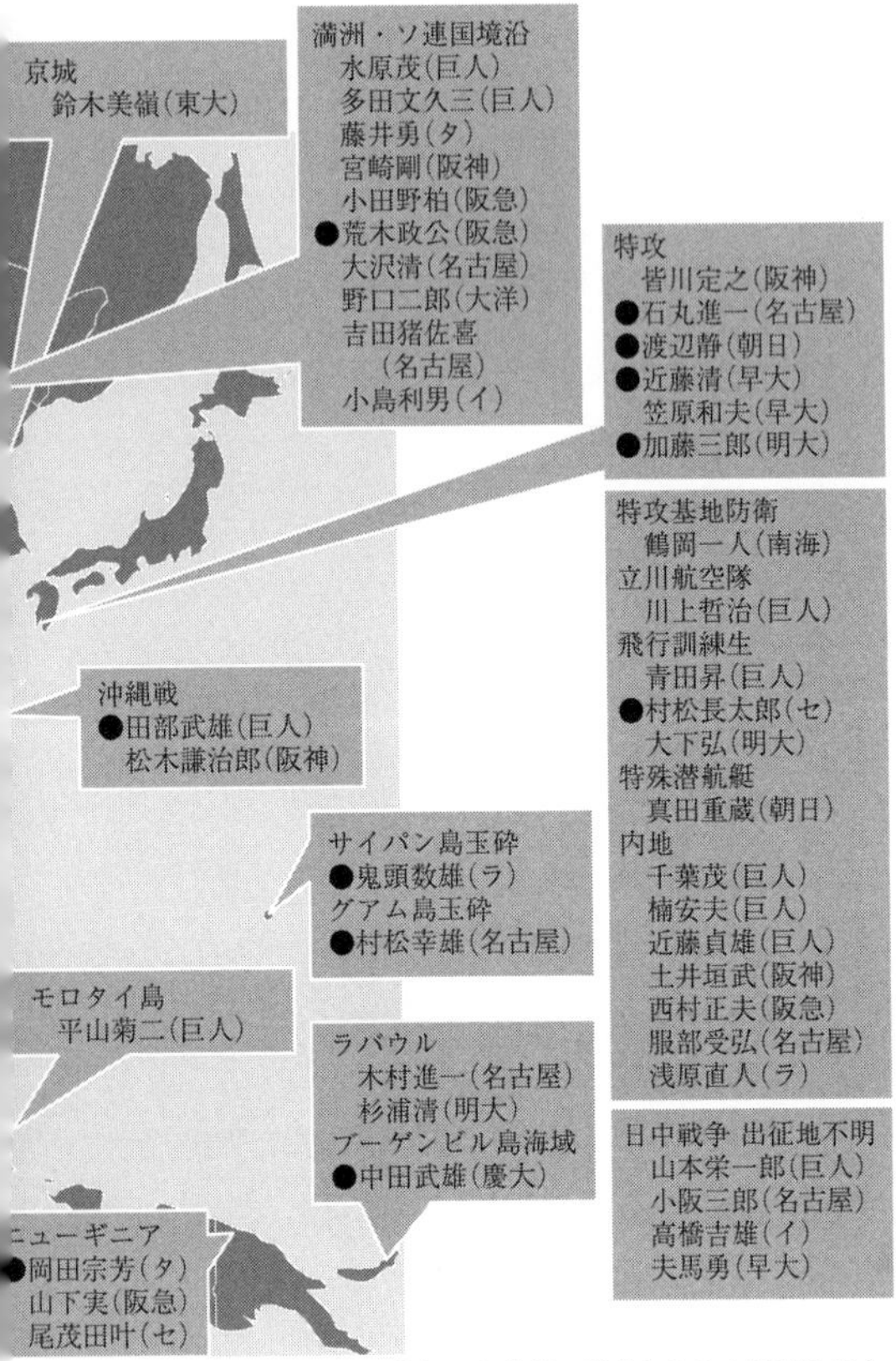

地図は選手が軍事作戦、戦闘に参加した地域や駐屯した主な場所を示す。

記載は証言資料などに基づくが、大陸や北支など広い範囲を示す表現もあり詳細な場所が特定できないものもある。

日中、太平洋戦争への各出征や転属、部隊の移動などから同じ選手が複数記載されているものがある。

所属チームは文中での登場場面などを勘案している。したがって、戦没野球選手一覧に記載されている所属チームと異なる場合がある。

カッコ内の所属チームの略称は、タ：タイガース、セ：セネタース、イ：イーグルス、ラ：ライオン軍を表す。

北支
山田伝(阪急)
●後藤正(名古屋)
●前田喜代士(名古屋)
西沢道夫(名古屋)
●中尾長(セ)
●中村三郎(大東京)
中支
御園生崇男(タ)
●大原敏夫(阪急)
石丸藤吉(名古屋)
石田政良(名古屋)
苅田久徳(セ)
中野隆雄(ラ)
●青柴憲一(巨人)
白石敏男(巨人)
●梶上初一(慶大)
南支
丸尾千年次(阪急)
小鶴誠(名古屋)
北浦三男(セ)
大陸
●小川年安(タ)
門前眞佐人(阪神)
●三輪八郎(阪神)
片岡勝(阪急)
岩本義行(南海)
インパール作戦・ビルマ戦
三原脩(巨人)
筒井修(巨人)
内堀保(巨人)
●吉原正喜(巨人)
山口政信(阪神)
●新富卯三郎(阪急)
井野川利春(阪急)
川崎徳次(南海)
シッタン作戦
川崎徳次(南海)
仏印進駐
津田四郎(巨人)
水谷則一(ラ)
仏印周辺海域
●嶋清一(明大)
台児荘の戦闘
●永井武雄(大東京)
徐州会戦
●沢村栄治(巨人)
日高得之(阪急)
内藤幸三(金鯱)
新井一(金鯱)
武漢攻略
●沢村栄治(巨人)
日高得之(阪急)
野口明(セ)
広東攻略
津田四郎(巨人)
濃人渉(金鯱)
江南殲滅作戦
●楠本保(慶大)
●松井栄造(早大)
上海戦
中山武(巨人)
三原脩(巨人)
●上田正(阪神)
済南攻略
井野川利春(阪急)
バターン半島攻略
本堂保次(タ)
●天川清三郎(南海)
●納家米吉(南海)
シンガポール攻略
藤村富美男(タ)
マレー・シンガポール
柴田崎雄(巨人)
武智修(阪神)
前田諭治(ラ)
スマトラ
●御子柴長雄(明大)
比島ルソン島
●景浦将(阪神)
●中河美芳(黒鷲)
●桐原眞二(慶大)
●近藤鉄己(慶大)
比島レイテ島
●広瀬習一(巨人)
●天川清三郎(南海)
比島
●沢村栄治(巨人)
●リベラ(巨人)
●西村幸生(タ)
鬼塚格三郎(明大)
古舘理三(東大)

戦場地図（●戦没者）

凡例

＊カッコ内の引用文は、旧漢字から新漢字などへ変更しているものがある。また、読みやすさや表現方法を考慮し、句読点の有無、ひらがな、漢字などの表記を変更しているものがある。

＊登場する人物の名前は、旧漢字から新漢字などへ変更しているものがある。例えば、日本職業野球連盟への選手登録名の「澤村榮治」は、「沢村栄治」としている。

＊文中の人名に◆とともに記した数字は巻末の登場人物一覧の番号と対応している。

はじめに

　プロ野球のリーグが誕生したのは、いまから九〇年近く前の昭和一一年二月のことである。それは軍部が台頭していくきっかけとなった二・二六事件の、わずか三週間前にあたる。翌年七月になると盧溝橋《ろこうきょう》で日中間の衝突が発生し、戦火はまたたく間に広がっていった。不運なことに、巨人軍の沢村らが二〇歳を迎え徴兵検査に臨む直前である。大陸に渡った若者たちが目にしたものは戦争の現実であった。さらには昭和一六年一二月の日米開戦をかわきりに、軍部はリーグの運営に介入するようになっていく。そして選手たちは再び戦地へ呼び戻された。手柄をたてる者がいる一方で、傷付く者や命を落とす者が出た。そこには軍事作戦の戦闘とともに戦病死、飢餓、玉砕、特攻といったことばが並ぶ。当時、職業野球と呼ばれたプロ野球の草創期はまさに戦争の歴史そのものといえよう。

　本書は、プロ野球選手たちによる戦場や軍隊生活の体験記録を、日中戦争から太平洋戦争に沿って展開していくノンフィクションである。登場する人物は戦前のプロ野球球団に所属していた一〇四名に、六大学や甲子園に出場するなどしたアマチュア出身一八名（戦後にプロに所属した選手を含む）を加えた一二二名である。選手の数だけ戦争の記憶があり、幾多の悲劇を物語っている。

これまで新興の事業を立ちあげた経営者や、軍と向きあい存続を試みた球団理事、人材獲得に奔走したスカウトなど、プロ野球という空間を通じて戦時下の時代をテーマに執筆してきた。実のところ今回の主題は随分前から構想されていたが、多岐に渡る選手の戦歴の調査には時間を要した。描いていく過程で戦場の悲惨さに心が塞ぐこともしばしばあった。しかし現在、世界を見渡せば再び混沌とした渦のなかにいる。同じ過ちを犯さないために、プロ野球が発足して九〇年が経過したいまだからこそ、礎《いしずえ》を築き、そして犠牲になった人々を書き残しておきたいと取り組んだ作品である。

今回の作品に書き留めた戦前のプロ野球関係者はほんの一部に過ぎない。出征の記録が不明だったり調査がはたせていない選手たちはまだ多くいる。また戦後になってプロ野球入りしたなかにも戦争体験者がおり、すべての発表には至っていない。長い年月が経ち、当事者はもとよりご家族も高齢になり取材は困難な状況で、当時の資料の収集もままならない。もし身近に関係する方や記録などあれば、ぜひともお教えいただきたいと願わずにはいられない。多くの方々によるご協力に感謝しながら、忘れてはならない過去の発掘作業はまだ続く。

二〇二四年　山際康之

第1章
日中戦争勃発

†二・二六事件

　車窓から見る街は白一色である。前の晩から降りはじめたのか、市内は雪ですっぽり包まれていた。普段とは違う慣れない道に運転もままならないのだろう。三宅坂にさしかかったところでバスは停車してしまった。どうもただごとではないようだ。よく見れば銃をかまえた兵隊があちらこちらに立っていた。これ以上の運行は無理なようで、理由がわからぬまま、島秀之《しまひでの》助《すけ》◆1はほかの乗客たちと一緒にバスから降ろされると立ちつくした。

　昭和一一年二月二六日、早朝から青年将校が率いる一四〇〇名余りの兵によって、政府首脳や重臣らの官邸、私邸が襲撃される事件が起こっていた。国家を揺るがすクーデターに対し、陸軍は収拾にあたるとともに、新聞の差し止めを行うなどして社会への動揺を抑える措置をとった。乗客たちは知る由もなかったが、バスが停止した三宅坂一帯はまさにその中心地であった。

事態を世間にいち早く伝えるはずの新聞社は混乱していた。いっさいの報道が禁じられ現場の取材もままならない。断片的な情報ばかりで、はたしてどれが本当なのか錯綜するばかりであった。さらに悪いことに将兵らの狙いが新聞社にもおよんでいるようで、東京朝日新聞社が襲われたと流言が飛んだ。

それは本当のことで、乗用自動車一両、自動貨車二両に機関銃二基をそなえて将兵六〇名余りによって襲撃された。車両は演習と称して連隊から持ち出したもので、事件発生直後から輸送に多用されていた。東京朝日新聞社が標的になった理由は、反軍的な記事を掲載してきたことに対して反省を促すものであった。押し入った将兵は約三〇〇名いる従業員に退去を命じ、二階の活版工場内にある活字ケースをひっくり返した。そして引きあげの際に、「今回の行動は天誅と思え」と叫んだ。

彼らの思いどおりの報道をしなければ抹殺される。どこの社も次はうちかと戦々恐々となった。張りつめる空気のなか国民新聞社では不安が現実のものとなってしまった。突然、将兵が侵入してきて取締役を外に連れ出したのだ。社内は騒然となったろうが、さいわいにも自らの主張を伝えようと決起趣意書を手渡すにとどまった。

大事にならず安堵したのもつかの間、またしても軍服姿の男たちが社に飛び込んで来た。緊張が走る。よく見れば憲兵で、「鈴木はいるか」と声を張りあげた。どうやらこんどはことを起こした側ではなく取り締まる側である。探しているのは社会部長だった鈴木龍二である。いまは国民新聞社が経営する大東京軍という職業野球団の常務取締役という肩書きで、現場の実務的な責任者を任されていた。新聞社に捜査が入ったのは、社内に球団の事務所を間借りしていたからである。いったい事件とどんなかかわりがあるというのか。社員の心配をよそに、鈴木は取りつく島もなく憲兵に連れて行かれたのだった。

憲兵に引っ張られた！　慌てたのは大東京軍の主将に任命されたばかりの水谷則一《みずたにのりいち》◆2である。無理もない。職業野球という新興の事業は、つい三週間ほど前に旗揚げしたばかりであった。球団の責任者が不穏な動きに関係しているのであれば運営への影響は避けられず、小さな組織はひとたまりもない。

そもそも職業野球の誕生は、昭和六年と九年に開催された日米野球の開催をきっかけに具体化していった。とりわけ昭和九年の大会では全米チームの一員としてベーブ・ルースやルー・ゲーリッグらが来日し、熱狂する人々でどこの球場も満員となった。全米の圧倒的な強さを前にして全日本は一勝もすることができなかったが、京都商業を中退してきた弱冠一七歳の沢村《さわむら》栄治《えいじ》◆3が大男たちを相手に投げ込んだ球は圧巻であった。

主催した読売新聞社は、大会前から特集記事の連載や月極《つきぎ》めの購読者に写真集を贈呈するなどして盛んに煽ってきた。効果はてき面で購読者数はみるみるうちに増えた。新しい事業としての勝機を見出した社長の正力松太郎《しょうりきまつたろう》は、日米野球が終了するとすぐさま、株式会社大日本東京野球倶楽部を興した。そして全日本に参加した選手を中心にチームを編成して、米国へ武者修行に送り出したのだった。チームは遠征の過程でトウキョウ・ジャイアンツという名称になり、読売新聞の紙面では東京巨人軍と呼ぶようになった。

この間に正力は、複数の球団が参加する職業野球リーグの設立に向けて動いた。相手のいない単独チームの興行では限界があり、技術の向上も見込めないと考えてのことである。その構想は、巨人軍のほかに東京にもう一つ、名古屋に二つ、大阪に二つ、そして九州に球団をつくるというものであった。正力は同業の新聞社や鉄道会社に狙いを定めると、巧みにも同一地域で競う両者に声をかけた。関西では日米野球の興行権を得て、所有する甲子園球場で試合を行った阪神電鉄に使者を送って交渉をすすめた。説得に応じた阪神はタイガースというチームを始動させた。それを知った阪急電鉄を経営する小林一三《いちぞう》は、遅れをとるまいと球団のみならず専用球場の建設まで急がせた。

名古屋でも、やはり日米野球で興行権を得た新愛知新聞社で主幹編集局長を務める田中斉《ひとし》に持ち掛ける一方で、競合する名古屋新聞社にも接近していった。まるで天秤にでもかけるような行為に釈然としなかったのは田中である。名古屋新聞社が金鯱《きんこ》軍《ぐん》を立ちあげると知ると闘争心に火がついた。正力とは別のリーグをつくろうと、新愛知新聞社による名古屋軍と自ら代表取締役を務める新愛知傘下の国民新聞社に大東京軍を発足させた。加えて新潟や北海道にもチームをつくるべく試みたものの、寒冷地での運用の難しさと資金難から頓挫してしまった。静観していた正力が手を差しのべると、やむなく田中はふたつのチームを率いてリーグに合流したのだった。

正力の思惑どおりの展開だったが、ただひとつ実現しなかったのは九州の球団である。福岡日日新聞と交渉したが、時期が早いとの判断で断られてしまう。そのかわり伯爵である有馬頼寧《ありまよりやす》を中心にしたセネタースというチームが名乗りをあげた。これで顔ぶれが出そろった。

昭和一一年二月五日、日本職業野球連盟の創立総会が開催され、加盟したのは巨人軍のほかに、タイガース、阪急軍、金鯱軍、名古屋軍、大東京軍、セネタースの七チームである。まさに鈴木が連行された二月二六日は、各球団とも春からの開幕を前にした仕上げの時期であった。

†動乱の容疑

三宅坂一帯での襲撃の様子が伝わりはじめると、憲兵は関与したであろう人物をかたっぱしから検挙していった。中外商業新報社では、襲撃現場になった首相官邸から首謀者の将校が記者と電話をして会ったという情報を得ると、社内から容疑者が連れ出された。

鈴木も大手町の憲兵隊に連行されると、すぐに取り調べが開始された。今回の出来事が明るみになる前に決起趣意書を世間に配布したという疑いであった。もしそれが本当だとすれば、彼は間違いなく襲撃した将兵らの一味ということになる。しかし鈴木にとっては、まったく見覚えがない。否認するも印刷物の証拠があってのことだから、憲兵もおいそれと承知するはずもない。執拗な尋問が繰り返されるなか、捜査で得た情報と鈴木の記憶をたぐり寄せていくと、その経緯が少しずつ見えはじめてきた。

たしかに、決起する直前に鈴木のもとに青年将校が趣意書を持ってきたのは事実であった。だが球団をまとめる職となったいまでは、さして興味を引かれるものではなかったために無造作に机にほうっておいた。そこへ偶然にも通信社をやっているかつての同僚が訪ねて来て決起文に注目した。これは一大事だと、彼はそれを持ち帰って印刷し財界人に配ったというのがあらましのようだった。

記者時代に培った鈴木の人脈は政治家、役人、財界から軍人までと幅広い。社会部とはいえ政治部と同様に日本の動きを取材すべきだと、政治の世界にのめり込んでいった。誰よりも先にネタを嗅ぎつけ、他社を出し抜いて記事にしていく仕事だから、少々危ない連中とのつきあいもいとわない。陸軍省、参謀本部の少壮将校が国家改造運動を目論《もくろ》んで結成した桜会ともつながりを持っていた。会の急進派は二度にわたりクーデター計画を企てた危険な集まりである。計画はいずれも未遂に終り、国民に知らされることもなく、一部の首謀者が軽い処分を受けただけで桜会は自然消滅した。だが残痕《ざんこん》は深く、軍内では何をしても赦されるという風潮を根付かせてしまった。国家改造の運動は下火になることはなく、今回の反乱にも少なからず影響を与えているはずである。こうした鈴木の怪しい交友関係が、憲兵からの疑惑を深める背景になったのは否めない。結局のところ疑いがないことが判明するまでひと晩、留置されることになった。

事件当日の夜、陸軍省はラジオを通じて最初の発表を行った。新聞社も一斉に号外で報じはじめると、徐々に凄惨な状況が明らかになっていった。当初、即死と報道された首相の岡田啓介は危く難を逃れたものの、斎藤実《まこと》内大臣、高橋是清《これきよ》大蔵大臣、渡辺錠太郎教育総監が犠牲となった。鈴木貫太郎侍従長も重傷だという。政治への不満を武力によって解決しようとする軍人たちの姿に、政治家は恐怖を覚えるしかなかった。

三宅坂でバスから降ろされた乗客のひとりであった、金鯱軍に所属する島は新聞を読みながら、社会を揺るがす、あの現場にいたことを知ると体の震えが止まらなくなった。そして不安に襲われた。はたしてこの国は大丈夫だろうか。このまま本当に野球を続けていけるのだろうか。

くしくも、軍人による暴走と新しくはじまろうとしていた職業野球のふたつのうねりが、呼応しあうように動き出した。それは、まるで若者たちが歩むこれからの道を暗示しているかのようであった。

†盧溝橋の銃声

初年度の職業野球は、巨人軍が二回目の米国遠征へ出掛けたため、残ったチームが東京、名古屋、関西で、単発の勝ち抜き戦大会を開催しながら腕を磨いていた。秋に入り、ようやく巨人軍が帰国してきて七チームが出そろうと、本格的なリーグ戦が開始された。試合は勝ち抜き戦と総当たり戦の大会を繰り返す方式で、各大会の勝者には勝ち点が与えられた。すべての大会が終了して勝ち点で並んだのが、巨人軍とタイガースである。日本一を決めるべく優勝決定戦が催されることになり、東西対決は大いに注目された。決定戦は互いに力を尽くしての戦いとなったが、接戦の末、二勝一敗で巨人軍に軍配があがり初年度を制した。

ルールの解釈からリーグの運営や観客の呼び込みまで、何もかもがはじめてづくしで苦労はあったものの、収穫も大きかった。一年間の経験を活かした二年目こそ本当の力が試される。年が明けると東京の中心部に後楽園球場の建設が計画され、球場の付属チームであるイーグルスが加盟することになった。八チームになったリーグ戦の方式は、春季と秋季の二季制による総当たり戦である。春季がはじまってみると、開幕から巨人軍の沢村の調子がいい。優勝決定戦で三連投して制覇に導いた力は健在で、前年に続き二度目の無安打無得点を達成した。続いて躍進したのがセネタースの野口明《のぐちあきら》である。◆4 球団に誘われるままに明治大学を中退して選手契約をしたのは、まさに二・二六事件のその日だった。球団を経営する有馬は若き投手の活躍に目を細めた。

その伯爵に大役が申し付けられた。昭和一二年六月四日、近衛文麿《このえふみまろ》内閣が誕生した。国民からの期待を背負った内閣の顔ぶれのなか、有馬は農林大臣に任命されたのであった。近衛とは学習院時代からの付きあいである。ともに社会問題について語り、経済的に恵まれない人々のために夜間学校の創立に動くなどしてきた。新進の華族が集まる十一会では、現状を打破して新しい国家体制を目指す政治的な活動をすすめてきた仲である。有馬より年下であったが、古くから天皇につかえてきた五摂家の筆頭の家柄で、以前から近衛を中心にした新党の道を模索してきただけに協力は惜しまない。それに学習院から東京帝国大学へすすんだ有馬は、農学科で学び、卒業後は農商務省での勤務や母校の農科大学付属の農業教員養成所で講師を務めるなどしてきたから、農林大臣は適任といえる。

愛球家の伯爵の内閣入りを、紙面は親しみを込めて、「職業野球の賛美者」と紹介した。世間からは注目の的で期待も高まる。ところが就任早々に有馬のもとに衝撃的な報せが入ってきた。

昭和一二年七月七日から翌日未明にかけて、北平郊外の盧溝橋付近で轟いた銃声をきっかけに、日本軍と中国軍との間で衝突が起こった。駐屯していた日本軍はちょうど夜間の演習中だったことから、どこからともなく発せられた銃弾に警戒し兵を動かした。すると中国軍も反応し双方は戦闘へと発展していった。ただちに近衛は臨時閣議を開き、事件の不拡大方針について申しあわせをした。さいわいにも現地では停戦の協定が結ばれ、事態は収束の方向へとすすんだ。内閣が発足してまだ一カ月ほどしかたっていない。難しい舵取りとなるところだっただけに、新任の有馬はさぞや安堵したに違いない。

にもかかわらず、わずかな間に異変があった。大陸を支配下におく好機とみたのか。陸軍大臣の杉山元《はじめ》が兵をすすめることを主張すると、近衛は引きずられるように一転、重大な決意だとして派兵を決めてしまったのである。有馬は憂いたが、もはや止められない。

こうなると中国も黙ってはいない。これまでも日本とは小規模なあつれきがあったが、そのつど力で抑えこまれてきた。だが今回は違う。国民政府の蔣介石《しょうかいせき》は戦うことを決意し、両軍は再び交戦状態へ入っていった。陸軍は内地の三個師団の動員を決めると同時に、現地の駐屯軍は満洲、朝鮮からの増援をうけて総攻撃を開始した。戦火はあっというまに広がった。

つい先日のことであるが、正力は雑誌の取材のなかで、新聞の購読者を増やすには、「戦争とか、大きな突発事件がなければ駄目なんだ」と力説していた。そのことばどおり読売新聞の紙面は、「北支《ほくし》事変！　皇軍意気揚《あが》る」「物凄し皇軍の威力」といった勇ましい見出しで煽った。

さらには全国民が一致協力して現地の皇軍を支援するとして読売新聞社は国防献金を募った。有馬のいる内閣が派兵を決定し、正力が報道で後押しするという構図で、日本職業野球連盟が何もしないわけにはいかない。急遽、洲崎《すさき》球場で国防費献納東西対抗職業野球戦の開催を決定したのだった。

大陸では兵士たちが戦っている。へたな試合は見せられないと洲崎球場は熱を帯びた。試合の合間に行われたのが表彰式である。前年に続き、この昭和一二年春季も巨人軍がリーグ戦を制してペナントと優勝盃が贈られた。二四勝四敗、防護率〇・八一という見事な成績で優勝に貢献した沢村には新たに制定された最高殊勲選手賞が授与された。だが満員の観衆を前に華々しく表彰される選手たちの足元には戦争という影が忍び寄っていた。この日、内野手の筒井《つつい》修《おさむ》◆5は徴兵検査のため試合を欠場している。沢村も他人事ではなかった。

徴兵検査

沢村が徴兵検査を受けたのは、国防費献納の野球戦が終ってから二日後のことだった。父の賢二は、直前まで試合に出ていて間にあうのかと気が気でなくなり、つい栄治に電話してしまった。駆け足で故郷に戻って来た息子は、会場のある三重県度会《わたらい》郡の国体事務所へ向かい検査に臨んだ。

徴兵検査は本籍地のある徴募区で毎年四月から七月下旬までの期間に行われる。対象は、前年一二月一日から当年一一月三〇日までの間に満二〇歳に達した者である。沢村は昭和一二年のこの年にちょうど二〇歳を迎えた。徴兵検査は兵役としての意味だけではなく、世間から一人前の男として認められる元服の式でもあった。合格すれば立派な大人への仲間入りである。

検査当日の服装は質素で礼儀に失しないものが勧められ、頭髪は五分以下にすることが推奨された。最高殊勲選手賞の表彰式では髪がやや伸びていたから頭を短く刈って厳格な場に出席したのかもしれない。検査は学力に関係なく、軍医によって身長、体重、胸囲、視力といった身体測定を中心に行われる。一般の人と比べて体格が勝る沢村は、ひときわ目立つ存在である。

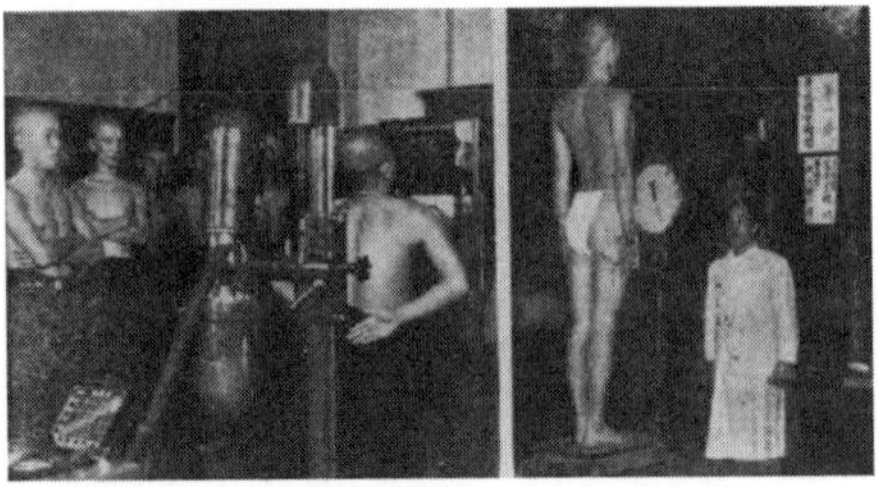
20歳を迎えて臨む徴兵検査

測定が終ると身上や学歴、職業についての諮問《しもん》が待っている。沢村には日本職業野球連盟から顔写真入りの選手証が発行されていた。職業はまぎれもなく野球選手である。なんともめずらしい生業《なりわい》であるが、兵隊に職業は問われない。それどころか、検査に立ちあった大佐は沢村の大のファンだということで、「軍隊へ行っても肩の心配はいらんぞ、しっかりお国のために奉公して来い」と太鼓判を押した。合格といわんばかりの激励である。

判定は体格や健康の程度を基準に、甲、乙、丙、丁、戊の各種に区分される。乙種はさらに第一と第二に分けられた。このうち甲種と乙種第一が合格者として現役兵に徴兵されることになる。これまでは甲種や乙種であっても必要とする兵員を越えた場合は抽選《ちゅうせん》で決めた時代があったが、兵力の増強が求められる現在ではそうもいかない。

三年前の日米野球で、大リーグ選手のベーブ・ルースらを三振にとる活躍をした沢村は、「日本一の快投」と紙面に讃えられた。二度の米国遠征とリーグ優勝の立役者だから地元ではちょっとした有名人である。当然ながら徴兵検査の行方に関心が寄せられ、沢村が帰省した日から、実家の前には新聞記者たちが待ちかまえていた。日本一の投手は何を語るのか。しかし、彼は外へ逃げ出してしまい応じようとしない。取材できなかった記者たちは、なんとしてでも記事にしたいと検査会場にまで押しかけて来ていた。

注目の沢村の結果は、身長は五尺七寸五分すなわち約一七四・二センチ、体重は一八貫の六七・五キログラムの甲種合格であった。文部省の調査によると、この年の二〇歳の平均身長は約一六二・五センチで、沢村は他と比べて一二センチ近くも高い。平均体重も五五・五キログラムだから体格に恵まれていることがわかる。しかも大佐のお墨付きとあっては合格も頷ける。

検査を終えると沢村は東京に戻った。チーム内で沢村と同じ大正六年生まれの者は、先に徴兵検査を済ませていた筒井のほかに捕手の内堀保《うちぼりたもつ》◆6がいた。彼もまた時を同じくして、故郷の長崎で徴兵検査を受けていた。結果はやはり甲種合格であった。内堀は春から正捕手になり沢村とバッテリーを組むようになっていたから互いの気持ちはよくわかる。以前よりふたりは、いずれ兵隊にとられれば野球は終りだと話していた。よりによって検査の直前に戦争になるとは。戦時となったいま野球どころか命さえ危い。沢村は内堀の顔を見るなり、察したのか、「俺も甲種合格だ」とだけつぶやいた。

甲種合格になった巨人軍の沢村

†最初の犠牲者

徴兵検査から二週間ほどして、沢村らの不安に追い打ちをかけるように衝撃的な報せが入ってきた。名古屋軍にいた後藤正《ごとうただし》◆7が戦死したのだ。職業野球選手による最初の犠牲者となった。後藤といえば立命館大学出身で、球団発足時の一塁手として鮮やかな守備を見せ、打っては五番を任されていた。入営したのは日中戦争の前年で、平壌の歩兵第七七連隊に所属した。日中間による衝突の一〇日後には現地に急行して、天津《てんしん》付近の警戒にあたっている。直前に持っていた書籍一切を実家に送り、もし帰らなかったなら弟に渡すように伝えての出動だった。

その後も発端となった北平周辺では小規模な戦闘が続いた。北平の南東に位置する郎坊《ろうぼう》で、妨害された軍用電線の修理中に迫撃砲が打ち込まれると、後藤の部隊はいち早く救援に駆け付けた。さいわいにも敵は潰走《かいそう》したが、盧溝橋から一五キロほどに位置する南苑《なんえん》に移動してからも攻撃にさらされた

こんどの相手は四メートルもの強固な土壁の陣地を築き、容赦なく乱射してくるからなかなか手ごわい。後藤一等兵に与えられた任務は、大隊長の命令を前線の中隊長に伝える危険な役目だった。元来、負けず嫌いで何事も率先して実行する性格だから、命がけで遂行した。伝令した戦術が功を奏して、敵が退散していくのを確認すると、後藤は中隊長とともに突入を開始した。見あげる土壁をのぼり、いざ敵陣へと入り込んだ、その時である。後藤の腹部に弾が貫通した。

後藤は軍歌「守備兵ぶし」を愛唱していた。悲しいかな、日頃口ずさんでいた「命捧げて皇国の護り　どうせ生きては帰らぬ覚悟　男生命の捨てどころ」という歌詞が現実のものとなってしまった。日焼けした顔に白い歯

職業野球選手最初の犠牲者になった名古屋軍の後藤

試合に出場することなく戦死したセネタースの中尾

を出して笑う快活な好青年だっただけに、なんとも惜しまれる。盧溝橋の銃声からわずか三週間ほどしか経っていなかった。

北支での悲劇は続いた。こんどはセネタースの中尾《なかお》長《ひさし》◆8が戦場で倒れた。河北省の山岳地帯で、中尾上等兵は突撃の際に頭部を射抜かれ絶命したのであった。

出身の明治大学時代には、俊足の外野手として鳴らして主将まで務めている。卒業後は川崎造船所に勤務したのち門司《もじ》鉄道局へ移りプレーをした。その後、一度兵役に就いてからセネタースへ入団したものの試合に出場することなく、再び出征し帰らぬ人となった。選手登録してから二カ月足らずの出来事である。

六大学一の美男子という呼び声で日活映画から勧誘されたこともあり、職業野球のグラウンドでプレーしていたなら、さぞや人気者になったに違いない。父は、「お国のために死んだのですから本人も満足でしょう」と覚悟していたかのように語った。内閣の一員として下した有馬の判断が、皮肉にも回りまわって自らのチームに不幸をもたらしてしまった。有馬は沈黙するばかりであった。

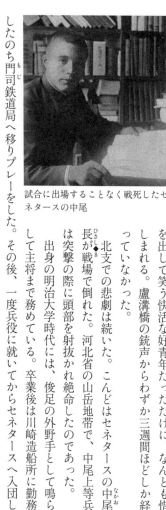

†上海戦

大陸での戦火がこれ以上拡大すれば、あと戻りはできなくなるだろう。国民政府との和平工作が模索されるなか、上海では日本への反発が日増しに広がっていた。そこへきて、海軍陸戦隊の中尉ら二名が、中国保安隊に射殺される事件が起こった。上海にいる日本人居留民の安全が脅かされる危険な状況に、艦隊司令長官は速やかに陸戦隊を増強して保護に乗り出した。とはいえ三万人ともいわれる居留民を、四〇〇〇名ほどの陸戦隊員で守るのは困難である。憂慮した近衛内閣は陸軍の派遣を決定し、北支に続いて上海でも交戦状態に入った。

上海への派遣が決まったのは愛知と岐阜、静岡の一部からなる第三師団と、四国全県による第一一師団である。早速、第三師団に所属する歩兵第一八連隊に動員が下された。折しもこの日、連隊ではちょうど天皇から軍旗をさずかったことを記念する軍旗祭が予定されていた。地元の人々に開放しての催しであったが、急遽中止を決めると戦地へ向けての準備に取りかかった。

どれひとつとっても見落としは許されない。計画に基づき軍馬や装具、兵器、弾薬、被服などを整えていく。兵隊の補充のため、あらかじめ用意されていた動員名簿にしたがって召集令状が急送された。不眠不休の準備により四日間で完了させると、主力の師団は名古屋の港から出航した。

馬鞍《まあん》群島まで航行して第一一師団と合流すると、両師団は上陸時の陸岸接近を容易にするため小舟艇に移乗した。夕刻になり呉淞《ごしょう》に到着した中山武《なかやまたけし》は◆9上海共同租界の一角に上陸した。巨人軍で捕手をしていた中山は、この一月に現役兵として入営したばかりである。早生まれの沢村とは学年が同じであるが、大正五年生まれだったためひと足早い。中国との戦闘がはじまる前から厳しい訓練に耐え抜き、いまでは進級して一等兵になっていた。作戦は飛行基地として使用するために、共同租界の東端にある公大飛行場一帯を確保することであった。

上陸してから三日間ほどは、様子をうかがうように静かで犠牲者もなかったが、本格的に攻撃が開始されると戦死傷者が続出した。なにせ向こうは中央直系の五師団の精鋭部隊で一万五〇〇〇人もの兵力である。数カ月前より、一帯に堅固な陣地を築き準備をしてきた。そこへきてやっかいなのがクリークと呼ばれる水濠である。周辺には大小さまざまな幅のクリークが縦横にめぐらされている。中国軍は地形を巧みに利用して、兵が渡ろうとすると次々に狙い撃ちしていった。

四日目に入っても戦闘は衰えず、一日で数百メートルの一進一退の攻防である。この先の軍工路の敵陣地を奪取すれば、一帯を占領できて飛行場の使用も可能になる。あともう少しだ。中山は部隊長の指示にしたがって前進をはじめた、その時である。胸に二発の衝撃があった。

これまでかと中山が観念すると、なんと運のよいことに、弾は上衣の三つ目のボタンに当たり直接の被弾を免れていた。もう一発も母親からもらった懐のお守りと千人針の腹巻のおかげで弾は貫通していない。見れば心臓付近で、まともに当たっていれば命はなかったであろう。

　安堵する間もなく突撃の命令である。母に救われた命に感謝しながら果敢に飛び出して行くと、再び銃弾を受けた。こんどはまぎれもなく右足のかかとに命中している。無我夢中で二〇〇メートルほど片足を跳ねあげたり匍匐《ほふく》前進をしながら、なんとか味方の陣地にたどり着き転がり込んだ。見渡すと、すでに戦友たちは突撃したあとで、陣地には誰もおらず、中山はひとり戦場に取り残されてしまった。まともに歩くこともできず、敵がきたらひとたまりもない。

上陸直後に右足を負傷した巨人軍の中山（右）

「こうなりゃ死ぬも生きるも天運任せ」だと腹をくって仰向けになると、そこに飛び込んできたのは、きれいな青空だった。弾が飛び交う戦場のなか彼のまぶたには、その色がしっかりと焼き付いた。

　上海へ上陸して一週間ほどで、中山の第三師団の戦死者は五〇〇名を超え、戦傷者は一五〇〇名に達していた。予想だにしない苦戦を強いられ、参謀本部は増援するほどであった。それでも上陸直後の激戦をなんとか持ちこたえると、敵は徐々に後

上海戦に参加した巨人軍の三原

退をはじめた。日本軍は一帯を制圧していき、残るは上海の外側に位置する南翔《なんしょう》の一群である。

　第三師団と同じく上海戦に臨んでいた四国の第一一師団には、巨人軍内野手の三原脩《みはらおさむ》◆10がいた。彼もまた盧溝橋での戦闘から間もなく戦地に駆り出された。早稲田大学出身の三原は神宮球場を沸かせた花形だった。早慶戦で定石を覆す大胆なホームスチールをやってのけたり、結婚を機に突如、野球部を退部するなど話題も多い。巨人軍との選手契約は第一号であったが、かたちばかりの入団で、すぐに現役兵として入営したのが事実である。前年七月にようやく除隊したばかりだというのに、どうしたことか再び召集となった。

　歩兵第一二連隊の三原が上陸してからすでに五〇日ほどが過ぎていた。上等兵から伍長に昇進し、機関銃を指揮する分隊長は、銃を抱えて眠り、目覚めると銃を構えるという戦場暮らしである。

　この日の戦闘は、上陸してから経験したことのない交戦になった。敵味方が次々と倒れていくなか、三原にも銃口が向けられ、弾丸が左大腿部の外側から内側にかけて貫通した。周りにいた兵らがすぐに駆け寄り、竹で急場の担架をこしらえて運ぼうとしてくれたが、複数で行動すれば部下たちが格好の標的になってしまう。ここは上官として冷静に、「危険だから俺は放っておけ」と伝えると、鮮血が流れる足を引きずりながら、自力で仮包帯所へ向かったのだった。

くしくも上海で傷を負った中山と三原は、ともに前年のタイガースとの優勝決定戦の先発メンバーであった。無事に救出されて病院に運ばれた中山はベッドのうえで、「もう野球は諦めた」と語った。戦争となったいま、命があるだけましである。戦場の本当の恐ろしさをまだ知らない選手たちのもとに、次々と召集令状が届いた。

†黄河渡河作戦

北支では、衝突の起点となった盧溝橋から一気に戦闘地域が拡大していった。指揮する北支那方面軍は第一軍と第二軍のふた手に分かれて進攻を開始した。第一軍は鉄道の京漢線沿いにすすみ、第二軍は津浦線沿いに南下した。第二軍に所属する姫路の第一〇師団が目指したのは済南《さいなん》の攻略である。そこに立ちふさがったのは黄河《こうが》だった。川幅が数百メートルにもおよぶ箇所もある。しかも冬季になると両岸は結氷して中央部は流氷になるから、大部隊による渡河は困難だ。なんとしてもその前に渡河したいところであるが、主要な兵力を集結させるにはまだ時間を要する。

ところが都合のよいことに、例年であれば一一月下旬頃からはじまる結氷が、この年に限っては温暖のため、しばらく持ちこたえる気配であった。ここで攻略作戦を実施すれば相手に充分な準備の猶予を与えず大きな戦果が望める。いまこそ絶好の機会である。はやる現地の部隊に対して、参謀本部はなかなか許可を出そうとしなかった。南京攻略をひかえている状況にあり、焦らずに春まで待つのが得策だと判断した。そこで来《きた》る作戦の準備として敵情視察を指示した。

危険な役目を命じられたのは、明治大学の捕手として名を馳せた井野川利春《いのかわとしはる》◆11である。彼は大学を卒業すると、九州の門司鉄道局に監督兼任捕手として迎えられた。期待どおりの働きで都市対抗野球大会に出場して、見事に初優勝をもたらした。目覚ましい活躍ぶりに、大会で新たに制定した最高殊勲選手に贈られる橋戸賞の第一号にも輝いている。さらなる飛躍が注目されるところであったが、その矢先に大陸への出征となってしまった。

第一〇師団の小隊長になった井野川少尉と部下八名による夜間の隠密活動が開始された。まずは気づかれないように河岸に近づき、向こうの兵の数や装備している武器などの様子をうかがうところからである。同時に自軍の榴弾砲を設置する位置の確認もすすめた。渡河となれば砲撃で兵士たちを援護しなければならないから、適切な場所の確保が求められる。

監視調査が終ると、次は渡河にそなえて使用する舟艇を堤防などに穴をあけて隠す作業である。周辺地域から相当数の舟を調達してきただけにひと苦労だ。そのうえ凍っている岸沿いは、人が動くたびにカチンカチンと音をたてる。井野川は豪快で厳《いか》つい風貌に似合わず、試合では緻密な戦術をとってきた。ここでも音をたてないように細やかな行動を求めた。

ひととおりの準備が完了すると、いよいよ対岸へ潜入して動向を探る最も難しい任務に入った。通常の軍事行動とは異なり、中国服を着て変装する、いわばスパイ活動だから、万が一見つかれば命がない。何食わぬ顔で敵の大砲の位置などを繰り返し探っていくだけに危険このうえない。時には中国人の子供を連れて中国人を装ったりもした。親分肌で選手思いの彼はチームからの信頼が厚かった。少尉になっても部下のひとりでも死なせるわけにはいかないと、それればかりを考えた。さいわいにも無事に隠密活動を完了させて部下共々生還をはたすことができた。

命がけの偵察を無駄にはできない。黄河の結氷が遅れていてまだ数日間は渡河が可能である。再び中央に決行を具申《ぐしん》すると、作戦の実施が可能と判断した参謀本部は済南攻略を命じた。作戦が開始されるや部隊は渡河を開始して奇襲を仕掛けた。井野川が密かに隠しておいた舟艇も利用され、兵たちは続々と河を渡ったに違いない。岸にたどり着けば敵陣への攻撃である。すでに収集した情報で位置はわかっている。いっせいになだれ込むと、その勢いに相手は戦意を失い敗走していった。井野川のスパイ活動が功を奏して済南は見事に占領を収めたのだった。

一方、同じく第二軍に所属する京都の第一六師団は、天津の外港である塘沽《とうこ》に上陸して石家《せっか》荘《そう》に進軍していた。勇ましい兵士たちのなかにいたのは、阪急軍の外野手だった日高得之《ひだかとくゆき》◆12である。出身の平安中学時代は、同じ地域にいた沢村の京都商業と競いながら春夏二回ずつ甲子園に出場し、昭和八年の夏の大会では、控えながら準優勝に輝いている。外野の定位置を確保して打撃を開花させると、世間の知るところとなった。その非凡な才能に目を付けたのが結成を前にした阪急軍であった。

当時の阪急軍は、入団した順番に背番号を決めていた。六大学の大物に交じっていち早く獲得した日高には背番号5が用意された。大きな期待を背にしての入団であったが、間もなくして出征となったのである。

ここまで敵弾乱雨の下をくぐってきた。石家荘でも厳しい戦いが予想されたが、いざ相手方の塹壕をうかがって見ると、実にのんびりした様子である。日本軍の追撃の速さも知らず、しばらくは何もないと楽観視しているようだ。そんななかに、この機会を逃すものかと日高らが突入していったからひとたまりもない。なんと一個中隊ばかりを捕虜にする手柄をあげたのだった。

北支で戦果をあげた日高の部隊が、次に投入された作戦は南京攻略であった。再び揚子江岸白茆口《はくぼうこう》に上陸して、目標とする南京へとつながる街道をすすんでみると、そこには運の悪いことに敵の大軍が待っていた。まずいことになった。ところがよく見れば日本軍の勢いに戦意喪失したのか、すでに白旗をあげている。その数はなんと八〇〇〇名にもおよんだ。他力本願とはいえ、またしても大金星である。不眠不休の前進で人一倍がんばってきた甲斐があった。

野球での経験を生かして、選手たちは各地で目覚ましい活躍ぶりを見せた。だが悲しいかな、その場所はグラウンドではなく戦場だった。

†銃後の護り

日本と中国の紛争に世界の列国は懸念を示したものの、火中の栗を拾う危険を避けて、どこも慎重なかまえをみせていた。米国は当事者同士による事態の解決を望み推移を見守っていたが、野球界では日米間に影響が出ていた。

昭和一二年秋に予定していた、パシフィック・コーストリーグ所属のサンフランシスコ・シールズを招いて開催する日米野球大会が中止になったのである。ベーブ・ルースが来訪したときのような大リーグ選抜ではなく、下部組織であったが、日米交歓と技術の向上を目指してすめられた計画であった。米国側は選手の安全性や世論の声から判断したのかもしれない。主催する日本もそれどころではないからやむを得ない。

いまや大陸各地で火の手があがり、全面戦争の様相である。父、夫、兄弟が死線をさまようなか、残された家族は自分たちも何かできないかと思いが募る。野球選手だった夫のために、居ても立ってもいられなくなったのが夫《ふ》馬《ま》勇《いさむ》◆13の妻であった。

夫馬といえば、まさに早稲田大学在籍中に前回の日米野球大会に出場した選手である。ルースら本場大リーグを相手にまったく歯が立たない全日本チームのなかで、夫馬は四番打者として気を吐き、一一試合で打率・二九四、打点五の好成績を叩き出した。そこに待ったをかけたのが文部省だった。「生徒ハ個人ノ資格ニ於テ入場料ヲ徴収スル試合ニ出場スルヲ得ザルコト」という事項を定めた「野球ノ統制並施行ニ関スル件」の訓令に抵触すると指摘し、大学を退学せざるを得ないとの見解を示したのである。

夫馬は大いに慌てた。卒業を前にして野球部を退部していたので問題ないと思っていたのだ。卒業後は病院長の令嬢との結婚が予定されている。このままでは卒業はおろか結婚もできなくなる。全日本チームを離脱すると、連日のように早稲田大学の田中穂積《ほづみ》総長へ陳情に通った。熱意が伝わったのか、処分を決めていた大学は復学を認めて、夫馬は四カ月遅れで卒業にこぎつけた。夫馬は、「卒業できたので、このうえはもう思い残すところもありません」と喜びの気持ちを述べた。

その一方で、「職業野球に入って専門的に研鑽することは私年来の希望でもあった」とも語った。日米野球後に全日本チームを母体に結成された巨人軍が米国へ遠征したことについては、

「私ひとり参加できなかったことは非常に残念」と未練をみせた。とはいうものの、これから家族を持つ身になる。世間を騒がせた彼は職業野球への夢をあきらめ堅実な東京瓦斯《ガス》へ就職し、そして軍隊入りしたのだった。

そんな苦労を経て結ばれた夫婦だから絆は強い。兵士となり一死報国の心情を痛めている夫に対して、妻も銃後を護る身として自分も何か重責がはたせないかと悩んだ。妻節子の母と内閣参議の荒木貞夫大将の夫人が従姉妹だったことから、その献身的な姿勢は大将にも伝わった。感激した荒木は自ら筆をとると日章旗に、「丹心答　皇恩」と書き節子に贈り励ました。力強い後援を得た妻は、その日章旗を夫のもとに届けた。夫馬二等兵が感激したのはいうまでもない。日章旗を兵舎に飾り、いっそうの軍務への精進に務めたのだった。

荒木大将から直筆の日章旗を贈られた夫馬

昭和一二年のリーグ戦は秋季に入ったが、春に躍動していた沢村は調子を落としていた。どうも兵隊になる日を前にして心が乱れ、プレーに影響しているようであった。たしかに耳にするのは気持ちがふさぐような話ばかりである。銃弾に倒れる職業野球選手が相次ぎ、上海に出征した同僚の中山は重傷である。同じく三原もまた上海で傷を負って、内地に帰還してきた。心配した巨人軍監督の藤本定義《さだよし》が見舞いに行ったから詳しい様子も耳に入ったろう。

身体は正直で、この頃から沢村はえらく足をあげはじめた。もともとの投げ方は日米野球の全日本監督だった三宅大輔から教わったものであった。体得したのは、足を直線のまま三塁方向へあげ、体を後方に折り曲げて反動を利用する投法である。投球動作の変化は、無意識なのか、それとも試行錯誤の結果なのかはわからない。沢村の異変に気づいたのは二・二六事件に遭遇した金鯱軍外野手の島であった。職業野球チーム同士の最初の試合である巨人軍対金鯱軍のときから沢村を見てきた。助監督を兼任しているので、打者としてだけでなく、チームを指揮する立場としても敏感に察知した。

春季に二四勝もの勝ち星をあげた沢村だったが、秋季には半分にも満たない九勝にとどまった。悩める投手の記録はそのままチームの成績に反映し、巨人軍は連覇を逃しタイガースが初優勝を飾ったのだった。連鎖するように、沢村に続いて好調だったセネタースの野口も春季と比べると失点が多くなり、負け数が増えていた。彼にもまた入営がせまっていた。

すべての試合日程を終えると沢村と筒井、内堀は別れの会を開いた。彼らはここまで、ともにグラウンドで汗を流してきた。特に沢村と内堀は休みの日も一緒で、決まって封切りの映画を観に出かけるほどの仲である。いまにして思えば平和で楽しいひと時であった。数々の思い出が語られるなか、いざ話が軍隊や戦争におよんでいくと、みんなしょんぼりとして黙りこくってしまった。

徴兵検査に合格した者には、所属する部隊が記載された現役兵証書が本籍地より交付され、役場から送られてくる。筒井は香川県善通寺の騎兵連隊である。生きて帰って再びユニフォームを着るなんて考えられないと、近づく現実にやけになった。

沢村は徴兵検査の際に、ファンだという大佐から兵科の希望を聞かれていた。実家では入営前から目にかけてもらい、うまくやったと喜んだが、冷静になってみれば、どこへ配属されようが兵隊にはかわりない。沢村は三重県の歩兵連隊となり、内堀は長崎県にある大村の歩兵連隊であった。内堀は叶わぬ夢と知りながらも沢村に、もう一度バッテリーを組もうと伝え、「お互い元気で帰ってこようぜ」と誓った。若者たちの入営はすぐそこまでやって来た。

第2章　大陸戦線拡大

入営の日

三重県久居《ひさい》にある歩兵第三三連隊の営門前は、入営者の名前が書かれた長旗を持って見送る人々でいっぱいになっていた。「おめでとう」、「しっかりやってまいります」という声があちらこちらで聞こえてくる。立派な兵士になれと息子を激励する父親、再びいつ会えるかも知れない兄を心配する弟妹。思いはさまざまである。

昭和一三年一月一〇日、巨人軍の沢村栄治は入営の日を迎えていた。号令によって整列した若者を前にして部隊長や県知事が祝辞を述べると、壮丁《そうてい》たちは万歳と歓呼《かんこ》のなか営門をくぐって行った。早速、入営者は各中隊の内務班へ振りわけられた。沢村は第四中隊第五班の配属である。実は同じ連隊には沢村以外にも職業野球選手がいた。名古屋軍内野手の小阪三郎《こさかさぶろう》◆14である。彼は宇治山田商業から逓信省簡易保険局へ就職していたが、安定した道を捨てて職業野球入りしてきたかわり者である。小阪は第六中隊第一班であった。

見送りの人でいっぱいになった三重県久居の歩兵連隊前

これから寝起きをしていく兵舎に案内されると、そこにはきれいに清掃されたベッドや食器などが用意されていた。そして真新しいひとつ星の軍服もあった。下士官や二年兵の手ほどきのもと私服から軍服へ着替えると、馬子にも衣裳で兵隊へと早がわりである。連隊では軍服を身長五尺二寸（約一五七・六センチ）程度を平均にしてそろえており、五尺七寸五分（約一七四・二センチ）の沢村の体格では到底、間に合わない。軍服やシャツはすべて特別なあつらえであった。

ひととおりの支度がすむと、次は医務室での身体検査が待っている。病気などが見つかれば、その場で即日帰郷が命じられるが、なにもなければ晴れて兵隊として認められる。班長から内務班での心得や注意事項が伝えられると、待ちに待った昼食だ。この日は沢村ら入隊者を祝っての赤飯である。献立は牛肉に焼豆腐、葱、蓮根、里芋、人参入りの総菜と沢庵がそえられた。しかも、みかん、饅頭まで付いているからなかなかのご馳走である。

ここでも先輩にあたる二年兵によって、配食から片付けまでの心づくしのもてなしを受ける。軍内は家族だとして、中隊長は父、内務班長は母、先輩兵は兄だと教わったから、右も左もわからない弟のための気遣いなのだろう。軍隊も捨てたもんじゃない。午後からは、軍人として忠誠を尽くす宣誓式や兵役生活についての説明を受けるなどしていると、もう夕食である。慣れないことに加え、緊張しているから時間の経過も忘れてあっという間の一日である。

連隊の計らいで沢村は新聞社の取材に応じた。軍服姿の新兵は、「スポーツで体得した戦闘的精神をそっくりそのまま軍人精神に移すつもりです」とはにかんだ。話が除隊後におよぶと、「無論野球団に復帰しますが、在営中は軍務以外何ものもありません」と語った。記者からの「ボールもしばらくおあずけですね」という問いには、「冗談でしょう、軍隊には手榴弾がありますからね、早く第一線に出て手榴弾で敵兵を片っ端からやっつけたいです」と、兵舎内での

沢村の連隊の入隊式直後の訓練

入営日の巨人軍の沢村

受け答えを意識してなのか、やや強気なことばも用いてみせた。さらには、「普通の者より遠くまで投げる」ことができるとして、コントロールにも自信をのぞかせた。そして、「手榴弾はボールと違ってチェンジオブペースも不要ですからね、きっと百戦百中です」と披露すると兵舎に消えていった。軍隊生活のはじまりである。

†精神教育

起床ラッパが兵舎に鳴り響く。目を覚ますと同時に跳ね起き、服装を整えて寝具を整頓する。もたもたしてはいられない。息つく暇もなく、人員点呼である。軍隊の一日は規則正しい。入営から一夜明けた朝、誰しもが兵隊になったことを実感する瞬間だろう。

朝八時、歩兵第三三連隊では入隊式が挙行された。整列した初年兵を前にして部隊長は御奉公への心構えを訓示した。同じ日、陸軍省は沢村らの入営を待っていたかのように、歩兵の在営期間を二年と定めることを発表した。それまで現役兵は青年訓練所で訓練を終えていれば一年半で帰休、除隊ができたが、こうなると許されない。戦地へ赴き最後の最後まで戦い抜くまで帰還できないといわんばかりの措置である。

入隊式が終ればいよいよ訓練開始である。まずは軍人としての精神を養うための基本教育からだ。最初に課されたのは挙手の礼である。昨日のようなお客様扱いはもうない。「肘をもう少しはれ」、「口を歪めんでもいい」と、班長から叱責が営庭に響き渡る。あれほど親切だった二年兵の態度も一転した。ことばで注意されているうちはまだいい。できなければ容赦なく鉄拳が飛んでくる。忠節、礼儀、武勇、信義、質素の五カ条からなる軍人精神を説いた軍人勅諭の暗記も基本教育のひとつである。繰り返し暗唱しながら、上官の命令に服従することを徹底的に叩き込まれていった。

入営からほどなくして沢村のもとに、再び野球専門雑誌の取材が訪れた。除隊後の職業野球への復帰について沢村は、「まだ考えていません」として、入営前の答えから微妙に変化をみせていた。さらに、「軍人になった喜びと、忙しさに忙殺されています」として、「軍人としての天職に向かって邁進するのが僕の使命」と軍隊口調で答えた。精神を鍛えあげられすっかり兵隊になったようである。

沢村らが入営してから少しすると、南海軍の岩本義行《いわもとよしゆき》◆15も広島の歩兵第一一連隊の門をくぐった。南海軍は昭和一三年の春に日本職業野球連盟への加入が承認された新チームである。彼は明治大学に入学して二年目の六大学リーグ戦で首位打者に輝き、その後も秋季の三本塁打や一試合一三塁打を記録するなどして実力を披露した。できたばかりの南海軍に迎えら

模範兵となった南海軍の岩本

れると、新人ながら異例の主将に抜擢された。職業野球での活躍が大いに期待されるところであったが、試合に出ることなく召集となってしまったのだった。

岩本にも例外なく厳しい軍隊生活が待っていた。チームでお山の大将だった頃とは訳が違う。用をたすにしても、「岩本、便所に行ってまいります」と声をはりあげ、戻れば同じように伝える。自分の時間などない。神宮を沸かせ世間に顔が知れ渡った者となれば、なにをしても目立つから、人一倍、神経を使う。

もしも古参兵の目にでも止まればたいへんなことになる。軍内には初年兵への教育と称して私的制裁が公然と行われていた。平手打ちのビンタは当たり前で、勢い余って革製のスリッパ、銃剣の帯皮で殴ることもある。そのほかにも両手を机のうえに置かせて自転車をこぐ真似をさせたり、柱に捕まらせてセミの鳴き声をさせるなど、さまざまな体罰があった。陰湿ないじめ以外のなにものでもない。度を超すと怪我はもとより、耐えられず自殺者や脱走者も出るほどであった。軍内は家族で先輩兵は兄だと教わったが、それは理想でしかない。秩序を保つために黙認されていたのが現実である。

岩本二等兵は模範になるべく、朝夕は東方へ遥拝《ようはい》し、天皇陛下の話となればいかなる場合においても直立不動の姿勢をとり、そして軍人勅諭を暗唱する日々に務めた。いつのまにか彼もまた、何事にも滅私奉公だとして、野球で鍛えた全身全霊を打ちこんで立派に戦ってみせるとまで話すようになっていた。知らず知らずのうちに若者たちの思考は徹底的に破壊され、軍への服従だけが刷り込まれていった。

†新兵生活

軍人としての精神を叩き込んでいく基本教育が終ると、次は分業教育に入る。歩兵では小銃手、軽機関銃手を扱う歩兵中隊と、機関銃手、砲手の機関銃隊などに分かれて専門の訓練を受けていく。

沢村は軽機関銃手の担当になった。一発ずつ発射させる小銃とは違い、連射する様はなかなかの魅力である。軽機関銃手になった沢村は初年兵の羨望の的だった。周囲からの注目が集まればおのずと力も入る。とはいえ軽機関銃は三八式小銃と比べて倍以上もの重さがあるから、肩に担いで移動するにしても、かまえて射撃するにしても容易ではない。沢村が選ばれたのも体格と肩の力を見込まれてのことだろう。

沢村と同じ時期に入営したセネタース投手の野口明は、名古屋城内に鎮台《ちんだい》を置く第三師団の野砲連隊の配属となった。同じ師団の高射砲連隊にはライオン軍内野手の浅原直人《あさはらなおと》◆16もいた。ライオン軍は大東京軍が改称したチームでライオン歯磨を製造、販売する小林商店がスポンサーになっていた。

名古屋軍にいた浅原は、ライオン軍へ移籍して四番を任されると長打力を振るった。前年のリーグ戦で、ふたりは八試合対戦してお互いを知る仲である。師団内で会うたびに野球の話に花を咲かせ、除隊したら同じグラウンドでプレーしようと語りあった。

ともに砲兵であることはかわりないが、野口の連隊が担当する野砲はまっすぐ遠くへ飛ばして相手を撃破するのに対して、浅原の連隊の高射砲は飛行機を撃墜することを役目としている。砲兵部隊といっても戦場での行動は異なる。共通することといえば、砲兵は歩兵のようにあまり銃を使用しないことである。野口は胸をなでおろした。歩兵は長時間にわたり銃を肩に担いで行軍する。しかも銃を発射する際には衝撃が走るから、いつ肩を痛めてもおかしくない。沢村が担当する軽機関銃ともなれば、担ぐにしてもずっしり重く、撃てば繰り返しの衝撃と振動でならなおさらこたえるだろう。契約を二年残していた野口は、除隊後に復帰を願っていたから安堵するのも無理はない。

基礎訓練が終ったら次はいよいよ大砲の操作である。遠くへ飛ばす野砲は目標地点を目で捉えることができないため、まず観測班が敵陣付近に前進して情報を収集のうえ、射撃担当へ通信する。射撃は受信した観測情報に基づき砲身の角度、方向、炸薬《さくやく》量を決めて照準を定めて発射する。野砲兵は観測、通信、射撃といったいわば分業制だから、訓練でもそれぞれの専門性を身に付けていく。野口は射撃の照準手を担うことになった。

初年の砲兵にとっては訓練以外にも重要な仕事があった。それは馬の世話である。砲や弾薬を運ぶうえで馬は欠かせない存在である。厩《うまや》の作業は一日中、目が離せない。朝は馬にブラシをかけて蹄の泥を洗う。天気がよければ寝《ね》藁《わら》を外に出して干す。冬の朝ともなれば冷たくて泣きたくなる作業である。なによりも馬が優先で、自分の朝食はそれからである。餌は三食で、同時に水を飲ませることが大切で、不足すると腹痛を起こしてしまう。病気にでもなれば自分の責任になりかねないから、腹をさすりながらの夜どおしの番になる。当然ながら自分の身なりの方はおろそかになり、無精ひげのアゴをなでながら野口は、「二、三年、老人になった」といった。見れば白球を握っていた手は、すっかりひび割れをして赤く膨れあがっていた。

騎兵隊に配属された巨人軍の筒井

馬を扱うのは砲兵だけではない。巨人軍内野手の筒井修が配属された善通寺の騎兵第一一連隊もそのひとつである。騎兵隊による戦闘が本格的に行われるようになったのは日露戦争の頃からである。満洲事変以降は乗馬戦も減り、車両化がすすんだこともあって捜索連隊へと改編しつつあった。

そのなかにあって筒井の騎兵第一一連隊は、

明治二九年に創設された伝統を誇る部隊で、日露戦争では旅順《りよじゅん》の攻囲戦《こういせん》に参加している。戦火を潜り抜けてきた騎兵たちの魂はいまだ健在で、いつ大陸で乗馬戦があっても即応できるようにと、訓練だけは怠ることなく続けられていた。

そんな士気が高い連隊へ飛び込んだ筒井は、入営の翌日から馬と格闘していた。訓練で鐙《あぶみ》に足をかけようとするも、馬はクルリと尻を向けて乗せてくれない。何度やっても同じである。腹が立って思わずピシャリと叩きつけた。すると、その様子を見ていた上等兵から、「コラ！馬を叩くやつがあるか！」とえらい剣幕で殴られた。人馬一体にならなければ、いつまでたってもうまくはならない。見本を示すように上等兵が同じ馬に乗ると、何事もなかったかのように静かにしている。まるで新兵をなめているかのようなふるまいだ。扱いが慣れていないためなのか、それとも階級なのか!? 訓練に慣れてくると、筒井は上等兵に頼み込んで特別に軍服を借りて乗馬してみた。星の数がわかるのか実におとなしいではないか。なんともあきれた馬である。

平時とは違い、じっくりと教育している時間はない。ひととおりの訓練が終ると初年兵たちは戦地へ送り込まれた。沢村が大陸への出征を前にして休暇をもらったのは、昭和一三年の春のことである。実家に帰省する前に、関西へ遠征していた巨人軍の宿舎を訪れた。入営してから三カ月ほどであったが、傍から見ればもう立派な兵隊である。球団専務の市岡忠男は送別会を催し、沢村の大好物であるすき焼きをふるまった。これが最後かもしれない。出席した選手たちは口には出さなかったが、それを一番強く感じていたのは本人だったろう。多くは語らず、「ぜひ優勝してくれ」ということばだけを残してあとにした。大陸では大きな作戦がはじまろうとしていた。

台児荘の戦闘

若者たちが次々と大陸に送り込まれていく一方で、戦場では命を落とす者が徐々に増えていた。北支方面では、名古屋軍外野手だった前田喜代士《まえだきよし》◆[17]軍曹の戦死が伝えられた。彼は福井の武生中学卒業後に慶應義塾大学へ入学したものの退学してしまい、その後、実業団を経て名古屋軍入りした。

球団発足当時は、戦死した後藤正が一塁を守り、前田は左翼手として先発に名を連ねた。相次ぐ悲しい報せに、球団理事の赤嶺昌志《あかみねまさし》は複雑な心境であったろう。国益として大陸に進出することは理解できても、いざ身内同然の選手が亡くなるとなると話は別である。犠牲者はどこまで広がるのか。

台児《たいじ》荘《そう》では圧倒的な勢力を前にして日本軍が苦戦を強いられていた。中国軍は徐州付近に四〇個師団、約四〇万人ともいわれる兵力を集結させ、そのうちの約一〇万人を小さな城のある台児荘へ差し向けて攻勢を仕掛けてきた。対する日本は五〇〇〇人ほどである。

そのなかにいたのが、大東京軍の初代監督だった永井武雄《ながいたけお》◆18である。永井もまた慶應義塾大学の出身である。投打で活躍して野球専門雑誌では特集が組まれるほどで、大正時代を代表する選手だった。いささか破天荒な男だけに数々の逸話がある。

大学卒業後に姫路の歩兵連隊に入隊したのだが、早慶の卒業者による稲門倶楽部対三田倶楽部の試合に誘われると、なんと母危篤の偽電報を打ってもらい軍を抜け出してしまったのである。多くの観衆が見守る球場で出場するのだから、大胆な行動といわざるを得ない。案の定、先発で出場した翌日の新聞に名前が載り、嘘がバレてしまった。当然ながら軍紀違反で軍法会議になった。審理の結果、判決は電信法違反で罰金六〇円が下された。平時の頃だったからまだこの程度で許されたが、戦時下ならば重罪のはずだ。

無類の酒好きとしても有名で、大東京軍の監督として選手集めのために大金を受け取ると、京都でドンチャン騒ぎをして飲み代に消えたこともあった。球団理事の鈴木龍二も、これにはさすがに呆れるばかりであった。それでもチームが強ければよいと我慢していたが、リーグ戦がはじまる前に実業団の東京瓦斯との練習試合で大敗してしまったから始末が悪い。ついに堪忍袋の緒が切れた鈴木は、その場でクビをいいわたしてしまったのであった。チームが始動してからまだ四試合目の出来事だった。

監督を解雇された永井は、もう野球で職を得るのは懲り懲りだと神戸の会社で務めをはじめた。そんな矢先に再び召集されて大陸に渡ったのだった。二度目の徴兵にもかかわらず階級が伍長なのは、以前の犯罪歴のためかもしれない。

台児荘では自軍を上回る向こう側の兵力を前に、永井のいる第一〇師団は後退を強いられた。これまでにない中国軍に有利な戦況である。中国国内では「台児荘の勝利」として大きく伝えられ、軍は士気を高め民衆は結束を固めた。

このまま引きさがるわけにはいかない。第一〇師団は兵力を整えると再び反攻を開始した。早朝からはじまった戦闘は、郭里集一帯にある岩山の奪取戦になっていた。だが三つの起伏をもつ高地の頂上にいる敵は銃砲弾を浴びせ、接近すれば手榴弾を投げ込むといった地の利を活かした戦法で歯が立たない。夜になっても攻略する糸口が見つからず、分隊長の永井はじっと機会をうかがっていた。どれだけ時間が経過しただろうか。いまこそ戦機だと感じとった永井伍長は、先頭に立つと中央高地めがけて突撃を開始した。頭上に手榴弾がさく裂するもひるまず、お返しとばかりに永井は得意の手榴弾で応戦した。「手榴弾伍長」として部隊に名をとどろかせた強肩を見せつけ次々に命中させていく。驚いた敵は敗走し中央高地を占領するに至ったのだった。

しかし、谷を隔てた左側の高地には、まだ多数の残党がおり側射を浴びせてくる。朝陽が昇

強肩の"手榴彈伍長"
倒れた部下の手當中無念や敵彈
永井投手の壯烈な最期
往年 ◎ファイティングス

手榴弾伍長と名をとどろかせた大東京軍監督の永井の戦死

り冷たい風が吹く頃、伍長は「もうひと山だ」と不眠不休の兵たちを鼓舞した。ここが勝機だと息つく間もなく永井は敵めがけて突進した。

そのときである。そばにいた一等兵が倒れた。すぐに駆け寄り、「オイしっかりしろ」と伍長が声をかけると、またもや銃弾が発射された。こんどは永井の胸部を貫いた。永井は部下を守るようにして折り重なり崩れた。職業野球界にとっては後藤、中尾、前田に続く四人目の犠牲者となった。台児荘での戦闘の凄まじさを物語るように、第一〇師団の戦死者は永井が戦死した前後一カ月の間で一〇八八名にも達した。

†徐州会戦

入営の日と同じように、連隊前は人々でいっぱいになっていた。沢村ら初年兵は大陸で戦う原隊の補充として出征することになった。営門を出た初陣たちが駅まで行進していく道すがら、婦人団体は総出で用意した茶菓子を振る舞った。隊列を組んですすむなかに家族の顔が見えたのか、沿道で見送る人の声はしだいに歓呼になっていった。行進する兵たちには重要な作戦が待っていた。

大本営は徐州を攻略する計画を立案していた。中国軍は台児荘に兵を投入したものの、六〇キロ地点にある徐州にはまだ相当数おり、増援している模様である。ここで包囲してしまえば一気にせん滅できる。加えて徐州をたたけば津浦線を南北に打通することが可能になる。速やかに案をまとめて師団を編成すると、徐州作戦を発動したのだった。

大陸へ出征する沢村の連隊

大陸にいた歩兵第三三連隊は京漢沿線を警備していたが、新たな作戦に参加するために鉄道で済南に移動した。そして、内地から青島に上陸した沢村らの補充部隊と済南で合流すると、徐州へ進攻するための準備に取りかかった。第一六師団に所属する連隊の任務は、済南の西南にある済寧《さいねい》に前進して集結したあと、金郷《きんきょう》と魚台《ぎょたい》付近にある陣地を突破していく。その先の目標は徐州西の地区に突進して敵を撃滅することであった。

まだ五月だというのに、大陸は初夏を思わせる強い日差しである。済寧城門を出て広大な麦畑をすすむ部隊が最初に相手と遭遇したのは奥福集である。民家が一〇〇戸ばかりの集落であったが、周囲には幅二、三メートルの土堀と水濠をめぐらせての防衛配備で潜む影が察知された。一気に突破しようとしたが、一個連隊ほどの相手の抵抗は思いのほか強い。夜を待って開始された戦闘は九時間にもおよんだ末に、ようやく制圧することに成功した。はじめての戦場に出くわした沢村の恐怖は計り知れない。古参兵より、「お前は体が大きいから弾の当たり具合がええぞ」と脅かされてきただけになおさらである。さいわいにも弾に当たることなく無傷だった。

それにしても作戦はまだはじまったばかりで前途多難である。部隊は最初の目的地である金郷と魚台に向けて進攻していった。主力部隊が担当したのは金郷であった。中国軍の重要な拠点である金郷は典型的な城郭都市である。一辺の幅が四、五〇〇メートル、高さ一〇メートルの黒ずんだ土壌で囲まれた城壁を見て、早くも肉弾戦が予想された。砲撃が開始されたが、やはり強固な城壁はびくともしない。敵は城壁の上から盛んにチェコ機銃や迫撃砲を浴びせてくる。工兵による決死の爆破によって門が爆破されると、兵たちはようやく城内に侵入することができた。

いまこそ軽機関銃射撃手の腕の見せどころである。とはいえ、接近する敵兵を目の前にして、訓練のようにそう簡単に動けるものではない。頭にうかぶのは、やらねばやられるという死を回避するための防衛本能である。沢村が鬼と化したのは、おそらくこうした極限の場面だったに違いない。軽機関銃に手をかけると、「思う存分撃ちまくって痛快」な気分になっていった。気が付けば、「白兵戦になって四〇人ばかりみんなで突殺した」のだった。

勇敢な兵士たちの活躍により金郷と魚台を占領すると、各隊は競うように一番乗りを目指して徐州に進軍していった。沢村の師団はあと一歩およばずであったが、到着するや攻撃態勢に入った。ところが中国軍はすでに移動したあとで、もぬけの殻である。部隊は速やかに敵の追尾を開始した。

済寧から出発した第一六師団は徐州を目指して南下し、さらには西へ向けて開封《かいほう》付近まですすんだ。その行軍はなんと六〇〇キロもの距離におよんだ。兵士たちの腰には水筒、弾薬盒、銃剣を装着して、着替え、米などが入った背嚢《はいのう》を背負う。背嚢の外周には飯盒《はんごう》、鉄帽、携帯天幕といった装備だから重さ三〇キロはあろう。加えて沢村は一〇キロ近くの軽機関銃を肩から担いでいたから、いくら体力があるとはいえ、さすがに負担が大きい。

そこへもってきて中国軍は黄河の堤防を爆破して決壊させたため、周辺は洪水になり行く手を阻んだ。泥沼の氾濫地帯は深いところでは胸まであり、一日に四、五カ所も渡渉せねばならないほどであった。すでに季節は初夏に入り猛暑になっている。強烈な陽光は将兵の肌を焼き、下半身は褌《ふんどし》一本、銃の先に装具一式をくくりつけて浅い箇所を選んで歩く状況で、義理にも軍隊とはほど遠い姿であった。

機上から食糧が投下されたが、一帯が水浸しで飯を炊くこともできない。どこから紛れ込んだのか知らないが、沢村の飯盒には蛙《かえる》が浮いている有様である。こうなると生米を頬張って歩き続けるしかない。そのうち米が欠乏してくると、泥水を口に含み、水に浮く草の根をかじるまでになっていった。さすがに沢村も、「行軍より戦争の方がよっぽどええ」と感じるほどである。結局のところ、これ以上の進軍は難しいと判断した部隊は追撃を止め次の作戦にそなえることにした。

沢村は出征してからというもの、野球のことをすっかり忘れてしまっていた。内地で行われた昭和一三年春季のリーグ戦は、前年秋季に続きタイガースが連覇していた。エースの不在の影響は大きく、またもや巨人軍は優勝を逃した。そんなことは知る由もなく、いまや黒く日焼けした頑強な兵士である。徐州作戦が終ると沢村はふたつ星の一等兵になった。

†武漢攻略

揚子江に向かいあうように位置する漢口《かんこう》、漢陽《かんよう》、武昌《ぶしょう》は、それぞれの特色を持ちながら一体をなして発展していき、武漢三鎮といわれた。北へ向かう京漢線と広東などへ続く粤漢線《えつかんせん》との接続地点でもあり、人や物が行き交う経済の要である。蔣介石は重慶《じゅうけい》に臨時首都を設けていたものの、外交や財政の機能については漢口に移していたから、政治的にも重要な場所といえた。

その要所を落とせばこんどこそ相手は屈すると、大本営は徐州会戦に続き武漢への攻略を立案した。迎え撃つ中国は大軍を配置しており、そう簡単に落とせる相手ではない。日本軍はこれまでにない兵力を動員する大規模な作戦を開始した。

　第一六師団に属する沢村の連隊は、大別山《だいべつさん》を突破して漢口へ進攻していく役目である。まるで浸入を阻止するかのようにそびえたつ目の前の大別山系の標高は五、六百メートルあり、最高峰の山々は切り立ったような斜面になっている。しかも、そのほとんどは岩石と灌木《かんぼく》、草に覆われ、山が幾重にも重なりあう複雑な地形だった。無論、詳細な地図もなければ情報もない。厳しい山岳戦が予想された。

　いざ山へ足を踏み込むと、一帯は秋の長雨にさらされた。小止みになることもなく物凄い勢いの雨で、周辺は暗い雲と深い霧で行動は大きく制限された。雨を避ける遮蔽物《しゃへいぶつ》もなく兵士たちは軍服を濡らした。まさに戦闘を前にして自然との戦いである。おまけに道はぬかるみ補給もままならない。車両隊の交通が困難で、途中で停車を余儀なくされていた。戦闘に参加する予定の後方の部隊が食糧を補給してくれるはずであったが、二日たっても三日たっても来る気配がない。沢村の連隊は食糧不

沢村の連隊が目指した大別山系の最高峰

足に陥った。

行軍する沢村の連隊
進軍を開始する際に携帯したのはわずか三日分の食糧だった。その中身は南京の玄米が一日三合で、三日分あわせても九合の量でしかない。徐州でも食う物に苦労し、大別山にたどり着くまでの道のりさえも現地の収穫期の稲、高粱《コーリヤン》をあてにしたが、もう兵隊たちの腹は承知しなかった。
血眼《ちまなこ》になって周囲を探したところ麓にイモ畑を発見し、早速収穫がはじまった。色も形もいい。さぞやおいしいことだろうと内地にいた頃を思い出しながら、かすかに残った米に混ぜイモ粥にして口に頰張った。予想に反して薩摩イモのような甘味などはなく水臭いだけの代物であったが文句などいえるはずもなかった。腹を満たせばそれで充分である。米がなくなった翌日からは朝から晩までイモの日々となっていった。蒸して口に入れ、そのうち沢村は生でかじって食べるようになり耐えた。
兵隊たちにとって食糧と同じように深刻だったのが煙草であった。戦闘という特殊な空間において、煙草はいわば強壮剤のような役割をしていた。三度の食事を二度にしても喫いたいという者もいて、一本を一〇人ほどで回して凌いだ。たまたまイモ畑の隅に煙草の葉を見つけると、陰干しにする余裕もなく葉巻状にして生のまま火をつけて余韻を楽しんだ。軍服のポケットにはわずかながら金があったが、戦場では食い物も煙草も買うことができず役に立たない。

連日の悪天候と食糧の欠乏から、連隊内にはマラリアが多発してきた。戦闘に参加するはずの後方の部隊はいまだ到着していない。最悪の条件であるが、これ以上は待てない。敵陣地は兵力を増強している気配で、時間が長引けば不利になる。山田喜蔵連隊長は大別山系の最高峰に位置する磨盤山への攻撃を決断した。沢村の部隊が目指すは磨盤山前峰にある鉢巻山と名付けた山頂の占領である。その手前には幾多の陣地があり、まずはひとつずつ落としていく作戦である。突撃前に隊長は「俺に命をくれ」というと、沢村らと水盃をかわした。

午前七時三〇分、山田連隊長が前進を命じて攻撃が開始された。次いで午前一〇時には野砲連隊による砲撃がはじまった。野砲連隊といえばセネタースの野口も照準手として大別山の戦闘に参加している。石家荘からはじまり南京攻略、徐州と転戦してきた阪急軍の日高得之もいた。百戦錬磨の戦いをしてきた彼でさえ、これまでの何倍もの苦闘だと感じるほどの激戦になっていった。銃と野砲の響きが交差して、戦友のことばさえ聞き取れないほどの音響である。援護射撃を受けた部隊は突撃を敢行して最初の陣地を制圧し、次いで起伏のある三つの高地も奪取に成功した。

ここから本丸となる鉢巻山の攻略である。しかし、敵は複雑な天然の地形をうまく利用し、かねてより堅固なトーチカに砲を据えて準備しており、容易に接近を許さない。兵力も上回り、地の利を活かした戦術にお手あげである。膠着状態が続くなか、時計は午後六時三〇分を回った。戦況をかえるために、煙幕を張っている隙に爆薬を仕掛けて砦を粉砕する戦法が実施された。弾薬を背負った勇敢な工兵が爆破を成功させると、部隊は一気に突破路からなだれ込んでいった。

軽機関銃手の沢村も飛び出した。「死も生もなく、ただ粉骨砕身、国のために尽くす」、ただそれだけである。隠れることのできない岩山で、たまたま横倒しになった大木を盾にすると連射させた。敵の応戦も激しくブスブスという音をたてて木に銃弾が食い込んでくる。山頂はまだ先だ。軽機関銃を抱えて足場の悪い坂を必死になって登っていった。そのときである。一瞬、左の掌《てのひら》に熱した火箸をあてたような痛みを覚えた。さして気にすることなく、そのまま撃ちながらすすみ中腹を越えたところで、とうとう弾は尽きてしまった。

こうなると頼みは手榴弾である。先にすすむにしても薄暗いうえに這って登っていかなければならないほどの難路である。敵兵がうごめいているのが見える距離まで近づいていくと手榴弾が入り乱れた。職業野球選手だったことを知る戦友たちは、沢村を頼りに手榴弾をどんどん渡してくる。普通の者よりは多少なりとも自信があるとはいえ、近距離による投擲《とうてき》は自分や仲間も被弾する恐れがある。沢村は狙いを定めて制球力を披露した。交戦が続いたがとうとう手榴弾が底をついてしまった。そこへ敵からの手榴弾が目の前に転がってきた。こうなれば相手の武器を逆に利用するしかない。すかさず沢村は拾うが早く投げ返すと敵陣をさく裂させたのであった。

最後は肉弾戦である。ともに戦ってきた戦友たちが次々と散っていく。仲間の仇だと沢村は無我夢中で銃剣で刺していった。目は血走り、「切る、突く、殴るの考えしか頭のなかで働いていない」。またも彼は鬼と化していった。もはや勝っているのか負けているのかさえわからない。周囲には血が流れ肉が飛び散り地獄絵の様相となった。

午後七時三〇分、鉢巻山に日章旗がひるがえった。実に一二時間にもおよぶ死闘であった。雨は一段と激しく降ってきた。敵も味方もなく冷たい屍が折り重なって倒れている。気が付けば沢村の左手からは血が流れていた。

†広東攻略

武漢攻略と並行して、南支では英領香港に近い広東を攻略する作戦がすすめられていた。その狙いは、香港を経由して中国へ流入される外国からの武器、弾薬などの軍需支援物資を遮断することにあった。

金鯱軍遊撃手の濃人渉《のうにんわたる》◆[19]は、盧溝橋での戦闘から三週間ほどで召集を受けると、北支戦線に投入され太原《たいげん》作戦に参加した。所属する第五師団野砲第五連隊は、太原城入場後は徐州に移動し周辺の警備にあたっていたが、大本営の指示により青島へ集結すると、上陸や敵要塞を攻撃するための戦闘法についての訓練を受けた。ひととおりの準備を終えると、師団は乗船して広東にあるバイアス湾に向かった。作戦決行を前にして、目標の虎門要塞に飛行機と駆逐艦によって偵察を行ったが、相手側の姿はごく少数である。海上から照射しても攻撃してくる気配がない。絶好の機会だ。

舟艇に移乗した濃人の部隊は、射撃を受けながらも突破して上陸に成功した。運のいいことに、すぐそばにある大角砲台を味方の海軍機が上空から爆撃して支援してくれた。援護をもらった部隊は背面から大角砲台を攻撃して制圧すると、周辺にある砲台の掃討へ取りかかった。中隊長は砲台を確保するための決死隊を部隊のなかから募った。濃人はすかさず志願した。実のところ彼は米国の市民権を持つ二重国籍だった。もともと両親はハワイで暮らしていたが、広島に残した祖父を世話するために母が帰国することになった。このとき母は濃人を身ごもっており、そのまま広島で出産した。その際に息子の誕生を知った父がハワイで出生届を提出したことから、ふたつの国籍を持つようになったのである。

日本で育った濃人は、広陵中学に進学して卒業すると父のいるハワイに渡ったが、異国の地の水があわずすぐに帰国してしまった。その後、広島専売局へ就職したのち金鯱軍入りしたのだった。当然ながら連隊で管理している各個人の身上明細書には家庭状況が記載されており、上官もその事実は知っていたはずである。二重国籍でも魂はれっきとした日本人だ。中隊長の呼びかけに志願したのは、祖国日本の兵士であることを証明してみせたかったからかもしれない。

勇敢に名乗り出た兵は濃人以外に六名いた。志願者を前にして中隊長が発した命令は驚くべきものだった。それは砲台を無傷で奪取して、その大砲を敵陣地に向けてそのまま砲撃してしまうというなんとも大胆な作戦であった。いまさらあとには引けない。こうなれば命にかえても完遂あるのみである。濃人らは決死の覚悟で突進した。その凄まじい気迫に敵もおののき退散していくと、まずは砲台の鹵獲《ろかく》に成功した。

喜ぶのはまだ早い。ここからが本番だ。濃人は砲撃の準備に取りかかった。日頃から、「ボールのつもりで弾丸を握って」いたからお手のものである。素早く砲身を半回転させて敵陣地に目掛け、発射させた、そのとき不幸が襲った。大砲に不具合が生じ爆発が起こったのだ。気が付けば濃人の左半身は多数の破片を浴びていた。たいへんな重傷であったが運がいいとしかいえない。見れば一緒に突入した戦友たちは吹き飛ばされ、生きていたのは彼ひとりだった。

勇気ある濃人らに続くように、ほかの部隊も次々と広東に上陸し、その先の内陸へと進攻していった。巨人軍の津田四郎《つだしろう》◆20は、広東から八〇キロほど離れた村にいた。部隊は一〇日間ほどの激戦の末に広東を陥落させると、その後も命からがら進軍を続けた。ある村では、小高い山を丸く囲むように大軍に包囲されたことがあった。津田らは敵をおびき出す危険な役目になり、戦友は次から次へと倒れていった。最後に口にするのは、「おッ母さん」という声だった。悲しい光景を前にして津田は泣きながら銃を撃った。

そんな津田の部隊がようやく安全な場所に落ち着き駐屯をはじめた。周辺は椰子が茂り真っ赤なライチが実る。同じ中国にもかかわらず、河が氷結する済南や麦畑が広がる徐州とはまた違った風景である。広大な大陸を支配するのは容易ではないことがわかる。

巨人軍時代の津田は主将としてチームをまとめる役を担ってきた。定位置として先発することは少なかったが、試合の後半になると代打や代走で登場し、守っては内外野から捕手までどこでもこなす万能選手だった。ここでも持ち前の器用さを生かして、出没する敵の掃討の傍ら、子供たちに声をかけては交流に務めた。桃太郎、浦島太郎、花咲爺さんといったおとぎ話に、ことばはわからなくともどこか親近感がわいてきたらしく、間もなくしてひとりの少年が津田軍曹のもとへ訪れるようになった。野球ならもっと通じあえるはずだ。津田が慰問袋に入っていた球を取り出してキャッチボールを教えると、少年の心はいっそう弾んだ。コツがわかってくると面白くなって仕方がない。朝早くから営舎の前で津田を待つほどになっていた。

少年は、そのうち部隊の水汲みまで手伝うようになり、討伐に出かける際には、兵士たちが交わすことばを真似て、「しっかりやってこい」と声をかけた。小さな激励に兵たちも微笑ましい。現地の住民への宣撫《せんぶ》活動では紙芝居の道具を担いで軍曹に続いた。しまいには、「さあ、日本の面白い話、みんな集まれ、みんな集まれ」と口上までするようになっていったから、いまや部隊の一員といっていい。

そんなある日のことである。少年が津田を見つけるや走って来て、「しっかりやってこい」と叫んだ。ただごとではなさそうである。よくよく聞けば山の向こうに敵兵が潜んでいるのだという。明日は盧溝橋で事変が起きた記念日で、それにあわせて行動してくるのかもしれない。緊張に包まれた部隊は夜襲にそなえた。少年がいったとおり敵は迫撃砲で攻撃を仕掛けてきた。津田はあらかじめ準備していた射撃の所定位置から反撃を開始した。不意を突くはずだったろうが、用意周到の攻撃に敵もたまらず退散するしかなかった。野球をとおして深めた少年との絆が部隊を救ったといえる。

部隊に次の命令が下され村を離れるときがきた。少年は日本に連れていってほしいと頼んだ。友情の証だ。津田がボールを手渡すも少年は納得しない。しかしこればかりはどうにもならない。津田を乗せたトラックが走りはじめると、少年は泣きじゃくりながらいつまでも追いかけて来るのだった。

†討伐

盧溝橋での派兵をきっかけに戦争を拡大させた近衛内閣だったが、勢いづいた陸軍の暴走を阻止することはできなかった。農林大臣を務めたセネタース経営者の有馬も、戦争の犠牲者が増えていく現状をみて悔いたが、あとの祭りである。すっかり気力をなくしてしまった近衛は、和平への責任をはたすことなく昭和一四年の年明けに内閣を総辞職してしまった。軍部の方も広東を手中に収め主要な都市を制圧したものの、広大な大陸を支配していくのは、そう簡単ではないことを悟った。武漢、広東以降は進攻作戦を打ち切り、各地で出没する敵の討伐や小規模地域での戦いに終始するようになっていた。

沢村と同じ日に入営した巨人軍の内堀保は、基礎訓練を終えてから転属になり暗号の教育を受けて大陸に派遣された。沢村に遅れること一年が経過していた。新設されたばかりの内堀の第三七師団は北支に到着すると、それまで作戦地域を担当していた師団が内地に帰還するため交代した。与えられた任務は占領地域の治安を守るための討伐であった。賊は鉄道などの主要施設を繰り返し襲撃している。しかも指揮系統が異なる小規模多数の組織が擾乱《じょうらん》するゲリラ戦のため実に厄介な存在だった。

早速、第三七師団は山西省の南に位置する運城に向かい討伐を開始した。相手は共産党軍であった。大きな兵力ではないから一気に掃討したいところだ。ところが作戦を実施したはいいが、小回りを利かせた敵の戦術にはまり、内堀の部隊は逆に包囲されてしまった。大陸に渡ったばかりで戦闘の経験はない。いきなりの危機に、「ここで俺は死ぬのか」と死を覚悟した。残された救いといえば、ひとりではなかったことである。同じ釜の飯を食った戦友や戦場の経験豊かな上官がいる。ここは信頼して命令に従うしかない。その願いが通じたのか、部隊は夜の闇に紛れて包囲網を潜り抜け脱出に成功したのだった。

敵に遭遇したときの心境は人それぞれである。金鯱軍外野手の新井一《あらいはじめ》◆21は勇気ある行動に出た。それは班長として二個中隊を引率して移動していたときのことである。突然、五〇名ばかりの敵兵を発見した。夜中ならまだしも日が昇った朝方にいるとは想像もしていなかった。所属する輜重兵《しちょうへい》連隊は食糧や弾薬の運搬が主な役割で、現地で多くの馬を調達していた。荷物や馬はあるものの、反撃する兵器となるとこころもとない。ここは後方にいる味方に援軍を頼むしかない。新井は自ら危険な連絡係を買って出た。

新井もまた沢村と同じく徐州会戦に参加していたひとりであった。実のところ徐州では小休止の際に眠ってしまい、部隊から取り残されるという失態をおかしていた。さいわいにも味方が探しに来てくれてことなきを得たが、挽回する機会が巡ってきた。馬に乗ることをすすめられたが、行き先まで一里（約四キロメートル）ばかりである。ここは走った方が速いと判断し

宝塚運動協会時代の片岡（最後列右）

た。金鯱軍では俊足で守備範囲が広いことで定評があった。新井はありったけの力を振りしぼって走った。味方の陣地にたどり着き助けを求めると、即座に友軍は軍用車で乗り付けて敵を追い払ってくれた。これで徐州の借りを返すことができた。

　銃を手にしたのは選手だけではない。チームの裏方も戦地に狩り出されていた。阪急軍マネージャーの片岡勝《かたおかまさる》◆22は、もともと職業野球選手だった。といっても正力が立ち上げたリーグではなく、大正時代に存在した日本運動協会という我が国初の職業野球団に所属していた。チームは関東大震災の余波で経営もままならなくなると、当時、阪神急行電鉄の重役だった小林一三に引き取られ、宝塚運動協会と名前をかえた。しかしリーグを形成することのない単独チームの興行は難しく、解散の憂き目にあった。正力の誘いをうけて小林が再び阪急軍を旗揚げすると、電鉄が運営していた動物園で象に曲芸を仕込んでいた片岡は球団に申し出てマネージャーとして復帰した。

　その片岡の部隊は、敵陣地まで三〇〇メートルまで迫っていた。残された最後の方法は突撃しかないと意を決した、そのときである。そばにいた戦友の左肩付近に弾丸が命中して倒れると、その弾はなんと片岡の銃先に当たった。衝撃は凄まじく、まるで捕手がファウルチップを真正面から受けたときのようであった。試合でも脳震盪《のうしんとう》を起こすことがある。野球の経験がない者だったら、ここで戦意喪失になるところだろう。

だが本塁を守ってきた片岡は違う。軍服を見れば絶命した戦友の血糊が付着していた。身代わりになってくれた友の仇だと敵陣めがけて突入していった。その勢いに圧倒されて敵は無抵抗になってしまい降伏したのだった。商売人と蔑まれても野球を続けてきた先駆者の魂は伊達ではなかった。

日本運動協会といえば、ほかにも出身者がいる。巨人軍の山本栄一郎《やまもとえいいちろう》◆23である。彼はまだ現役の外野手としてプレーしていた。協会時代はエースとして片岡とはバッテリーを組んでいた間柄である。すでに現役としては薹《とう》が立っており、チームでは若手の指導に勤しんでいた。時折、三塁ベースそばで走塁の指示をしていたが、たびたび判断ミスをしてスタンドのファンが騒ぎ出したこともあった。いささかそそっかしいのが玉に瑕である。

山本もまた出征となった。大正時代に一年ほど兵役についていたから二度目である。彼は巨人軍の名誉にかけて、「重いバットを振った気で日本刀を振り、斬って斬って斬りまくり」と息巻いた。揚句のはてには、戦地からのお土産は敵の「首と青龍刀を持って来ます」と物騒なことばまで飛び出す始末である。結局のところ召集されたもののすぐに除隊になったからなんとも人騒がせな話である。かつての球友だった片岡が生死をさまよっているとは知る由もないだろう。

†ゲリラ攻防戦

外から激しい砲撃の音が響いた。どうやら討伐に出かけた歩兵隊の攻撃が開始されたようである。南京周辺で討伐作戦に参加していたのは、名古屋軍の石丸藤吉《いしまるとうきち》◆24だった。前線基地になった民家に残って通信機器の設置を完了させた石丸軍曹以下通信部隊は歩兵からの一報を待っていた。

ところが予定の午後三時になっても戦況報告がない。おかしい、何があったのだろうか!?ごく小規模な部隊で行動するため、逆に相手の罠にかかって包囲される可能性もある。たび重なる討伐戦で、相手も戦い方がこなれて巧妙なゲリラ戦を仕掛けてくるから油断ならない。夜になっても歩兵は戻って来ず、通信部隊は色めき立った。機械類は多く装備しているものの肝心の武器となると頼りない。万が一、ここに賊軍がやって来たらひとたまりもない。懸念は現実のものとなってきた。哨兵《しょうへい》から人影らしき者がいると報告がなされた。そのうち民家に目掛けて迫撃砲が飛んできた。前線基地であることが知れたようだ。

兵士たちはいっせいに攻撃の態勢に入った。それを見た石丸は部下に、「絶対に撃ってはいかん！」と命じた。ここで交戦になれば脆弱な兵力が悟られて敵に勢いをつかせるだけである。へたをすれば全滅してしまうかもしれない。冷静な判断が求められる。相手の出方を見ながらの戦法になるが、仮に敵兵が室内にまで入って来るようなことになれば肉弾戦しかない。刺し違えても殲滅《せんめつ》あるのみである。腹をくくった石丸は部下たちと水盃を交わすと、銃剣を装着して息を殺して待った。

外からは人の気配がして、相当数が近くまでやって来たのがわかった。まだ攻撃には早い。おびき寄せるまでじっと我慢である。ところが、そうした沈黙が逆に相手の不安を増長させたようで、ひとり、ふたりと去っていき、とうとう敵は一発も撃つことなく退却していってしまった。どれだけの時が経ったのだろうか。これほど長く感じたことはない。しばらくしてから通信機が鳴り出し、ようやく味方からの連絡が入った。無事に作戦が完了したようだ。

討伐から戻った石丸は、再び本部で通信機を前にする日々となった。占領した地域では安全を脅かす敵の動きや味方の作戦指示などさまざまな情報が飛び交う。そうしたなかで個人的な便りを発信する不届き者がいるから困りものである。

ある日のこと、同じ南京にいる部隊から懐かしい声が聞こえてきた。石丸と同じ名古屋軍でプレーしていた俊足外野手の石田《いしだ》政良《まさよし》◆25である。ふたりは門司鉄道局の出身で、名古屋軍時代は一番石丸、二番石田の打順の球友だった。石田は遠征先の奉天で召集されて南京で教育を受けていた。どこで聞きつけてきたのかわからないが、無事であることを報せてきたのだった。それにしても軍務とは関係ない情報の交信とは、なんとも大胆である。石田は入営直前のリーグ戦で六六試合に出場して三二個の最多盗塁を記録していた。投手の目を盗んで進塁するように、通信の方も上官がいないスキを見てのことか。

石田の情報によれば、ライオン軍で遊撃手をしていた中野《なかの》隆雄《たかお》◆26も近くの野戦病院にいるという。朝鮮総督府の鉄道局から職業野球に入り、確実な打撃を見せた選手だった。早速、石丸と石田は再会をはたし中野の見舞いに出かけることにした。ふたりは病院を訪れ中野を前にすると、病室内に響きわたる声で「気を付けーッ」の号令をかけた。軍隊は星の数がすべてだ。石田は新米の二等兵で、ひと足早く入営していた石丸は軍曹だった。ベッドにいる中野は職業野球界一番の出世頭の中尉殿だったから、上官への挨拶は絶対である。中野はヤアと気軽に声をかけたいところであるが、そうもいかない。

三人は周囲の目を気にしながら別室へ移動すると、「オイ中野、偉くなったもんだなア」という茶化したことばをきっかけにいっぺんにほぐれた。まさか、こんな遠い地で球友に会うとは思いもよらぬことである。戦地の体験、これからの日本の行方など話は尽きない。おのずと話題は野球のことになっていく。

気になる職業野球の動向といえば、連盟の理事長にはライオン軍理事の鈴木龍二が就任し、名称は「日本職業野球連盟」から「日本野球連盟」へと改称された。リーグ戦の方式も、春秋の二季制をやめて長丁場の一季制になり、選手層が充実する巨人軍が連覇を遂げていた。応援するスタンドにも活気が出てきた。職業野球の魅力が浸透してきて、戦時下にもかかわらず観客数は年々増えつつあった。

熱戦が繰り広げられていたのは内地の職業野球だけではない。石丸は部隊内に自らが中心となってつくった野球チームがあると披露した。なかなかの強さで戦線では知られた存在だという。生きるか死ぬかのときに試合とは、なんとも不思議な話である。ふたりは興味深く聞いていた。

†大陸のプレーボール

実のところ大陸戦線での野球はめずらしいことではない。タイガース内野手の藤村《ふじむら》富美男《ふみお》[◆27]は青島に上陸するなりプレーをしている。藤村二等兵は、広島の歩兵第一一連隊に入営して三カ月ほど訓練を受けたばかりにもかかわらず、輸送船のなかで指揮官から野球のチームを編成せよという奇妙な命令を受けた。

それは青島にいる原隊から、「新補充部隊と野球の試合をやりたい」という要請に応えるものであった。さすが中等野球で強豪校ひしめく土地柄の連隊だけのことはある。野球好きが多いようだ。それにしても右も左もわからない初年兵に任せるなど、いささか無茶な話である。どうも商売人がいると吹聴《ふいちょう》した者がいたらしく、ご指名となった。すぐに藤村が部隊内に呼びかけると、五〇名もの希望者が手をあげた。船のなかでは練習もできず、上陸するなりただちにノックを行い試合に臨むことになった。

　即席チームの投手は藤村である。呉港《ごこう》中学では夏の甲子園で優勝投手となりタイガースに入団してからも登板してきた。対する青島の駐屯チームは中隊長の梶上初一《かじうえはついち》◆28が待ちかまえていた。梶上といえば夏の中等野球大会に二度出場し、広島商業を初優勝に導いた外野手である。特に優勝をはたしたときは甲子園球場ではじめて開催された大会で、満員のスタンドのなか二試合連続の本塁打を記録している。人望は厚く広島商業に続いて、進学した慶應義塾大学でも主将を務めて全盛期のチームを率いた。卒業後も東京倶楽部に所属して都市対抗野球大会での優勝に貢献し、また文部省の学生野球への介入について一石を投じる発言などをして注目されたから、地元でその名を知らぬ者はいないだろう。

　とはいうものの対戦する相手は、つい先日まで職業野球でプレーをしていた現役の若者である。藤村の力投がチームを勝利に導いたのだった。それからすぐのことである。梶上は青島周辺の呂南の戦いで壮烈な死を遂げ、藤村との対戦が最後の試合になった。

盧溝橋近くの北平で警備にあたっていた中村三郎《なかむらさぶろう》は、◆29部隊の対抗戦に出場している。大東京軍の内野手だった彼が召集を知ったのは遠征先で訪れた長野の旅館であった。急遽、翌日の試合を、「中村三郎選手壮行試合」と銘打って開催することになり、満員の観衆の前で本塁打を放って出征していった。部隊の名誉をかけて競いあう対抗戦でも、その勢いは衰えることなく投手としてマウンドに立つ投打の活躍で、四戦全勝の成績で見事に優勝を遂げた。軍お墨付きの大会だけあって、優勝の商品は豪華で酒樽だったから申し分ない。

広東ではそれを上回る贅沢な早慶戦が実現している。戦地で母校の元野球部員を探すのは、そう簡単ではない。プレーするギリギリの人数の慶應出身者のチームには、中村と同じく大東京軍の主将だった水谷則一がいた。二・二六事件の際に球団理事の鈴木が憲兵隊に連行され大いに慌てたが、いまでは立派な兵士として従軍していた。対する早稲田も六大学リーグの経験者を有している。

北支での荒鷲隊の試合

軟式とはいえども、そこは明治時代から続く伝統の一戦にかわりはない。どこで調達してきたのか、立派なユニフォームが用意された。慶應は三田倶楽部をあしらったものだろう、「M」の文字が入った縦の線の入った仕立てで、早稲田は「W」が胸に縫い付けられていた。

重慶に飛び立つ爆撃機を前に試合

水谷は大学時代も主将だっただけにおのずと力が入る。試合がはじまり慶應は早くも初回に一点を先制した。回はすすみ中盤に入ると、こんどは早稲田が二点を返して逆転に成功した。このまま負けるわけにはいかぬと、八回に慶應が反撃して一点をもぎ取ると神宮さながらの熱戦になった。終ってみれば仲良く二対二の引き分けで幕を閉じた。勝敗は関係なく、プレーできればそれで充分である。広東の地に友情の校歌が流れた。

武漢攻略によって占領した漢口は、中国軍により軍需工場は破壊されたものの市街戦を避けて退却したため、施設などは比較的そのままの状態で残されていた。公園のなかにある球場も大きな損害がなく、毎週土日になると兵隊たちは野球を楽しんだ。

そこに駐屯していたのはタイガースの御園生《みそのお》崇男《たかお》◆30である。彼は関西大学の黄金時代を築いたひとりで、タイガースに入団するや速球と外角低めの繊細な制球で打者を翻弄した。昭和一二年から翌年春季にかけて一八連勝を記録してタイガースの二季連続優勝に貢献している。登板のないときには外野を守り投打で活躍する中心的な存在であった。ここ漢口でも中隊長からの指示で軟式の試合に出場し、五回くらいまで投げて、その後は一塁手として守備についていた。野球になれば誰それ関係なく、普段、決して仲がよいとはいえない海軍とも対戦し交流に務めていた。

ある日、現地に相撲の慰問が訪れたが、たいへんな盛況だった。ふと御園生は職業野球が来たならもっと人気になるに違いないと思った。リーグ戦では中等野球大会のように甲子園球場が満員になることなどなかったが、戦地は違う。遠征してくれれば観客でいっぱいになること問違いなしである。なによりも戦闘で疲れきった兵たちの余暇になるから、興行する側、観る側の両方にとってありがたい話のはずだ。早速、御園生は球団に手紙を書いた。

タイガースの中国戦線への遠征は実現しなかったが、たしかに御園生が感じたとおり、大陸では北から南まで至るところで試合が行われていた。北支から津浦線に沿って進軍した部隊は戦闘の合間に、南京では敵に勝つにはまず体力だと兵隊総出で野球にいそしんだ。

空の勇士たちも地上に舞い降りると野球に熱中した。北支で活躍する荒鷲隊では操縦桿をバットにかえて快音を響かせた。重慶に出撃する陸軍の航空兵団は爆撃機を前に部隊対抗戦を行った。爆撃先の天候が思わしくない休止日は絶好の野球日和で、名爆撃手とうたわれた中尉が打者となり、射手の曹長が投手、整備員らが守備につくと熱戦になった。

どこへ行っても日本人の野球好きはかわらないようだ。戦場であるはずのその場所はいつのまにかグラウンドになり階級も関係ない。誰しもが投げて、打って、走る。そして仲間に声援をおくる。その空間は戦争を忘れるひと時であった。

第3章　日米開戦

†宮殿下の訪問

大別山での戦闘による日本軍の被害は、戦死者約一〇〇〇名、負傷者三四〇〇名にもおよんだ。敵の犠牲者も甚大で遺棄死体だけでも約一万五〇〇〇名ともいわれた。両軍の数字からも、いかに厳しい戦いだったかがわかる。

死闘の渦中にいた沢村栄治も左の掌に弾を受けて負傷をしていた。南京にある兵站病院へ移送されて弾の破片は取り除かれたが、いまだ中指は動かないでいる。「デッドボールの方が痛い」と強がって見せたものの、不自由であることにはかわりない。沢村が負傷したという話が伝わると、新聞社や雑誌の記者たちはこぞって病院へ駆けつけ、その様子を報じた。沢村も丁寧に取材に応じて、病院の庭先で投球の真似事までして撮影に協力してみせた。

沢村は傷が癒えると再び原隊に復帰して、すぐにまた襄東《じょうとう》会戦に参加した。大きな戦闘に発展することなく終結となったが、作戦の最中に山田連隊長が急死する不幸に見舞われた。連隊長は大別山の戦闘で多くの戦死者を出したのを憂い、「俺は自ら戦死し、お詫びしたい」と生前語っていた。過労の累積による脳出血と診断されたが、部下たちのあとを追うように息を引き取ったのだった。山田の死にあわせるかのように、大陸での任務を完了した連隊は内地への帰還が決定された。

昭和一四年八月、沢村は一年三カ月ぶりに故国の土を踏んだ。凱旋する郷土の連隊の到着をまちわびる地元の阿漕《あこぎ》駅は沸きたっていた。人々は日の丸の小旗を打ち振って万歳を連呼した。出迎えた家族との再会もそこそこに、部隊は久居街道を力強い軍靴の音を響かせながら行進した。そのなかに他の者より頭ひとつ大きい、軽機関銃を担いだ沢村の姿もあった。三つ星の肩《けん》章《しょう》が眩しい。死線をくぐり抜けてきた沢村は上等兵になっていた。

生きて帰ってきた彼を待っていたのは、待ちに待った除隊の報せであった。隊を退くまでもう少しの辛抱である。その間の役目は初年兵の教育係で、こんどは挙手の礼や軍人勅諭の暗唱など兵隊としての心得を伝えていく番になった。そんなある日のこと、思いもよらぬ出来事が起こった。

沢村上等兵はいるか！　将校集会所の当番兵として勤務していた沢村の名前が所内に響いた。聞けば横田豊一郎《とよいちろう》連隊長からの呼び出しだという。横田は戦死した山田から引き継いで着任した歩兵第三三連隊長である。連隊長が上等兵に会うなどとはよほどのことである。何かしでかしたのか!?　恐る恐る沢村が連隊長の前に出て起立すると、そこにいたのは賀陽宮《かやのみや》恒憲王《つねのりおう》であった。

「沢村君、肩はどうだ」上等兵に優しく声をかける殿下を見て、侍立していた横田連隊長はただただ目をパチクリするばかりであった。実は大本営参謀の大佐である殿下は検閲に訪れていた。賀陽宮は連隊に到着するなり連隊長に向かって、「沢村栄治はどこにいるか」と尋ねた。一体、沢村とは誰のことか？　名前すら知らない横田は慌てて周囲の者に聞くと、たまたま知っていた将校がいて、すぐに呼び寄せたということらしい。

ベーブ・ルースと撮影する賀陽宮（右）と敏子妃（中央）

賀陽宮はスポーツへの造詣が深く、中止になったオリンピック東京大会では総裁となることが予定されていた。とりわけ野球への関心は高く、早稲田大学の選手と交友を深めてリーグ戦の話やキャッチボールをするほどであった。国賓として渡米した際には敏子妃とともにヤンキー・スタジアムで試合を観戦している。ちょうど昭和九年の日米野球が開催される少し前で、全米チームの一員になったベーブ・ルースと一緒に写真を撮影するなどしていたから相当な野球通である。

洲崎球場にも足を運び、巨人軍対セネタース戦を敏子妃と若

雨のなか洲崎球場を訪れた賀陽宮殿下

宮と一緒に観戦している。試合の方は、先発した沢村が初回に本塁打を打たれたものの、二回以降七回まで二安打、三振八つを奪う快投を見せた。沢村は打っても打点をあげ、投打の活躍により巨人軍が四対一で勝利した。あいにくの雨のため七回で打ち切りになったが、賀陽宮ご一家は最後まで席を立つことなく真剣に観ていた。

もっともそのせいで、ちょっとした珍事があった。海岸沿いにある東京瓦斯の材木置き場だった場所に建設した洲崎球場は、満潮時になるとグラウンドはもとよりベンチや観客席にまで海水が流れ込む代物で、この日は雨が加わり水浸しとなってしまった。さすがにこの状況での歩行は失礼極まりない。慌てて捻り出した答えは、球場係員が背負って敏子妃を運ぶという、なんとも恐れ多い対応であった。それでも殿下は試合内容に満足し、「職業野球はスピーディーでいい、沢村投手の球はちょっと大学リーグの選手には打てまい」と語った。当時の記憶が蘇ったのだろう。速球に魅了された賀陽宮は、連隊に沢村がいることを知ると、ぜひとも会いたいと願ったのだった。殿下の前で起立する沢村はただただ感激するばかりであった。

†戦場の代償

　まさか殿下から声をかけていただけるとは。沢村は野球の影響力の大きさについて改めて感じたはずである。死んでいく戦友を前にして、それまで野球のことなど考える余裕などなかった。ただ一度、思い出したのはタイガースにいた捕手の小川年安《おがわとしやす》◆31と戦場で出会ったときである。慶應義塾大学出身の小川は、優秀な者が顔をそろえるなかでつねに打線の中軸にいた。発足したばかりのタイガースに入団してからも三番を打ち、沢村のドロップを最初に攻略している。たった一年在籍しただけで第一電信隊の一等兵になった小川は、大陸で軍務にあたっていた。沢村にとっては技術を高めてきたよき対戦相手との再会だっただけに、ふと野球のことがよぎったのかもしれない。

沢村（左）と球界を去ったタイガースの小川（右）

　いまだ沢村は職業野球への復帰については結論に至っていなかった。たしかに除隊して復帰する者はまれである。戦場で人の死を目の前にして本当にこのまま野球を続けることがよいのかと考える者、力の衰えを感じる者、家業を継ぐ者など、理由はさまざまである。小川も少しして大陸から帰還すると東

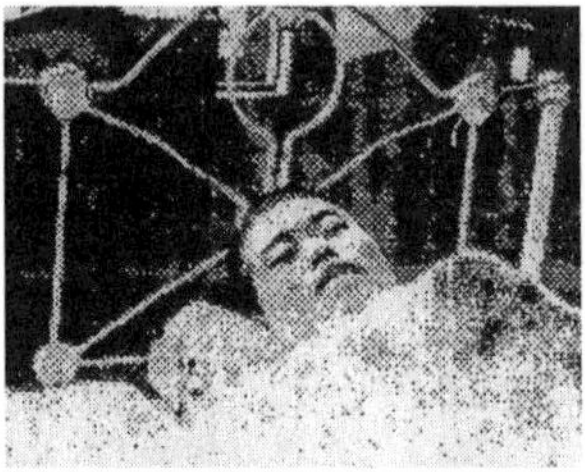
負傷して入院する巨人軍の中山

京で結婚式を挙げたが、その後、復帰することはなかった。将来はタイガースの監督になるといわれた男でさえ別の道を選んでいる。
職業野球の世界から去っていく者がいるなか、あえて飛び込んで来る者もいた。済南攻略で敵地へ果敢に潜入した井野川利春が阪急軍へ入団してきた。攻略後は徐州会戦や武漢攻略での戦場をくぐり抜けたのち、河北省にある村での戦闘で右手に傷を負っていた。プレーへの影響が心配されるところであるが、負傷してから一〇カ月ほど経過しており、どうにか傷の方は癒えたようだ。
同じように戦地で傷ついた選手は少なくない。巨人軍の三原脩は上海戦で左大腿部を弾で射抜かれて四カ月ばかり病院で過ごした。金鯱軍の濃人渉は広東上陸の際に、大砲が暴発して左半身に破片を浴びて負傷した。同じチームで援軍を求めて勇猛に走った新井一も戦場で血を流し入院していた。いずれも大事には至らず球界へ復帰することができたのはなによりだった。
その一方で選手生命を奪うほどの重傷者もいた。三原と同じく上海で戦った巨人軍の中山武である。右足のかかととくるぶし付近に弾が命中して骨が砕け、歩くこともままならなかった。そんな彼は負傷直後に、「野球は諦めた」といっていたが現役への道を捨てきれないでいた。試合に復帰したのは被弾してから一年後のことである。グラウンドに戻ってきたかつての正捕手に、スタンドからは盛んに歓迎の拍手がおくられた。ところが、いざマスクを被ってはみたものの投手の球を満足に受けることができない。挙句のはてには、ミットから球が飛び出して振り逃げまで引き起こしてしまう有様である。さいわい一塁に投げてアウトにしたが、注目していた観客は以前の彼ではないことを知った。

もっとも彼を惨めにさせたのは最終回になり走者を置いて一打同点の場面で、中山に打席に回ってきたときである。ここは守備の不手際を挽回する絶好の機会である。期待に応えるように打った打球は、見事に三遊間を抜く好打となり同点の瞬間となった。ところがどうしたことか。彼は一歩、二歩と前にすすむと、その場で立ちすくんでしまった。実のところ帰還してから足をひきずる容態であった。そんなことはおかまいなしに球が一塁へ送られてくると、無情にもゲームセットが宣告された。限界を突き付けられた中山はまもなくして選手生活に別れを告げたのだった。

沢村の傷の方は左手掌の貫通銃創だったが利き手でないのがさいわいだった。内地に帰還した直後は、「半年はボールを握らぬ考え」と語っていたが、高まる気持ちが抑えられなくなり、正式に除隊が決まると、「二、三日、家で静養して上京したい」と復帰を決意したのだった。

沢村が巨人軍の同僚の前に現れたのは昭和一五年の春のことである。すでにリーグ戦は開幕しており、関西へ遠征に来ていたチームの宿舎へ訪れた。見れば紺のダブルの背広で正装していたが、顔は日焼けし真っ黒で頭は丸坊主である。除隊してさほど日を置かずにやって来たのがわかる。

監督の藤本との再会のあいさつもそこそこに、沢村はユニフォームに着替えるとキャッチボールをはじめた。早く試合で投げたいという思いの表れである。だというのに、焦る気持ちとは裏腹に投法はバラバラだった。しかも兵隊になる前と比べて投球動作の柔らかさも失われている。藤本は、とても試合で投げられる状態ではないことを知った。ここは時間をかけて調整からだと、「沢村、ムリをするな」と声をかけた。

長い軍隊生活で練習不足は否めない。体が固くなり思うように動かないのは、除隊してきた者の共通の悩みであった。負傷や体調以外にも軍隊生活によって復帰の壁となった原因はまだある。初年兵の訓練では戦闘動作の習得を目的にして運動教育が実施される。手榴弾による投擲もそのひとつである。巨人軍の内堀保は、野球経験者であることを知る上官から突然、「お手本として投げて見せてくれ」という命令に反応して、いきなり投げたことから肩を壊した。

手榴弾投げで肩を痛める者は思いのほか少ないが、準備運動もせずに急な動きをすれば故障してしまうのは目に見えている。

それより深刻なのは、セネタースにいた野口明が心配したように、射撃の際の肩への衝撃である。沢村が担当した軽機関銃に至っては連続的な衝撃と振動が伴う。行軍ともなれば輪をかけて長時間、銃や軽機関銃を肩に担いで移動する。知らず知らずのうちに蓄積疲労を起こしていく危険性を秘めていた。戦場で銃を打ち、弾をかいくぐり突破していく動きと、グラウンドで打って走るのでは訳が違うのである。

そうした危険を避け、いずれ復帰することを念頭に軍隊生活をおくった者もいた。阪急軍の小田《おだ》野柏《のかしわ》◆32は、入団して早々に先発を任せられると春季のリーグ戦で勝ち頭の五勝に続く三勝をあげた。秋季にはより勝ち星を重ねたいと夢みたところで入営になってしまった。出征する際に、以前阪急軍の監督だった三宅大輔のところへ挨拶に行くと、「練習もせずに力投すれば肩を痛める。体力をつけるために軍隊の訓練もトレーニングのひとつだと心得よ」と助言を受けた。三宅の勧誘によりこの世界に入った小田野にとっては恩師と呼べる存在のことばである。満洲の北部に駐屯することになった小田野は、三宅との約束を忠実に守り、練習のつもりでよく動いた。手榴弾投げの際にも入念な準備運動をしてから投げたのだろう。いつもほめられ師団長巡視の際には指名されるほどの腕前だった。

ただしあくまでも命令のときだけである。戦友たちが野球の試合をしていても決して参加することはなかった。ソ連との国境に接する神武屯《じんむとん》で楽しみなどないためか、冬場は零下五度にもなるにもかかわらず寒さもなんのそので、野球好きが集まってくる。楽しくプレーする戦友を尻目に小田野は「俺は投手なんだ、肩を痛めてはいけない」と自分にいい聞かせて最後まで加わることはなかった。

意外なことだが肥満も復帰の妨げになった。軍隊では規則正しい生活が強いられる。加えて最戦線は別としても兵舎では世間と比べて少なからずいい物が食べられた。そのせいで濃人は兵隊になってから体重を増やした。以前は塁に出れば盗塁しようと試みたが、復帰してみると走るのが怖くなったほどである。セネタースから出征した野口に至っては兵隊になってから三貫(一一・二五キログラム)も増えてしまった。もうこうなると無事に戻ってきたとしても投手が務まるか疑問である。

沢村も同じように体重が増えて苦しんでいた。甲種合格となった徴兵検査では一八貫(六七・五キログラム)だったが、野口と同じく最大で三貫(一一・二五キログラム)も肥った。いまでは一九貫五〇〇(約七三・一キログラム)まで減ったものの以前と比べればまだまだである。減量のため飯を二杯以上食べないように努めた。

重ねて沢村が復帰に向けて不安視したのが、大別山で連隊内に流行したマラリアである。沢村もまた感染していて、急激な運動と食事制限とで再発の危険性があった。マラリアにかかると四二度以上もの高熱になる。特効薬といわれるキニーネ剤を服用した直後はよいが、四八時間、七二時間といった一定の間隔で発熱が繰り返し襲ってくるから、体力を消耗し練習どころではなくなる。

その予感が的中した。復帰のメドがたってきた沢村だったが、突如、練習中にうずくまった。心配した同僚たちが駆け寄ってくると、彼は、「ちくしょう、マラリアが出た」というとグラウンドに大の字になり空を仰いだ。負傷はもとより、練習不足、軍務や訓練中での怪我や蓄積疲労に肥満。さらには戦地での感染症や病気と帰還した選手たちの道のりは想像以上に険しい。マラリアが再発した沢村の復帰は振り出しに戻った。

新体制運動

昭和一五年七月二二日、第二次の近衛内閣が発足した。欧州では前年に英仏がドイツに宣戦布告して戦火が広がろうとしていた。日本も中国との戦争から三年が経過して、泥沼化の様相である。先行きが見えない現状に既存の政治では限界だと、革新を目指す官僚、知識人、軍人らが近衛の政界復帰を後押しして成立した内閣である。一度は首相の座を降りたとはいえ、いまだ国民からの人気も衰えていない。近衛は就任前に、「新体制確立のために微力を捧げたい」

と述べていた。世間は「新体制」の意味を必ずしも理解しているわけではなかったが、どこか期待のもてることばとして流行語になっていた。

近衛をささえる閣僚は、陸軍大臣の東條英機や外務大臣の松岡洋右らである。そうしたなかに交じって商工大臣の小林一三の顔があった。これまで阪急電鉄を成長させ、新興事業である職業野球への可能性を見出して阪急軍を立ちあげてきた。日本野球連盟にとって、第一次近衛内閣で農林大臣になったセネタースの有馬に続いての誇らしい就任である。

職業野球のリーグ戦の方は、夏に満洲で開催することが決まっていた。これまでに開拓団や企業が新天地を求めて海を渡っている。職業野球も国内にとどまらず満洲に進出すべきとの意見が連盟内で大勢を占め、実現に至ったのだった。

マラリアで復帰が遅れていた沢村は、満洲への遠征を前にようやくグラウンドに帰ってきた。久しく試合から遠ざかっていたためか、初登板になった南海軍との試合ではあきらかに以前とは違うように見えた。さいわいにも、相手が貧弱な打線だったため完投勝利を収めたものの、その後の試合でも球速は戻らず好不調を繰り返した。それでも四試合目の登板で、投球術を駆使しながら自身三度目となる無安打無得点を達成したからさすがである。復調の兆しかと思いきや、夏になって満洲でのリーグ戦が開幕すると、またしてもマラリアが再発してしまった。沢村にとっては重たい体を引きずりながらの過酷な遠征である。

大連《だいれん》、奉天《ほうてん》、新京《しんきょう》などの都市で開催された試合はどこも大入りであった。多くの観衆を前に躍動したのは広東攻略で大砲の暴発によって負傷した金鯱軍の濃人である。安打を連発し満洲でのリーグ期間中に打率・三六五の成績を収め最高打者賞に輝いた。同じく戦地から帰還してきた沢村とは対照的である。

大陸でリーグ戦が行われているなか、内地では経済、学術、言論などの代表からなる新体制準備委員会が発足した。近衛の政治的な理念を実現するための大事な会合である。第一回目の委員会では、委員長の近衛を筆頭に商工大臣の小林ら全閣僚と、経済界からは正力などが委員として出席した。初回の会議を進行する座長は、近衛より有馬が指名された。国民が運動に参加する組織などをめぐり議論が活発化していくと、委員会は繰り返し開催されていった。

球団の経営者がかかわる国をあげての運動に、日本野球連盟が何もしないわけにはいかない。選手らと満洲から帰国してきた理事たちは慌てて理事会での協議に乗り出した。それにしても近衛のいう新体制とは何を意味するのか。以前、近衛は雑誌に、英米に都合のいい民主主義ではなく、日本人本位によるものでなければならないとして、「英米本位の平和主義を排す」と題する論文を発表していた。それは、いわば反英米依存主義、反資本主義、反自由主義といえる思想で政治的な基盤となっていた。ライオン軍の責任者で連盟の理事長になった鈴木龍二は、「従来の洋風思想や文化を排し、日本式の文物を再認識して、国体を明確にし、すべてを天皇に帰一するという、いわば日本主義的な考え方ですべてを固めようという運動」だと解釈した。

理事たちは手さぐりのなか、新体制に沿った職業野球の綱領や運用の検討をしていった。およその方向性は、日本精神に基づいて引き分けを廃止して再試合で徹底的に勝負をつけることと、欧米主義を排除するための日本語化である。日本語化は、この三月に外人崇拝の悪風を助長するおそれがあるとの理由で内務省が芸名統制令を出し、芸能人に対して英語や奇妙な芸名の使用を禁じている。歌手のディック・ミネ、ミス・コロムビアらが槍玉にあがったから、その影響もあるのだろう。それにしても連盟は自ら危険な領域に足を踏み入れた感がある。

†改名

理事会では、日本人以外の選手の採用は東亜民族を除き不可とする決定もなされた。かなり踏み込んだ政策といえる。これまで米国出身者は最高殊勲選手を獲得したイーグルスのバッキー・ハリスなど、ほんの少しだが在籍していた。前年には巨人軍に比島（フィリピン）出身で、マニラのベーブ・ルースといわれたアチラノ・リベラ[33]という選手もいた。

この頃には海外からの補強は日系が主流となり、リーグ内には一〇名以上が所属している。理事会の議論では名古屋軍理事の赤嶺昌志が、「大東亜共栄圏の日本依存の民族であるなら日本野球連盟は喜んでこれを抱擁する」とする一方で、「米国生まれの二世日本人でも米国至上の思念を有するなら、純然たる日本人たらずとしてこれを拒否する」と主張した。日系選手たちは微妙な立場に置かれた。

それ以上に注目されたのが、巨人軍のビィクトル・スタルヒン◆[34]の存在である。旭川中学を中退した少年は、昭和九年の日米野球で全日本チームの代表として迎え入れられ、その後、巨人軍の一員となった。名前といい風貌といい、世間から見れば純粋な日本人とはいいがたい。事実、革命により家族とロシアから逃れてきた白系ロシアの無国籍で、査証すら持っていなかった。満洲遠征の際にも巨人軍理事の野口務はスタルヒンに査証がないことを心配して、マラリアで苦しむ沢村とともに、一時、大連に待機させていたほどである。とはいえ試合がはじまればじっとしているわけにもいかない。懸念のとおり、奉天から新京に向かう列車のなかで、憲兵から査証がないことを理由に取り調べを受け、下車を余儀なくされた。連盟にとって彼の存在は爆弾をかかえているようなものであった。

それは巨人軍も充分に承知のことで、理事会での最終的な判断を待たずしてスタルヒンの日本語への改名に踏み切った。苗字は当て字による、「須田」と「須多」の案が考えられた。須田町にはスタルヒンが敬慕する日露戦争の軍神、廣瀬《ひろせ》武夫《たけお》の銅像がある。そこで「須田廣」という名前が浮上した。だがよくよく考えてみれば内務省の芸名統制令では英語名だけではなく、俳優の藤原釜足《ふじわらかまたり》のように国民的尊厳を軽視しているとして禁止となった例もある。軍神から引

須田博に改名した巨人軍のスタルヒン

用したと知れてお咎めがあっては元も子もない。「廣」をやめて「博」にすることにした。

彼はなじめない日本名の漢字をただひたすら練習した。そして、「須田博」は観衆の前に登場した。前年には年間で四二勝もの勝ち星をあげチームを優勝に導き、最高殊勲選手になっている。この年も好調で、チームの勝利に貢献してきた。彼は決して口に出すことはなかったが、自分の存在を否定するような球団の行為に釈然としなかったに違いない。

理事会の方でも日本語化の検討がすすめられた。対象になったのは試合中の審判の号令、野球用語、球団の名称などである。とはいっても審判の判定を日本語化するのはさすがに無理があり、専門委員会で研究するものとして、「プレー・ボール」を「試合始め」、タイムを「停止」、ゲームセットを「試合終り」とし、用語も「リーグ戦」を「日本野球連盟戦」にする程度にとどめる結果となった。

これに対して球団名は目立つだけに必須といえる。変更を余儀なくされたタイガースは親会社の電鉄名から阪神軍とし、イーグルスは和訳で黒鷲軍になった。最も影響が大きかったのは歯磨きを製造、販売する小林商店のスポンサー名だったライオン軍である。仕方なく、契約が切れる年明けを待って朝日軍と改称することになった。

有馬のセネタースは懸賞金一〇〇円をかけて、一般から募集して東京翼軍とした。一万三四〇〇余通のなかから採用された男性は、「よき名をつけんものと頭を捻りながらふと乗った市電のなかで、ぶらさがっていた大政翼賛会の宣伝ビラが目についた」と命名の理由について語った。まさに翼軍は新体制の象徴的な名称となった。

監督、選手らを前に新体制を説く有馬（上）と正力（下）

一方、近衛内閣は準備委員会を経て、新体制を推進する機関として正式に大政翼賛会の設置を閣議で決定した。総裁には内閣総理大臣の近衛が就任し、実務的な責任者ともいえる事務総長には有馬が指名された。また役員として商工大臣の小林が顧問となり、勇ましい戦争報道で政府を支持してきた正力は、総務を担当することになった。くしくも職業野球団の経営者たちは、日本の命運を決める立場になったのである。

有馬と正力は、連盟の理事、監督、選手らを集めて訓示を行った。有馬は、「職業野球は日本国民の元気をつける不可欠のものになることを望むものである」と述べた。そのことばは近衛の新体制の意味が明確でないだけに具体性に乏しく控えめである。対して正力は、「日本精神に相応しい美技、快技を念願としなければならぬのである」として、「新体制にそぐわぬ行為が不幸もしあった場合には、選手諸君自らその罪をあがなわねばならぬ」と強く迫った。半ば経営者への忖度ではじまった連盟の新体制運動は絶対的な指示となった。

†日本人の血

大政翼賛会の設置が閣議で決定された同じ日、ベルリンでは日独伊による三国同盟の調印が行われていた。外務大臣の松岡の主導によりすすめられた交渉は、米英との力の均衡により日米関係を打開していくという構想であった。しかし、思惑とは異なり米国は反発を強めた。日本軍は調印直前にドイツに降伏したフランスの北部仏印（フランス領インドシナ）へ進駐したことも刺激した要因である。米国は対抗措置として、くず鉄の対日禁輸を決め、追加として鉄鋼、銅、ニッケルなど兵器の製造で欠かせない材料までも経済制裁へ踏み切り、対立は決定的なものになってしまった。

海の向こうから飛び込んでくる情報に明るい兆しが見えない。そんななか野球界でもルー・ゲーリッグの訃報という悲しい報せが伝わってきた。ゲーリッグといえば、ルースとともにヤンキースを牽引し、打率、本塁打、打点の三冠王にも輝いたことのある偉大な打者である。二一三〇試合連続出場の前人未踏の記録を打ち立て、人々からアイアン・ホース（鉄の馬）と呼ばれていた。前年に筋萎縮性側索硬化症という難病に診断されてグラウンドを去ったばかりであった。

ゲーリッグは日本でも馴染み深い。昭和六年と九年に開催された日米野球大会に来日している。とりわけ九年の大会では、沢村から本塁打を放って、一対〇で勝利した試合が思い出される。彼の死を知った沢村は、当時の試合の様子を振り返って本塁打の悔しさを語る一方で、「アメリカ選手の偉大な打力の凄さ」を感じたと述べた。そして、「同じ道を行く球界の大先輩としてのゲーリッグさんの訃報は実に痛惜の極みです」と追悼した。野球には国境がない。

沢村の米国野球への思いとは裏腹に、両国の関係は悪化の一途をたどる。米国領事館では米国籍の日本在留者に対して帰国勧告を行った。このまま日本に残るべきか、それとも生まれ育った米国に帰るべきか。連盟の新体制による運用も重なって難しい選択を迫られたのは二重国籍を持つ日系選手たちである。金鯱軍の濃人のように、日本人として生きていくことを決め、すでに兵隊になった者もいる。だが日本で生まれ育った者はいいが、環境の違う米国で生活していた者にとっては、ことばの違いはもとより日本のしきたりや様式に溶け込むのは容易ではない。

かつて黒鷲軍がイーグルスと名乗っていた頃の四番打者であるサム・高橋吉雄《たかはしよしお》◆35は、ハワイ・オアフ島で生まれ育った日系二世で、濃人と同じく二重国籍だった。ワシントン大学出身の彼は、ロサンゼルスのセミプロチームでプレーしていたところに名古屋軍から声がかかり来日して来た。翌年、発足したばかりのイーグルスに移籍すると、その年の秋季リーグ戦では六本の最多本塁打を記録した。まさにグラウンドでの活躍と時を同じくして日中戦争が勃発した。このままでは日本で徴兵されてしまうと危惧した高橋は、二世は徴兵延期ができると聞きつけて、ハワイにいる父親に手紙を書き手続きを頼んだ。しかし、期待も空しく父親からは、ベースボールで遊んでいるのに何をいうかという返事であった。

戦地へ赴くことを決心した高橋は、銀座のスエヒロでチームの同僚を呼んで最愛の人と結婚式をあげた。もう心残りはない。彼は高崎の歩兵第一五連隊の営門をくぐった。ちょうど沢村が入営した時期と同じである。思ったとおり軍隊生活は苦難の連続だった。来日して二年ほどで日本語もロクにできない。無論、兵隊に求められる日本精神とは何かなどわかるはずもない。さぞや上官から睨まれたはずだ。ささやかな楽しみといえば食うことであるが、それさえもままならない。麦飯には閉口するばかりであった。さすがに二年半ほどの兵役を経て除隊した頃には、「これから真の日本人として更生」するとまで語るようになったが、日系選手が日本に残るとなれば同じ道をたどることになるから、それ相当の覚悟が求められる。

阪神軍の投手の若林忠志《わかばやしただし》◆[36]は、「僕の体には日本人の血が流れているんだ」とハワイから日本行きを決意してやって来ただけに、すでに気持ちは固まっていた。日米両国の関係を懸念して米国籍から日本国籍への回復届を出すことを選んだ。

田中義雄《たなかよしお》◆[37]は、戦地へ行った小川の後釜として若林が阪神軍に推薦した捕手である。田中と若林はハワイのマッキンレー・ハイスクールでバッテリーを組んだ仲だった。日本にやって来た田中は、見込んだとおりの活躍でホームベースを守った。彼もまた日本語がおぼつかず時折へんなことを話して人に笑われることがあった。その田中が兵役について、「いつとられても国のために尽くすという立派な精神」を持ちあわせていると、しっかりとした日本語で語った。さらには、「日本の陸海軍が敵前上陸するときになったら、絶対それに加わります」とまでいい切った。若林のように日本人の血が流れていることに目覚めたのだろうか。

もともと田中が来日を決意したのには、野球をするため以上の訳があった。それはハワイで恋愛中の女性との交際を母に反対されていたからである。入団の誘いがあったのをいいことに、異国の地で結婚してしまおうと考えた。残る理由は人それぞれであるが、ともあれ田中は望みどおり結婚が叶い、日本で暮らす意味を確信したのだった。

帰国を選択した日系選手たち

†日系選手の帰国

日本に残ることを選択した日系選手がいる一方で、米国へ帰国することを決意した者もいた。黒鷲軍の亀田忠《かめだただし》◆38と阪神軍の亀田《かめだ》敏夫《としお》◆39は兄弟で来日していた。兄の忠は豪快な投球で三振か四球かの荒れ球で打者を翻弄した。前年には四五六回も投げ二六勝の成績を残している。無安打無得点を二度も達成しているからなかなかの実力者である。まるまるとした体格でフーフーいいながら投げる姿はどこか愛嬌があり人気の方も上々だった。

忠の下には次兄の亀田重雄がおり明治大学の内野手で主将を務めている。それに比べて兄たちを追いかけるようにやって来た弟の敏夫はというと、どこか呑気なところがあり投手としての力を充分に発揮できずにいた。奮起を促すように翼軍への移籍の話がもちあがり、新天地での飛躍が期待されたはいいが、街中からは英語表記の看板もなくなり、カタコトの日本語を話すにしても人目を気にするなど、どこか居心地が悪い。移籍したとしても、はたしてこの国で満足な暮らしが続けられるのだろうか。そんな不安を抱かせるような出来事があった。

ある日、敏夫が電車のなかで英字新聞を広げていると、いきなり憲兵がやって来ておもいっきり顔を殴ってきた。間髪入れず新聞をひったくるや大声で怒鳴りはじめたから驚いた。日本語が不自由な敏夫は、いったい何で怒られているのかまったくわからない。その様相からただごとではないようだ。慌てて連盟が発行している顔写真入りの選手証を見せるので精一杯だった。日本を理解するのは容易ではない。

すでに敏夫は出身のハワイ大学に入学する際に日本国籍を離脱している。兄も来日する直前に日本で徴兵されないために同じく籍を抜いていた。もうこれまでだと悟った兄弟は母国へ帰ることを決意したのだった。

黒鷲軍投手の長谷川重一《はせがわしげいち》も、◆40日本を去ることを決めたひとりである。ホノルルの高校時代にはエースの亀田敏夫と同じ野球部で一塁を守っていた。卒業後、投手に転向し日本にやって来た。来日一年目は亀田の兄との両輪で、三二試合に登板して一二勝一一敗の成績を残している。弱小投手陣のチームにとっては欠かせない存在となった。さらなる勝ち星が望まれた二年目の今年は調子があがらず、ここまで二勝といまひとつの出来だった。

無理もない。新体制になった職業野球では日本語化がすすんでいくなか、長谷川は英語を使わないように心がけるなど窮屈な暮らしを強いられていた。同級生の敏夫が憲兵に殴られた話も聞いていたのだろう。息抜きの場となるはずのバーに飲みに行っても、周囲の目を気にしてわざわざ日本語で話すようになっていた。見切りをつけた長谷川は稼いだ日本円を一切合切、洋食器などのみやげにかえて荷造りをはじめた。

ジミー・堀尾《ほりお》文人《ふみひと》は◆41、昭和九年に日米野球が行われると知るや、日本に駆けつけ全日本入りを直訴した異色の選手だった。全日本が母体になって発足した巨人軍が米国遠征に出かけると、やはり同行している。沢村が皮でグローブを作れると冗談をいうほど掌が大きく肩幅も広い。長身の身体を活かした打撃は粗削りながらも長打を放ち、俊足、好守の魅力をもっている。全日本の指揮にあたっていた三宅が阪急軍監督になると、その可能性を秘めた堀尾に声をかけ入団した。三宅がチームを去ったあとは阪急軍からタイガースへと移籍して球団を渡り歩いた。

当初、堀尾は日米間に戦争は起こらないだろうとみていた。工業力、軍事力とも米国の優位性は明らかである。昔の人間同士の争いならいざ知らず、武器を駆使する近代の戦争は異なる。不利な状況のなかであえて日本が戦う選択などしないだろうと考えた。その堀尾の気持ちを帰国へと動かしたのは、妻が米国へ戻ることを主張したからである。彼女もまた、カリフォルニア生まれの日系二世だったが、夫とは異なり両国の関係を懸念していた。

祖国へ戻ることを決心した堀尾は、阪神軍とかつての同僚である巨人軍の選手に声をかけ、旅費を工面するためのサヨナラ・セールを実施した。二〇名ほど集まった仲間のなかには騎兵連隊から除隊してきた巨人軍の筒井修の姿もあった。彼はイタリア製の中折れ帽をふたつ買い取り、餞別も兼ねて金を余計に渡すと堀尾はたいそう喜んだ。軍曹だった筒井は、「俺、サージェントやぞ」というと、堀尾は、「お前とこれかな」と、げんこつの仕草をして日米の行方を示唆した。楽観視していた堀尾も戦争の現実味を感じとったようだった。

ハワイへ向かう船に乗り込んだ亀田兄弟、堀尾、長谷川の四名は、職業野球について、「見違えるほどの成長をとげ、これから先も一層よくなるだろう、これを私達は期待している」ということばを残して横浜港から出航していった。

†南部仏印進駐

故郷の島はすぐそこだ。家族との再会まであと少しである。日系選手たちを乗せた鎌倉丸は航海を終えハワイに到着しようとしていた。だというのにホノルルを目の前にして亀田敏夫は船内で驚く情報を耳にした。アドルフ・ヒトラー総統が率いるドイツが、独ソ不可侵条約を破ってソ連領へなだれ込んだという。本当だとすればたいへんなことである。米国籍の敏夫には母国での兵役が待っていた。もし米国が欧州の戦争に参戦するようなことになれば戦地に狩り出されるかもしれない。キナ臭い日本から逃げてきたはずなのに、どこまで行っても戦争が追いかけてくる。まさに世界中が争いの渦に巻き込まれようとしていた。

ドイツの快進撃を前にして、渦中の日本も次なる軍事行動をはじめようとしていた。北部仏印のハイフォンに進駐していたのは、巨人軍の津田四郎だった。町を見渡せば、それまで支配してきたフランス人の居住地は、道は整備され、椰子に囲まれたお菓子の家が並んでいるようなたたずまいである。対する先住の人々の地域といえば、低い茅葺《かやぶき》屋根が軒《のき》を連ねている貧しい暮らしぶりだった。広東攻略に参加し、周辺の村で少年との交流を深めた津田は、ここでも現地の人々の声に耳を傾けた。聞けば、これまでフランス統治下に苦しんできて、我らを解放してくれるのは日本以外にないのだと訴えた。彼らにしてみれば同じ東洋人の日本は、大国ロシアを破った国であり、救世主に思えたようだ。津田は、「全東亜の諸民族を、白人から解放するのは日本以外にはあるまい」として自らの使命の大きさを感じとった。

先住の人々の願いを叶えるように、日本軍は南部仏印（フランス領インドシナ）への進駐を断行した。しかし、その本当の目的は、津田のいう理想とはほど遠いものであった。周辺には米国領比島や英国領マレー、シンガポールがあり、米英との戦争になれば軍事基地になりうる重要な地域である。しかも天然ゴム、錫《すず》、亜鉛など資源は豊富だ。それまで商工大臣の小林は、特派使節として蘭印（オランダ領東インド）へ乗り込んで、石油の供給量を増大させるための交渉を重ねたが失敗に終っている。小林は失意のうちに帰国したが、軍部は南部仏印へ進駐して威圧すれば蘭印は石油の供給に応じるかもしれないと進攻を勢いづける結果を招いてしまった。

当然ながら、米英領の喉元に剣を突きつけてきた日本の軍事行動に、米国は一段と反発し、在米日本資産の凍結と石油の対日禁輸で対抗してきた。互いの対立は強まるばかりで一刻も早い平和的な解決が急がれる。近衛は米国のルーズベルト大統領との会談を望んだが実現とはならなかった。手づまりとなった近衛はまたしても政権を投げ出してしまったのだった。

すでに小林は、機密とされていた経済新体制に関する閣議の文章を財界人に配布して意見を求めたことが議会で問題視され、商工大臣を辞任していた。よりによって大政翼賛会の事務総長だった有馬までもが、要職を与えられると期待していた旧政党の政治家からの不満などが集中して辞任に追い込まれていた。沢村は新体制運動について、「正力読売新聞社社長ならびに有馬連盟相談役の新体制に処する我々野球選手の行くべき道を指示され、いまさらながら任務の重大なることを感じた次第です……我々選手はおのおの全生命を打ち込み全能力を発揮して、日本精神にふさわしいプレーを行わなければならない」と抱負を述べてきた。そうした思いに対して無責任なことに、いまや新体制を唱える者は誰もいない。職業野球の世界には引き分け廃止や日本語化という滑稽な形式だけが残ってしまった。

†真珠湾攻撃

昭和一六年一〇月、新しく首相に任命されたのは陸軍大臣だった東條英機である。軍部の意向が強く反映される体制となり、とうとう戦争は避けられないところまできてしまった。再び動員がはじまり、徴兵年齢を迎える若者だけではなく、日中戦争から帰還してきた者にも令状が舞い込んだ。

沢村も例外ではなかった。戦地での後遺症から、この年の成績の方は九勝五敗とまったく振るわなかった。しかも前年秋頃からベンチに顔を出すことが少なくなり、阪神と契約をしたという噂さえ飛び交っていた。実のところ沢村は五年越しの恋を実らせて結婚し、妻の実家が所有する大阪の浜寺《はまでら》の家に移り住んでいたのである。まさにその幸せの絶頂期のところに召集の報せがやってきた。軍にとっては個々の事情など関係ない。再び出征することになった沢村は妻に心配させまいとして、「わしゃ、運が強いから敵のタマには当たらん」ということばを残して家をあとにした。

時を同じくして、巨人軍の選手のもとにも次々と戦地からの呼び出しがきた。満洲の国境警備に従軍してきた筒井がチームに戻ってきたのは、この年の四月である。大陸にいた頃は巨人軍の球団歌を戦友たちと合唱するほどプレーを夢みていただけに念願の復帰であった。いざグラウンドに出ると、若手の台頭により三〇試合ほどの出場にとどまったが、少しずつ試合の感覚がつかめてきていた。知り合いの新聞記者からも、「ようやく昔のように打てだしたな」と声をかけてもらい、大いに気をよくして帰宅すると、信じられないことに召集の通知が届いていた。はじめての徴兵検査で甲種合格といわれたときと同じように、目の前が真っ暗になり寒気までしてきた。いても立ってもいられなくなった筒井は、近所にいた藤本監督のところへ駆け込んだ。戦地へ出征するまでの試合について監督から問われたものの出場する気持ちになれず、入営までの四日間を身辺整理にあてた。わずか半年間の復帰生活であった。

内堀に至っては息つく暇もなかった。天津近くの塘沽から船で鹿児島に向かい内地に上陸したのは一一月一〇日のことである。家族との再会もそこそこに上京し、球団へ帰還の挨拶を行った。すでに昭和一六年のリーグ戦は終了していた。選手から監督に昇格した井野川の手腕により阪急軍が二位に食い込む健闘をみせたが、巨人軍の強さはその上を行く力で連覇を遂げた。内堀は優勝祝賀会に顔を出し入営前に再会を誓った沢村、筒井と旧交を温めた。来春からの予定が知らされると、生きている実感と希望から力がみなぎった。

内堀捕手帰還復帰

巨人軍の名捕手として鳴らした内堀保君は去る昭和十三年入営、北支の第一線で奮戦してゐたがこの程帰還し、巨人軍に復帰した

内堀捕手は昭和十年長崎商業卒業と共に巨人軍に入団し、米国遠征には両度参加、中山捕手に次いで沢村投手の女房役として球名を馳せてゐた【写真は内堀】

復帰の矢先に再召集になった巨人軍の内堀

翌年にそなえるべく地元の長崎に戻ると、無事に生還してきたことを聞きつけた友人たちが集まり、祝いの席を設けてくれた。厳しかった軍隊生活のことから、野球界へ復帰する思いへと話はかわり心が弾む。数週間前まで生きるか死ぬかの世界にいただけに、自分の将来について語るなどまるで夢のようであった。

だが、それは本当に夢物語だった。気心が知れた仲間との酒は朝方まで続き、楽しい余韻を残しながら帰宅した内堀を待っていたの

大本営発表を読みあげる報道部長の大平大佐

は召集令状であった。間違いではないか。問い合わせてみたが事実である。野球ができる喜びは一気に消え失せ、いったい何のために日本に戻ってきたのか憤りがこみあげた。「いっそのこと除隊などさせないでくれた方がよかった」と内堀は嘆いた。それは、一二月七日のことだった。

昭和一六年一二月八日、日本はハワイ・オアフ島の真珠湾で米国海軍の太平洋艦隊へ攻撃を行い、米英との戦争に突入した。奇襲作戦は見事に成功して、敵に大きな損害を与えた。戦果を受けて陸軍報道部長の大平秀雄大佐は大本営発表を読みあげた。

　大本営陸海軍部発表

　帝国陸海軍は本八日未明西太平洋において米英軍と戦闘状態に入れり

朝食の支度をしていた家庭のラジオから、臨時ニュースが流れたのは朝七時である。戦果を聞いた大衆は歓喜し、街中ではにわかに高揚感が漂いはじめた。

ただごとではなさそうだ。外の騒がしい声に起こされたのは、南海軍の川崎徳次《かわさきとくじ》◆42と巨人軍の吉原正喜《よしはらまさき》◆43だった。ちょうど東西対抗試合の期間中で、川崎は勝ち投手の賞金を持って同僚と街に繰り出すと、同じく出場していた吉原らと出会い、意気投合した両者は夜通しドンチャン騒ぎをした。眠い目をこすりながら、繰り返し放送されるラジオに耳を傾ければ開戦の報せである。

南満洲鉄道の撫順《ぶじゅん》炭鉱にいた川崎は、満鉄倶楽部として都市対抗野球大会に出場していた。その活躍ぶりは、「黒ダイヤの凱歌」と称され、南海軍が満洲でのリーグ戦で遠征した直後に現地で交渉して獲得してきた投手である。いまではチームの柱だ。相方の吉原は、熊本工業から川上哲治《かわかみてつはる》◆44と一緒に入団してきた捕手である。素質は充分で、一年目から本塁を守ってチームを牽引してきた。吉原の影響力は大きいようで、刺激された同級の川上も投手から打者へ転向し、二度の首位打者を獲得するまでになっていた。川崎と吉原は顔を見あわせると、「こりゃあ、野球どころじゃのうなったバイ」と、さようならの挨拶もそこそこに別れた。

甲子園球場では東西対抗試合に出場する選手たちが試合を前にして集まっていた。各チームの実力者が選ばれ東軍、西軍に分かれて対戦する呼び物で毎年開催されてきた。この年は後楽園球場で三試合を行ったのち、一二月六日から三日間、甲子園球場での開催であった。出場者はすでに開戦の放送を聞いていた。中国だけでなく米英との大規模な戦争となれば、もう野球どころではない。口々に、「今日は、俺たちにとって最後の試合になるかもしれん」と話しあった。

そうした仲間との輪のなかに入ることに遠慮していたのが、阪急軍のフランク・山田《やまだ》伝《でん》◆[45]だった。彼は明治大学により招かれた日系二世中心のアラメダ児野オールスターズの一員として日本へやって来て、遠征中に阪急軍の勧誘を受け入団した。当初は友達もおらず、米国が恋しくて帰りたいと思ったが、いまでは日本の良さを身に染みて感じていた。両親も呼び寄せて祖国の土となるべく心に固く誓ったところであった。そんな胸の内を口に出すこともできず、山田はただ黙るしかなかった。米国へ帰国した者も苦難であるが、日本に残ることを決めた選手たちにも茨の道が待っていた。

†比島上陸

開戦の報せに船内の将兵は沸きたった。日本軍は真珠湾への奇襲攻撃を成功させてマレー半島にも上陸したようだ。次は我々の出番だ。三週間ほど前に沢村の連隊は密かに名古屋港を出航していた。

連隊に動員が下されたのは、一〇月一日から翌日にかけてのことである。そのなかに沢村もいた。再び営門をくぐると、連隊内の様子は日中戦争の頃とはどこか違っていた。編成では大隊のうち一個小隊に自転車が装備されていた。訓練がはじまると、近くの山々に入りジャングル戦である。兵士に支給された服装に至っては、これから寒い季節を迎えようとしているにもかかわらず、真新しい夏服と防暑帽だった。目指すは南方か。誰も口にはしなかったが戦争が近いことを感じ取ったに違いない。

その予感は的中した。出征の日を迎え、営門前は歓呼や旗がなく静まりかえっていた。たくさんの人々に見送られた日中戦争のときとはえらい違いである。こんどは夜闇《やあん》にまぎれて一個中隊ごとに秘密裡の出発である。地下足袋や軍靴に縄を巻いた隊伍《たいご》が無言のまま町をとおり過ぎた。無論、家族に伝えることはできない。新婚の沢村の妻は入営後、毎日のように連隊に出かけ、餅菓子、いなり寿司、果物といったご馳走を、夫だけでなく周りの兵士や部下たちの分もと気遣い差し入れてきた。ところが、たくさんの大福を持って面会に訪れると、突如、演習に出てここにはいないという。妻は夫が戦地に向かったとは知る由もなかった。

ミンダナオ島で救出された邦人

名古屋港を出航した船団はパラオに寄港すると錨《いかり》をおろした。島では総仕あげともいえる敵前上陸の演習が繰り返し実施された。厳しい訓練が終れば川で水浴びをして夕方に船に戻るという日課で、沢村が船内で開戦の報せを聞いたのは、こうした時期であった。

いよいよ最終目的地への移動である。連隊の行き先は比島ミンダナオ島だった。ルソン島に次ぐ二番目に大きな島での作戦は、敵の退路を遮断し蘭印攻略への準備をすすめることにあった。そして、もうひとつの重要な任務は、ダバオ市の在留邦人を救出することにある。

日本人のミンダナオ島への進出は古く、明治三六年にさかのぼる。当初はマニラからバギオにかけての道路工事に従事していたが、完成するとダバオの地に移り住むようになり、麻の栽培に取り組んだ。手つかずの原始林の開墾からはじめた事業も、いまでは世界的な産地にまで発展している。それらをささえる邦人の数は二万人近くにのぼる。ところが開戦になると、米軍は邦人を厳重な監視下においた。あたかも人質のような扱いで危険だ。なんとしても助け出さねばならない。

沢村の部隊が上陸したのはサランガニ湾であった。夏服とはいえ、やはり気候は暑い。目指すは同胞のいるダバオだ。相手は比島を統治する米軍とミンダナオ島に常駐する一個師団の比島軍である。一方、沢村の連隊はルソン島への上陸にも兵力が割り当てられて、当初の計画よりも少ない。しかもそのうちの初年兵は緊張のあまり身を固くしており、すぐに戦力にはなりそうもない状況である。このままでは相手に飲み込まれてしまう。

こうしたときに部下を教育するのが沢村上等兵の役目である。頭のうえでヒューヒューと気味の悪い音をたてて弾が飛んでいるなか、度胸をつけさせようとわざとトランプ遊びをしてみせた。荒療治の成果ではなかろうが、幾多の戦地で生死をさまよってきた上等兵の部隊は士気を高めて進攻していった。部隊がダバオ市街に突入すると敵はすでに退却したあとだった。見ればトラックが転覆してチョコレートなど食糧の積荷が散乱していた。日本軍の進撃が予想以上の速度だったので混乱したことが推測される。それにしてもなんて贅沢な食い物だ。兵隊たちはそっと銀紙の包みをポケットに忍ばせた。

日本兵の姿が見えたのか、街の中央の十字路にすすむと、監禁されていた同胞が嬉しさのあまり日の丸の旗を振りながらいっせいに飛び出して来た。救出した日本人は男女あわせて一万人以上を数えた。大人たちに交じって五〇〇人ほどの子供たちもいたが、それまで少量の米と水だけしか与えられなかったらしく、目ばかりをギョロギョロさせて痩せ細っていた。思わず兵隊たちは先ほど拾ったチョコレートを取り出し手渡した。沢村は米兵に憤りを感じた。食べ物を与えないばかりか、監禁していた建物の地下には爆薬が仕掛けられており、日本軍が来襲したら日本人をこっぱみじんに吹き飛ばすつもりでいたのである。もう二時間ほど突入が遅かったなら命はなかったろう。「敵討ちをしたい」と沢村は念じた。

無事に救出はしたものの、まだ島全域を占領したわけではない。周辺にはまだ米比軍が点在していて、息が抜ける情勢ではなかった。思ったとおり、しばらくすると夜中に陣地が襲撃された。ただちにジャングルへ分け入り追撃の開始である。沢村の連隊は出征前にジャングル戦にそなえて近くの山で訓練を積んできただけに得意な戦法だ。音をたてずに深く前進していくと目と鼻の先に黒いかたまりがうごめきはじめた。すると突然、機銃掃射が音をあげた。いつのまにか敵の支配地域まで踏み込んで来てしまったようだ。少しでも動くと、音のする方向へ容赦なく撃ち込んでくる。

身動きができない状況で右手にいた曹長がとっさに、「沢村、手榴弾を一発かましてみィ」と囁いた。賀陽宮から声がかかるほど連隊内では有名人で投擲の腕前は響き渡っていた。ついすがりたくなる気持ちもわかる。とはいえ敵はすぐそばにいる。しかも闇夜のなかで立って投げれば標的になるから、半ば中腰の姿勢での投擲でしか方法がない。大別山での戦闘でも近距離だったが、それ以上の過酷な条件である。こうなれば腹をくくるしなかい。

見れば敵の手前に二尺（約六〇センチ）ほどの間隔に太い二本の木があった。この間をくぐらせて投げ込めば、木が障壁となって自分や仲間が被弾することはない。沢村は慌てることなく手榴弾の安全装置を取って靴で発火させると、闇をついて細い煙が二本の木の間を抜けていった。凄まじい爆発音がしたかと思うと、叫び、うめく声が聞こえてきた。命中だ。大別山のときと同様に戦友たちは沢村に手榴弾を次から次へと渡して頼った。期待に応えるべく上等兵の抜群な制球力は敵を全滅へと追い込んでいったのだった。

それにしても米軍の戦法は卑怯である。戦闘になっても最前線にいるのは比兵で米兵は後方で様子を見ながら安全なところに身を隠す。米国への憎しみは増大するばかりである。その頂点に達したのは、部隊がルソン島に移動してマニラ市街に入ったときのことである。地下にあるホテルの厨房に足を踏み入れた途端、ぞっとする光景を目にした。それは日本人十数人が鎖につながれ惨殺されていたのだった。それも無残なメッタ切りで熱湯がかけられていた。米国人によって日本人女性が襲われる事件も多発していることを知ると、とうとう我慢の限界を超えてしまった。沢村は犯人を見つけ出すと、再び鬼と化して金網をまるめた棒状のものでこれでもかとばかりに叩きのめした。

大リーグ選手を相手に投げた日米野球大会と二度にわたる米国への遠征。野球を通じて米国から学ぶことは多かった。しかし、いまは違う。沢村は米国人について、「本当の姿だと思ったら大間違いだ。あいつらが戦場で、素っ裸になってヤンキー本来の姿になったときの鬼畜のような仕業は、銃後の日本人がよく知っておかなければいけない」と肝に銘じた。いまや米国への尊敬の念などはない。あるのは憎しみだけだった。

†シンガポール陥落

開戦の日、海軍によるハワイの攻撃にあわせて陸軍が実施したのがマレーへの上陸だった。狙いは極東における英国の軍事上の拠点であるシンガポールの奪取にある。海側に向けて大砲が設置され要塞化されているシンガポールを陥落させるためには、マレー半島を縦断して背後のジョホールバル水道側から攻略する必要がある。

極秘裡に日本から出撃した空母によって仕掛けた真珠湾への奇襲攻撃と同様に、マレーでも意表をつく作戦が計画されていた。そのひとつがタイ国シンゴラへ上陸する鉄道突進隊である。現地の情報から、シンゴラ駅には毎週月曜日の朝に出発するシンガポール行きの直通電車があることがわかった。上陸予定日は月曜日である。鉄道突進隊が上陸後すぐに、この列車をまるごと押収してしまえば、兵士を迅速に移動させながら要所を占領していくことができる。あわよくば先兵役としてシンガポールまで一気に南下できる大胆な戦法である。

もうひとつ並行して考えられた異色の作戦は、タイ国軍兵士や現地の住民の格好に変装して、日本軍上陸の混乱に乗じ避難する一団に紛れてタイ国から英国領内へ潜入するというものであった。密かにシンゴラの上陸地点に自動車を用意しておき、国境通過後はペラク河の橋梁に突進して、英軍の防備が整わないうちに占領する計画である。作戦参謀の肝煎りですすめられた構想は、あらかじめタイ国に、日本軍はやむを得ずタイ領を通過するがなんら敵意はないとして了承を得ていたから万全である。現場の警察にも連絡をつけており、タイ国軍も上陸時には海岸に照明設備を用意して歓迎してくれる手はずになっている。指揮を預かった第二五軍司令官山下奉文中将もこの作戦を認め、第五師団歩兵第一一連隊への実施を命じた。

上陸を前にして、任務を遂行するためのタイ軍兵士の服装が支給されたのは阪神軍と名前をかえたタイガース出身の藤村富美男である。歩兵第一一連隊の初年兵として青島に上陸して野球の試合を命ぜられた彼だったが、その後、南寧攻略や仏印進駐、上海、海南島など各地を転戦してきた。その間に、多くの犠牲を出したソ連とのノモンハン事件では出動直前に停戦協定が結ばれて難を逃れ、上海では誤って谷へ転落して傷を手術するなど生死をさまようギリギリの軍隊生活だった。伍長に進級したものの日中戦争以来、除隊することなく米英との開戦を迎えていた。

昭和一六年一二月八日、藤村の部隊はマレー半島シンゴラへの上陸が開始された。ところがいざ着岸したはいいが、準備されているはずの自動車が見当たらない。お粗末なことに、現地では上陸を翌日と勘違いしていたのであった。想定外の事態は次々と起こった。急いで周辺にある自動車をかき集めて兵士が発車しようとしているそのとき、タイ軍が発砲してきたのである。歓迎してくれるはずだったのに、いったいどうしたことか。あらかじめ日本との取り決め

タイ軍兵士に変装して上陸したタイガースの藤村

の情報が現地まで伝わっていなかったのか、砲撃まで加えてきたからたいへんなことになった。藤村は避難民に紛れて国境を通過するためにタイ軍兵士の格好で偽装している。もし、このまま包囲でもされて捕えられるようなことになればスパイ行為と見なされて命の保障はないだろう。必死で反撃するしかなかった。

本来、戦う相手ではないタイ国軍をようやく制圧し、部隊がシンゴラを出発したのは、上陸から六時間近くも経過してからだった。いち早く国境を通過することが求められた計画は空しくも頓挫してしまい作戦完了命令が下された。失敗を挽回するように部隊は味方を追った。

マレー半島の各地に上陸した藤村ら以外の部隊も、休む間もなくいっせいに南に向けて進軍していった。半島の要所には防御陣地が設けられ英軍と印度軍が配置されていた。シンガポールの攻略は一〇〇日を目標にしてきたが、勢いに勝る日本軍は相手の攻撃を物ともせずに次々と撃破していき、対岸のジョホールバルに達したのは上陸後の五五日目のことであった。

ここからが本番である。シンゴラから鉄道輸送された砲弾が運び込まれ、各師団の兵力もそろい砲撃の準備が整った。将兵が渡河するとシンガポールへの戦闘が開始された。迎え撃つ英軍は最後の砦を守ろうと必死である。激戦となったのはブキテマ高地であった。この地域はジョホールバルから南下する交通路と東西の道が交差する要所で、英軍は防衛の中核として位置付けていたから強固である。とりわけ藤村の部隊が進攻した高原の東に位置する競馬場とゴルフ場では頑強な抵抗にあった。英軍の陣地は周囲を見渡すことのできる場所に縦横に構築して向かってくる。それでも藤村の連隊は数々の作戦をこなしてきた百戦錬磨の猛者たちである。怯むことなくゴルフ場のクラブハウスを奪取することに成功したのだった。

徐々に陣地が奪われ追いつめられた英軍は、戦車を繰り出して逆襲するかまえである。こちらに向かって火を噴けばひとたまりもない。藤村は急いで戦車の出撃にそなえてタコツボを掘った。次いで伍長には後方にいる大隊本部への伝令の任が与えられた。補充する弾薬についての重要な情報である。部隊の生死にかかわる内容だから急がねば。とっさに自転車に足をかけ道路に出ると背後から一斉射撃となった。敵は照準を定めて待ち伏せしていた。一面に砂ぼこりが舞いあがるほどの機銃に、藤村は無意識のうちに道路わきに滑り込んだ。なんとしてでも責務をはたさなければと、自転車を棄てた藤村は持ち前の健脚を活かして大隊本部へ駆け出した。野球で鍛えた動きはいまだ健在である。戦火をくぐり抜けて来た伍長に、本部の誰もが、「よく来られたなあ」と驚くほどの手柄となった。

伝令を完了し無事に部隊に戻り報告すると、中隊長からの喜びのことばもつかの間、こんどは砲撃を観測するための電話線の設置となった。こちらも危険な役目にはかわりない。観測班長のところへ出向くと、どうも様子がおかしいと双眼鏡を渡された。覗き込むと小さく白旗が見えた。どうやら降伏のようだ。英軍は白旗を先頭に銃を捨てた兵士らが高らかに国歌を歌いながら隊伍を組んですすんで来た。

英軍司令官との会見は、戦火を免れたフォードの自動車組み立て工場で行われ、山下司令官からの要求を受け入れた英軍は正式に降伏したのだった。長い戦が終りを告げると、藤村の部隊は一カ所に集った。たくさんの戦友を失ってしまった。皇居に遥拝すると、誰ともなく「海ゆかば」を口ずさんだ。藤村の目から涙がこぼれた。

†バターン半島攻略

日本軍は英国領シンガポールを陥落させる一方で、米国統治下の比島ルソン島のマニラを無血で占領したのち、バターン半島に退却していく米軍を追撃していた。バターン半島はマニラの対岸に位置し、その長さは約五〇キロで幅は三〇キロほどある。日本軍の前進を拒むように、大部分は山岳とジャングルで覆われている。しかも米比軍は日本との戦いをあらかじめ想定し強固な防衛線を構築して訓練を重ねてきた。長期間の戦闘にも耐えられるように備蓄も万全である。半島の先端にはコレヒドール島の要塞が控えていたから攻略は容易ではない。

京都の歩兵第九連隊に所属する天川清三郎《あまかわせいざぶろう》◆46は、開戦早々に比島のリンガエン湾に上陸し、部隊がマニラを占領するとバターン半島の攻略に参加した。甲子園の常連校である平安中学出身の天川は春夏八回もの大会に出場している。日中戦争で数々の戦闘に参加した阪急軍の日高得之とは同じチームだった。昭和一三年夏の大会で優勝投手になると期待されて南海軍へ入団した。投げては凡打を築く軟投派で打っても左打者としての素質があったにもかかわらず、実力を開花させる前に現役兵として入営となってしまった。

詳細な地図がないジャングルでの進軍は困難を極めた。一歩方向を誤ると敵に遭遇する可能性があり危険だ。一六日間もかけての前人未踏のナチブ密林を切り開いていくと、ようやくカポット台まで到着することができた。しかし、そこには米比軍が待ち受けていた。天川らの部隊は突撃を試みようとしたが、動ける者は一八〇〇人ほどのうち五〇〇人ほどしかいなかった。長期にわたる移動で将兵たちの疲労はピークに達している。飛行機からの投下により限られた食糧の供給はあったが欠乏状態で力も出ない。それでも戦わなければ自らの命がない。体が頑強だと見込まれたのか、天川も沢村と同様に軽機関銃手である。果敢にも天川は戦闘可能な者たちと敵へ突入していった。五日間に渡って繰り広げられた戦闘で連隊は全滅に近く、自身を入れて生き残ったのはたった一三人だった。各連隊の被害も甚大であった。これ以上、損害を拡大することはできない。バターン半島の攻略は中止された。

日本軍の挫折は米比軍の士気を振るいおこした。だが制空海権を握られているかぎり局所的に米比軍が勝利してもいずれは後退を余儀なくされるだろう。事態を受け止めたルーズベルト大統領は、バターン半島の先端にあるコレヒドール島で指揮をとっていた極東軍司令官ダグラス・マッカーサー大将に対して比島を去るよう命じたのであった。司令官は妻子や幕僚らとともに四隻の魚雷艇でコレヒドール島を脱出し、オーストラリアに到着すると、「アイ・シャル・リターン」と述べて雪辱を誓った。

一方、日本軍は兵力を増派して再びバターン半島攻略に舵を切った。主力部隊として出撃を待っていたのは、南海軍にいた納家《なや》米吉《よねきち》◆47である。同じ半島で戦っていた天川とは同じチームではあるものの、入団と入れ違いに納家が出征したので、ふたりは一緒にプレーする機会はなかった。

バターン半島で命を落とした南海軍の納家

納家もまた、浪華商業で投手として甲子園に出場している。春の大会ではおしくも準優勝であったが、決勝まで引き分け再試合も含めてひとりで投げ抜いた。法政大学に進学してからは肩を痛めてしまい目立った活躍はできなかった。卒業後は郷里に戻ると南海鉄道に入社した。そこへちょうど南海軍が職業野球への加盟を決めたため、出向社員としてチームの立ちあげに参加することになった。南海軍では肩の故障から投手ではなく外野手としての出番が多かった。一年目のリーグ戦を終えると現役兵として徴兵された。チームの参入が秋季からだったこともあり、選手生活は半年ほどに過ぎない。

　和歌山の歩兵第六一連隊に入営した納家は、満洲北部の警備にあたるなどして日中戦争で大陸各地を転戦してきた。一時、内地での勤務もあったが、対米英戦により比島に派遣されてきたのであった。

　第二次ともいえるバターン半島の攻略戦が開始された。まず米比軍がかまえる陣地を徹底的に叩くため、サマット山めがけての砲撃が行われた。続いて空からは重爆撃機により爆弾が投下された。爆裂音はたえ間なく地面を震わし、砂ぼこりがまいあがる凄まじさである。敵陣地に打撃を与えると歩兵がいっせいに突撃を開始した。納家上等兵もカトモ川を渡りサマット山を目指した。そのわずかな時間である。納家は敵の標的になり命を落としたのだった。

　ロイドメガネの納家は、静かな口調で語りかける温厚そのものの人物であった。南海軍ではさしたる成績を残したわけではないが、その人柄とも相まって、出征後も手紙のやり取りをしていた球団理事の清水浩は口癖のように、「納家が帰ってくれば指導方面もだいぶ助かるのだが」といってチームの牽引役を期待していた。職業野球界からまたひとり大切な人材が消えていった。

　天川や納家が挑んだバターン半島の戦いは、日本軍の圧倒的な強さに米比軍は抗しきれず幕を閉じた。降伏後に残されたのは七万人もの捕虜であった。その予想だにしない多さに戸惑う日本軍は、彼らに収容所までの道のりを徒歩で移動することを強いた。飢えと疲労が重なり多くの犠牲者を出したこの行為は、のちに「バターン死の行進」と呼ばれた。

第4章　軍部介入

†陸軍報道部検閲

真珠湾での奇襲攻撃の成功から日本軍はマニラ占領、シンガポール陥落と破竹の勢いで各地域を制圧していった。日米開戦で第一号の大本営発表を行った陸軍報道部長の大平秀雄大佐は、次々と華々しい戦果を国民に向けて読みあげた。

非常時に設置される大本営は独自の要員を有しているわけではなく、陸軍参謀本部と海軍軍令部に属する将校らが兼ねている。大本営のなかにある報道部も、実質的には陸軍報道部員であった。陸軍報道部の前身は陸軍省新聞班で、陸軍大臣直轄の組織として大正八年に創設された。その役割は大本営条例により、「戦争遂行に必要なる対内、対外並《ならび》に対敵国宣伝報道に関する計画および実施を任務とす」と定められている。なかでも重要なのが、「我が国民の志気を鼓舞し、敵の戦意を失墜せしむるものとす」と規定されていた大本営発表である。まさに日米開戦の第一報に国民は沸きあがった。もうひとつ忘れてならない大切な務めに、書籍、映画、

陸軍報道部長の大平大佐（前列中央左の軍服姿）と部員、記者たち

演劇、絵画、音楽などへの検閲がある。いずれも社会に与える影響が大きいだけに監視し、また宣伝活動に利用した。

報道部が新たに注目したのが職業野球である。選手や球団関係者を入れてもせいぜい二〇〇名程度の組織にもかかわらず、検閲の対象にしたのは、なんといっても米国発祥の競技だからである。米国流の思想や文化が伝われば、人々はいっぺんによからぬ方向へと感化されてしまう。敵国の謀略行為だと疑う軍人もおり見逃せない存在になっていた。

その一方で、やり方次第では戦意高揚を促す宣伝活動に役立てることができる。なにせ連盟が発足して以来、有料入場者数は年々に増加し、昭和一六年には年間約八七万人近くにも達している。加えて汲々とした生活への不満から目をそらす余暇にもなる。いわゆるガス抜き効果である。一度にたくさんの人数を収容できる球場を所有しているのも好都合である。実際、開戦の翌日には後楽園球場に三万人もの人を集めて米英撃滅国民大会が開催された。スコアボードに掲げられた「米英撃滅」の文字の下で、報道部大平大佐は戦勝報告とあわせて米英帝国主義打倒、東亜民族解放を力強く訴えたのは記憶に新しい。

　それに出版や演劇のように筋書きがないから、ひとつひとつ事前に審査したり、その後の実施の確認をする必要がない。あらかじめ競技の規定や運用方法さえきっちりと抑えておけば、あとは試合をするだけでよいから検閲にも手間がかからない。陸軍報道部は解散させるよりは管理下において利用した方が得策だと判断したのだろう。

　陸軍報道部から連盟に呼び出しがあったのは昭和一七年が明けてのことである。いよいよ職業野球の中止命令か。色めきだったのはいうまでもない。それにしても報道部へ誰が行くのか!?　自らすすんで手をあげる者などいるはずもない。結局のところ社会部記者時代から人脈が広く軍人とも付きあいがある鈴木龍二に頼るしかなかった。過去にクーデター計画を企てた桜会と交友を持ち、二・二六事件では憲兵に連行されても怯むことなく渡りあった度胸の持ち主だから適任といえる。

　報道部で出迎えたのは山内一郎という鈴木より一〇歳ほど若い大尉であった。彼は大学で法律を学び弁護士の資格を取得して特別志願将校になった。その大尉こそが職業野球を検閲する担当者である。一〇名ちょっとの部員で構成されている部内では、雑誌出版、演劇、映画、美術、音楽といった分野別に役割が決められている。大尉は新しく係になった職業野球のほかに美術や音楽といった芸術系分野を受け持っていた。報道部は美術や音楽さえも戦力として活用せよという考えを持っていた。次は職業野球の番である。

挨拶も早々に山内大尉の口から出たのは、引き分け試合についてだった。大尉は、「戦う以上、勝つか負けるしかない。あくまで勝負がつくまでやるべきだ。引き分けなどという、生ぬるいのは戦意高揚にならん」とまくし立てた。すでに有馬や正力による新体制運動に対応すべく引き分けは再試合をもって決着することとして改正している。それでも大尉が強く要求したのは、その場で勝負せずに再試合で仕切り直しをする姿勢が消極的に映ったのだろう。どうも、これまでの連盟の動きを事前に研究しているようだ。

続けて大尉は、「アルファー付きで勝つ、というものがあるが、あれもおかしいじゃないか。九回までやると決められている以上、九回の裏までちゃんとやるのが勝負というものではないか」と注文を付けてきた。大尉のいう、「アルファー付きで勝つ」とは、後攻のチームが勝っている状況で、九回裏を実施しても勝敗にかわりがないため、Aの文字を点数表に表記して試合を終了する規定のことである（現在はXを表記）。

こうしたとき、陸軍報道部は決して命令とはいわない。報道部員のことばに耳を傾け、国家の要求するところを理解して自ら行動に努めるという、いわゆる自己検閲への誘導である。つねづね大尉は美術界において、「自発的な決意」という表現を用いていた。職業野球に対しても暗に要求を強いてきた。もとはといえば、最初に引き分け禁止を決めたのは連盟自身である。

ここは山内大尉からの指示に従うしかない。鈴木は、「わかりました」と返答するしかなかった。

†延長二八回の悲劇

早速、大尉が求めたとことん戦い抜く試合が現実のものとなった。それは昭和一七年の開幕、間もない後楽園球場での大洋軍対名古屋軍の五回戦である。大洋軍は有馬の翼軍と金鯱軍が合併してできたチームである。新体制運動の象徴ともいえる翼軍であったが、有馬が政治の世界を去ってからというもの球団をささえる資金の余力がなくなり、名古屋新聞社が経営する金鯱軍との合体を余儀なくされたのだった。

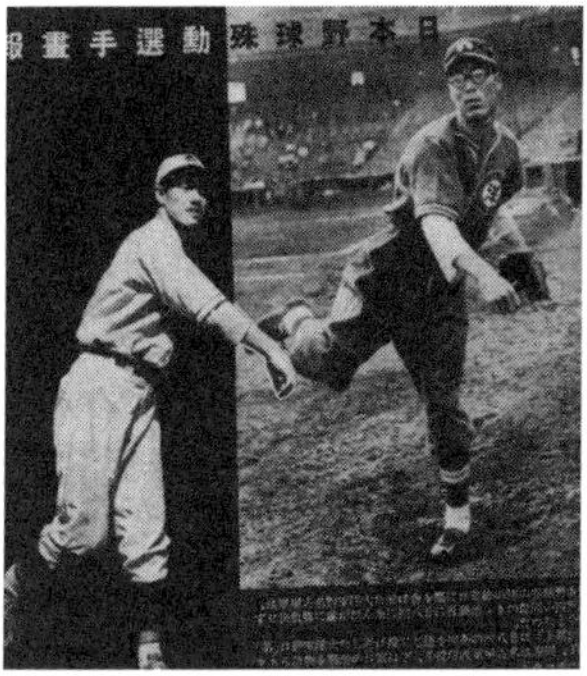

延長28回を投げ抜いた名古屋軍の西沢（左）と大洋軍の野口（右）

このためチームは両軍出身者の寄せ集め所帯だった。この日、金鯱軍にいた濃人渉は遊撃手で出場した。翼軍出身の野口明は戦地での肥満による体調の変化から帰還後に投手から野手に転向し一塁を守っていた。先発投手は明の弟の野口《のぐち》二郎《じろう》◆48である。対する名古屋軍は南京周辺で通信部隊の軍曹として討伐戦に参加し大陸から帰還してきた石丸藤吉が一塁を守り、西沢《にしざわ》道《みち》

延長28回の激戦を示すスコアボード

夫《お》◆49が登板した。

大洋軍の二郎は前半に濃人のエラーで失点を許したものの、その後は上々の出来で走者ひとりを残して九回二死まで迫っていた。観客のなかには席から立つ姿も見られ、二郎も「この試合はもらった」と心のなかで叫んだ。ところが、その一瞬のスキをついてか、左翼席に同点の本塁打を放たれてしまい試合は振り出しの延長戦へとなってしまった。

ここからが長かった。両投手の力投により、「進め！一億火の玉だ」と書かれたスコアボードにゼロが並んだ。気が付けば延長二〇回になり、球場内では日本での延長タイ記録であることが放送で流れた。後楽園球場のスコアボードの得点の表示は一五回までで、それ以降は間にあわせの得点板である。二七回に入ると、こんどは、「これでアメリカ・大リーグの延長記録を破りました」と伝えられた。とうとう本家のブルックリン・ドジャース対ボストン・ブレーブスによる大リーグの世界記録までも超えてしまった。さすがに選手たちは疲労は隠せない。名古屋軍遊撃手の木《き》村進一《むらしんいち》◆50はベンチで二度も嘔吐したほどであった。こうなると気力との勝負である。

再び得点の機会が訪れたのは二八回裏の大洋軍の攻撃である。二死ながらも捕手の佐藤《さとう》武《たけ》

◆51夫《お》を二塁に置く絶好の場面に、大洋軍の打線は西沢が投げた球を跳ね返し遊撃手の頭上を越えた。これで勝負が決まったと観客が総立ちになった。大洋軍の選手たちも喜び勇んで全員ベンチから飛び出してきた。ところがどうしたことか。本塁へ向けて走り出したはずの佐藤が三塁を一歩過ぎたところでどっと倒れ込んでしまった。その間にボールは外野から三塁に返球されてしまい、審判は無情にもアウトを宣告したのだった。お世辞にも足が速いとはいえないが原因は別にあった。この日の佐藤は直前に巨人軍とも対戦をしており、都合三六回もマスクをかぶり続けてきたのである。もはや足腰が限界な彼を責めることなどできない。

すでに時計の針は午後六時を回っていた。日が暮れれば暗闇のなかで球を追いかけることになる。もう充分に日本精神は披露したはずだ。大尉の意向に背くものだが、連盟はここで四対四の日没引き分けとして終了を決めたのだった。延長二八回の試合をひとりで投げ抜いた大洋軍の野口二郎の球数は三四四球で、名古屋軍の西沢は三一一球だった。守っていた野手も大洋軍のひとりを除いて両軍ともすべて同じ顔ぶれだった。

翌日の紙面では、「メリケン商売人の作った二六回の世界記録」を破った選手たちに、「不撓不屈の精神力に敬意を表しておしみなく賞讃の辞を贈る」と最大級の表現で称えた。決着なしの引き分けではあったものの米国を超えた世界記録の樹立に大尉もさぞや満足したに違いない。

連盟理事たちの苦悩は続いていた。陸軍報道部の指示どおり引き分け禁止は実施したもののアルファー勝ち禁止の方はまだだった。さすがに規則そのものをかえてしまうのは競技として問題で野球とはいえなくなってくる。とはいえ、このまま放っておけば山内大尉からどんな圧力がかかってくるかわからない。職業野球の存続が危ぶまれるなか代替えの案が求められた。そこで考え出されたのが試合前に選手が軍服を着て手榴弾投げをする余興である。

軍隊での手榴弾投げの訓練は初年兵の初期段階で運動教育の一環として、鉄棒、早歩による梁木通過などとともに実施される。投擲の方法は陸軍の行動指針ともいえる歩兵操典に定められている。手榴弾を遠くへ投げることは基本ではあるものの、実際の戦闘では敵はいつどこに出没するかわからない。近距離戦もあり、四方八方の目標に対して正確に、かつ一定の時間内に数多く投げることが求められる。そこで歩兵操典では、「一　方向ヲ定メ遠キ距離ニ投擲ス、二　距離ヲ定メ其距離ニ正確ニ投擲ス、三　各種ノ方向、距離ノ目標ニ対シ正確ニ投擲ス、四　時間及弾数ヲ定メテ投擲速度ヲ増加ス」と指導手順が示された。

遠くに投げるにしても、普通の兵隊はせいぜい三〇メートル投げればよい方である。投げる方向も前ではなく横に行ってしまう者もいて、ことのほか簡単ではない。その点、野球経験者は心得たものである。日中戦争の年に入営した巨人軍の中山武が五〇メートルを投げると軍内で話題になった。職業野球選手の軍隊入りが続き、こんどは南海軍の岩本義行が五〇メートルほど投げ、調子をあげると七〇メートルまで距離を延ばした。

それの、はるか上をいったのが沢村である。左足を高くあげてまずは六〇メートルを投げたかと思うと、師団対抗の投擲競争で師団長を前にして八三メートルの日本新記録を投げて周囲を唖然とさせた。陸軍戸山学校の運動能力標準では距離に応じた級が定められており、四五メートルを超えると一級で、五〇メートルを超え五五メートル以内だと特級としていたから規格外であることがわかる。手榴弾の重さは野球の球の三倍ほどの感覚である。コツをつかんだ沢村は九二メートルまで記録を延ばしたと伝えられた。どこまで遠くへ投げることができるのだろうか。その一挙手一投足は軍内に知れ渡るだけでなく一般の雑誌にも取りあげられたほどであった。実力は訓練にとどまらず大別山や比島ミンダナオ島での実戦でもいかんなく披露し、あるときは遠くに、またあるときは近距離にと瞬時に投げ分けて戦果をあげていった。

ユニフォームの代わりに軍服を着てグラウンドで余興をさ

巨人軍の山本ら選手が軍服を着て実施した手榴弾投げ競技

せるのは忍びないが仕方あるまい。ここは沢村らの軍内での活躍の恩恵にあずかり、手榴弾投げを実施して陸軍報道部に理解を得るしかないだろう。昭和一七年春、後楽園球場で巨人軍対大洋軍の試合前に「国防競技」と銘打った手榴弾投げ競技が実演された。折しも日曜日とあって戦時下ながらネット裏、内野席には多くの人が訪れている。観客の視線の先には上から下まで軍服に身を包んだ選手がいた。軍服は近衛師団から借りてきたもので、銃剣まで装着されているから本物の兵隊さながらである。

巨人軍と大洋軍のそれぞれ八名で構成された出場者たちは、片膝をついた姿勢で順番を待った。主に控えの選手であったが巨人軍の顔ぶれのなかには古参の山本栄一郎もいた。手榴弾に似せた筒を左手に持ちかまえる彼は、二度の兵役で投擲はお手のものだろう。

国防競技は軍隊とは異なり距離を競うものではなく、狙いは六〇メートル先の「米英撃滅」と書かれた的である。憎き相手に命中すれば観衆が沸きあがること間違いなしである。出番になると次々と助走して手榴弾を手に投げ込んでいった。余興とはいえ選手たちは軍服を着るとどこか気が締まるようで、はじめてみるとなかなかの命中率だった。満員の国民を前に戦意高揚として申し分ない出来である。

国防競技の成功に気をよくした山内大尉は、鈴木にさらなる策として、「ルーズベルト、チャーチル、蔣介石の藁人形を作って、それを標的にしたらどうか」と迫ってきた。大尉の自己検閲への要求は増長するばかりであった。

†体力章検定

　手榴弾投げは昭和一四年から、厚生省がすすめる一五歳から二五歳までを対象にした青少年の体力章検定にも取り入れられるようになっていた。検定の目的は体力増進により国力の根基を培養することにあるとされたが、なかでも手榴弾投げは戦場において影響を与える実用的な運動と位置付けた。いわば体力向上と名をかえた兵士の育成である。

体力章検定で種目になった手榴弾投げ

　検定の種目は手榴弾投げのほかに一〇〇メートル疾走、二〇〇〇メートル走、幅跳び、懸垂がある。かわったところでは砂を入れた俵を担いで五〇メートルを走る運搬という種目もあった。

　体力章検定で用いられる手榴弾の重さは五四〇グラムで鋳物やゴム製の代用品である。投げ方は立ち投げ姿勢が基本であるが、助走して投げる行為に対して規制があるわけでは

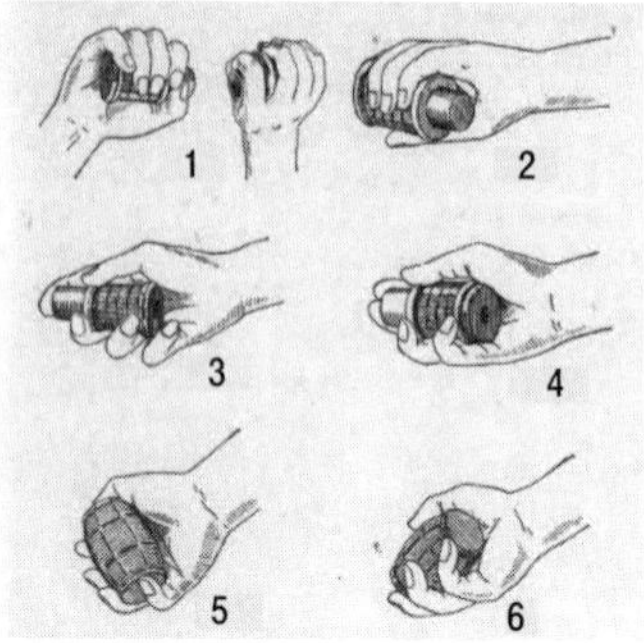

手榴弾投げの戦場でのにぎり方（図番号1）と「有名なる野球選手」が考案したとされるにぎり方（図番号2）

ない。また手榴弾のにぎり方についても戦場での実戦的な方法（図番号1）があるものの特に制限は設けられていない。個々の工夫によるが、「有名なる野球選手」によって考案されたとされる、親指と三本指でにぎり小指を底にそえる方法（図番号2）は投げやすく最も遠くに飛ぶと推奨された。有名な野球選手とは沢村のことであろう。

　二回の投擲により距離の長い方が認定されるが、「国防競技」が開催された四カ月余り前の検定会では新記録が続出した。まずは平安中学投手の冨樫淳《とがしじゅん》◆52が七五メートル八八センチを投げた。手榴弾投げの標準値は、初級三五メートル以上、中級四〇メートル以上、上級四五メートル以上である。標準値は大日本青年団や陸軍戸山学校など約四万五〇〇〇人の試験的な資料に基づいている。また諸外国も参考にしており、ソ連では一八歳から二五歳までの要求能力を三五メートルとしていた。冨樫の出した記録は上級の値をはるかに超える距離である。

　彼は阪神軍理事である冨樫興一の息子である。実は父の興一もかつては慶應義塾大学野球部の外野手だった。そのせいか日頃から温厚な父は野球のことになると息子に厳しく、淳が小学校に入るか入らないころから硬球でキャッチボールをして鍛えてきた。息子も関西学院中等部として甲子園に出場したのちに、なおも本格的に野球がやりたいと平安中学へ転校して熱を入れた。

冨樫は阪神軍の景浦将《かげうらまさる》◆53にあこがれていた。景浦といえば特大の本塁打を放つチームの主砲で、宿敵沢村との対決は職業野球の人気を盛りあげた看板選手である。将来は憧れの選手を目指して父の球団に入るかもしれない。

次に記録を更新したのは滝川中学の青田昇《あおたのぼる》◆54だった。検定会の投擲の際に外野でのんびりと見学している人影を見て、「よしっ、あれを目標に投げてやろう」と助走をつけて投げると、なんと八一メートル六〇センチまで達した。優れた才能の中学生を職業野球が放っておくわけもなく、間もなくして彼は学校を中退して巨人軍に入団した。

検定は市町村、指定された工場、会社のほかに中等学校や大学などの学校単位で実施された。青田の距離を越えたのは明治大学の御子柴《みこしば》長雄《ひさお》◆55である。八幡山球場で実施された検定会で八二メートル二五センチを投げた。

外野手や捕手をしていた御子柴は定位置を獲得するまでには至らなかったが、肩だけは誰にも負けなかった。捕手としての送球は抜群で、二塁へピタリと投げて走者を刺す。ホームプレートからエイと投げれば外野フェンスを越えて場外まで届く鉄砲肩だ。外野へのノック練習の際にはバットは使わず直接投げるといった具合で遺憾なく能力を発揮した。

筋肉隆々の体から検定会では手榴弾投げだけでなく、一〇〇メートル疾走、幅跳び、懸垂、俵を担いで五〇メートルを走る運搬など、どの種目も彼にかなう者はいなかった。見事に三年連続して上級の目標値を突破して、その実力を見せつけた。定めた基準に達した者に対しては厚生省から徽章《きしよう》が与えられる。上級者は金色章で、中央の鏡は皇道精神を表し、日本民族の使命を表現した四方に向かった矢形が象《かたど》られている。特別な者だけが手にする、このうえない名誉である。

国からのお墨付きである認定章は履歴書に記載し、就職、結婚、徴兵検査で有力な証明になるとされた。いうまでもなく徴兵検査で軍から見込まれた金色章の御子柴は卒業すると南方へ向けて出征していった。

東部軍司令部管轄

職業野球への軍の関与が心配されるなか、その価値に目をつけたのは陸軍報道部だけではなかった。東部軍司令部が着目したのは野球の競技ではなく球団が所有する球場と、その周辺の広大な敷地であった。多くの観客を収容する球場は、これまでもたびたび政府や軍関係の行事に利用されてきた。

関西の西宮球場では、日中戦争の戦果を展示した支那事変聖戦博覧会や大東亜建設博覧会が開催されている。特に昭和一四年の大阪朝日新聞社主催、陸軍省、海軍省後援の大東亜建設博覧会では、球場周辺も会場にして高射砲などの戦利品の数々が陳列された。また球場内では、グラウンドとスタンドを利用して武漢攻略を立体的に再現した壮大なパノラマも展示された。内野スタンドは大別山の戦闘場面の再現である。敵のトーチカへと攻め込もうとする日本軍の兵士をかたどった人形や大砲が登場して、沢村らの連隊が勇敢に戦った山岳戦の様子がうかがえる。

東京の後楽園球場でも日独伊防共協定記念国民大会や、当時、陸軍大臣の地位にいた東條英機が演説した銃後奉公愛国大会、さらには開戦の翌日には、米英撃滅国民大会と盛んに催されてきた。しばらくしてから、真珠湾攻撃の様子を再現するパノラマ展示も計画された。

陸軍記念日に後楽園球場で挙行された大東亜民族交歓大会

いずれも国民を鼓舞するための宣伝活動に用いられたが、球場の利用価値はまだある。市街地にもかかわらず広い敷地を有し、しかも周囲への見晴らしもよい。空からの敵に対して都市を防衛するうえで最適な施設といえる。乗り出してきたのは東部軍司令部だった。

帝都の防空態勢を強化するために東部軍司令部が新設されたのは、日米開戦が起こる半年ほど前のことである。早速、小松川や品川の海岸沿いなどに、高射砲や照空灯をそなえる地上の防空部隊が展開された。どこも街の中心地ではなく、東京を囲むかたちでの配置である。土地の利用については各種の法律や規定により複雑であった。占領地のように軍の都合で勝手に推しすすめることはできない。加えて、市街地に高射砲陣地を築くには近くに建築物があると射撃ができないため、土地の選定は容易ではない。そこで白羽の矢が立ったのが後楽園球場であった。皇居を中心に日比谷公園、芝公園などとあわせて後楽園から砲撃すれば効果的と計画された。

司令部は新設にあわせて、後楽園球場を含めた周辺の土地の借用を申し入れた。当初、参謀長は球場関係すべての使用を望んだが、そうしてしまうと職業野球の興行が不可能になり補償金を支払う必要があると、経理部の主計少尉が助言した。すでに有料入場者数は年間八七万人近くに達していたから、補償となれば相当な額になる。戦闘行為は軍自らの作戦により遂行できるが、それに伴う兵器はもとより輸送から兵隊の食糧、被服に至るまでの費用は、あくまでも国家予算の範囲内で賄う必要がある。国家が存亡の危機にでもならないかぎり、法律や経済に関係なく強制的に接収するような行為を行えば国が破綻してしまう。戦争といえども社会構造を無視することはできない。数回の折衝の末、後楽園が所有する土地と球場の二階席に限定することで話がまとまったのだった。

東部軍と後楽園との間で契約が締結されると、球場外周の敷地内に高射砲が配備された。死角がなく砲撃に適している。球場の二階席には一九〇〇部隊下の一個中隊が派遣され、見張り台のやぐらが設けられた。次いで観測器など必要な装備が続々と運び込まれた。そのうち、比島を占領した際に戦利品として手に入れた電波探知機までもが搬入されてきた。バックネットの網は電波を吸収するため、試合のたびに上下させたり、布を張るなどの工夫が施されるようになった。そばを走る市電も電波探知に影響するため、速度を落として運転するなど万全である。極めつけは四、五基が据え付けられた機関砲である。照空灯が入り夜間の攻撃も可能となった。こうなると、もはや要塞といっていい。

とはいえ観客は窮屈このうえない。軍の管轄になった二階席は立ち入りが禁止されてしまった。写真機や望遠鏡の持ち込みも禁止である。しかも、試合中はつねに二階を兵隊がうろうろしているから、どうも落ち着かない。それでも命を守ってくれるのであれば我慢するしかあるまい。ところがそうした願いを打ち砕く出来事が起こった。

†東京初空襲

昭和一七年四月一八日、突如、米軍の爆撃機が東京上空に現れた。正体はドーリットル中佐率いる米軍爆撃機B25であった。航空母艦ホーネットから飛び立った一六機のうち、一三機が東京、残りは名古屋、神戸に向かった。爆撃地点は各機に委ねられたが、ドーリットル中佐の一番機の目標は小石川の東京砲兵工廠であった。古い資料や地図から爆撃地点を決めたのだろうか。すでに工廠は小倉に移転していて、その跡地を払い下げて建築したのがいまの後楽園球場である。だとしたら誤爆となる。

目標の後楽園球場では黒鷲軍対巨人軍と朝日軍対阪急軍の二試合が予定され、ちょうどはじまろうとしていた。試合を前に練習をしていた巨人軍監督の藤本は、「おい、おかしいぞ、空襲じゃないのか」と選手に話しかけると向こうの空から黒い煙があがった。警察から試合を中止せよとの通報があり、すぐに観客の退避が開始された。

島秀之助は審判の制服に着替えて、三塁側ベンチ横にある控室で待機していたところであった。金鯱軍外野手だった島は肩を痛めて審判に転向していた。叫ぶ声がしたかと思い見あげれば、二階の兵士たちが右往左往している。そこへ深緑色のずんぐりした飛行機が銀座の方向から飛んで来た。球場の真上を低空飛行でかすめ、よく見れば機体には星の印があった。まぎれもなく米軍の爆撃機である。二・二六事件に遭遇した島は、またしても衝撃的な一場面に立ちあうことになってしまった。球場全体が緊張に包まれるなかB25は何もすることなく、あっという間に西の方へ姿を消した。球場を目視で確認して工廠ではないことがわかったのかもしれない。爆撃する機会を失った一番機はすぐそばの小石川から牛込にかけて、軍とは関係ない地域に焼夷弾を投下していった。

その一番機に対して最初に迎撃したのは、後楽園球場外周にある四門の高射砲であった。同じ飛行経路の二番機が東京上空に入ると、日比谷公園、芝公園などにある高射砲陣地からも後楽園に続くように砲撃を開始した。ところが、高射砲は一〇度以上の射角が必要で低空飛行の敵を測定して捉えることができない。しかも素早く砲を指向することが困難なため、見当違いの場所に発射するお粗末ぶりである。B25が姿を消して、球場の二階からも機関砲の発射音がした。ひとしきりしてからようやく空襲警報が鳴るといった、なんともちぐはぐな対応ぶりである。万全だったはずの防衛はまったく機能しなかったのだ。

神宮球場にも爆撃機が来襲した。六大学野球は、この日ちょうど春季の開幕であった。高射砲なのだろうか、あちらこちらでドン、ドンという鈍い音とともに黒煙があがった。そこへ神宮外苑の桜の木のうえを、手の届きそうな高さにズーンと地響きをあげて飛んで来た。試合は中止となり観客は警報解除まで球場内に閉じ込められたままとなった。

一方、神戸を目指した一五番機は大阪の市街地を北側に迂回して甲子園球場の上空を飛来していた。球場では、午後一時から開始された南海軍対大洋軍の試合が二時一五分に終了し、第二試合の名古屋軍対阪神軍が開始される時間だった。警戒の情報が伝わってきたのだろう、即座に試合は中止された。球場を通過した一五番機は神戸に焼夷弾を投下すると死者や家屋焼失の被害を出した。もし後楽園球場や甲子園球場が爆撃されたとしたら興行する場所を失い、以降の職業野球は存続できなかったかもしれない。

帝都を恐怖に陥れた初空襲で、東部軍司令部はラジオを通じて九機撃墜したと発表した。だというのに誰ひとり目撃した者はおらず残骸もない。具体的な状況も知らされず、眉つばものだと感じる人も少なくなかった。世間からは、「落としたのは九機じゃなくて空気だ」と皮肉まじりに囁かれた。そのことばは的を射ておりB25の撃墜は皆無だったのが真相である。しかも東部軍司令部が許可して新聞に掲載された、高射砲に逃げ惑う敵機の写真も、実のところ日本の海軍機であったからお粗末な話だ。

逃げ惑う敵機とされた報道写真

東京での被害は、死者三九名、重傷者七三名、家屋焼失六一棟であった。被害もさることながら深刻なのは、敵機がいとも簡単に帝都に侵入してきたことである。連日のように日本軍の快進撃の様子が伝わっていただけに、まさか敵が日本本土までやって来るなど誰も想像できなかった。もし再び来襲してくるとなれば、到底球場の二階だけの防備では足りない。東部軍は防空強化のための見直しに迫られた。

†戦病死

球場に爆撃機が飛来するやら、延長世界記録を塗り替えるやらと波乱の幕開けとなった公式戦であったが、成績の方は前年二位だった阪急軍が、首位巨人軍に続く順位で幸先のよい滑り出しをみせていた。しかし、そのチームに暗い影を落とすかのように、阪急軍にいた捕手の大《おお》原敏夫《はらとしお》◆56と投手の荒木政公《あらきまさきみ》◆57の訃報が立て続けに入ってきた。

大原は入団する前に呉海軍工廠にいた。工廠は鎮守府条例によって造船部を設けたのが前身で、以降、戦艦や航空母艦などの数々を建造してきた。戦艦大和もそのひとつである。大原が阪急軍に入団した年に呉に建造の訓令が出された大和は、日米開戦直後に竣工して、ちょうどいまミッドウェーへの出撃を控えていたところであった。

大原がいた当時、工廠には三万人を超える工員がおり、造船部、水雷部、電気部といった組織で構成されていた。工員の体質改善のために工廠内に導入されたのが野球であり、一一ものチームが存在して各部の対抗戦が盛んに行われた。都市対抗野球大会になると工廠の選手のなかから選抜され、呉市代表の全呉としてチームが編成された。優秀な人材が豊富ななかで選ばれるのは容易なことではないが、大原は全呉の一員になる実力者であった。

背が低くずんぐりとした姿は少々あか抜けないところもあったが、阪急軍に入団するや、持ち前の強肩で二塁へ鋭く送球し、打撃では長打を放つなど、めきめきと腕をあげて正捕手の座をつかんだ。場数を踏んで試合度胸も出て、目覚ましい上達ぶりに期待が高まった矢先に召集となった。そして大陸に出征した彼は中支で戦死したのだった。

同じく阪急軍の荒木は監督の井野川利春と同じく門司鉄道局の出身である。この好投手が入団するまでの経緯にはいささか挿話がある。はじめに目を付けたのは巨人軍で、荒木を獲得するために、その当時、門司鉄道局で監督をしていた井野川とともに入団する密約をかわした。ところが井野川が出征してしまったために話は水に流れてしまった。快速球により全国鉄道野球大会を制覇した逸材を放っておくはずもなく、そのうち阪急軍とタイガースが参入してきて三つ巴の争奪戦になった。

阪急軍は荒木に安心して入団してもらおうと、戦地にいる井野川が除隊したら同じチームに迎え入れることを条件に交渉したが、ほかの球団から提示される支度金や月給はうなぎのぼりになっていった。結局のところ現金をそろえられないほどの高額になり、阪急軍が大八車で株券まで持ち込んだ末に入団にこぎつけた。鳴り物入りの新人だけあって、荒木は先発の一角を担うと初年度から九勝二敗の成績を収めた。しかしながら二年目の雄姿を見せることなく出征し、満洲とソ連の国境近くで戦病死したのだった。

荒木のように戦地で病に倒れるのは決してめずらしいことではない。日中戦争が長期化していくと、戦地で病気になる兵士が増え、戦没者のうち戦病死者の割合が半分を占めるようになっていた。原因は栄養失調と、それに伴う体力の弱体化による病気の誘発や持病のぶり返しなどがあげられる。沢村は大別山で、雨のなか生イモをかじりながら戦闘するという劣悪な環境でマラリアにかかっている。

昭和一五年頃から、大陸への兵器や弾薬の供給が増加して、兵士への生活必需品や食糧までの費用が賄えなくなり、栄養不足はより悪化した。そのため食糧の調達は現地での自活の方針が出され、野菜の栽培や動物の飼育などがはじまった。現に巨人軍の筒井が大陸にいたときには、軍馬で雉《きじ》を追いかけて栄養源を確保している。乗馬演習だと騎兵隊内でも奨励するほどであった。日中戦争の初期の頃は、軍隊に入れば多少なりとも世間と比べていい物が食べられると沢村や野口らは肥って帰還してきたが、もはや過去のことである。これから日本軍の占領地域が拡大していけば、補給路が延び食糧不足がいっそう深刻になっていくはずである。

荒木も大陸で体調を崩して野戦病院に収容されていたから、少なからず栄養不足の影響があったに違いない。彼は高熱にうなされながらも、決して利き腕の右肩を下にして寝ることはなかった。しかし、除隊したら再びマウンドに立つという夢は叶うことはなかった。

荒木と同じように戦地で病気になった者はまだいる。丸尾千年次《まるおちとじ》◆58は急性大腸炎になり広東の陸軍病院に移送された。彼もまた阪急軍の投手で、戦死した大原とはバッテリーを組んだことがある。病床の窓ごしに見える庭では、毎日のように兵士たちが野球の試合をしていた。回復した傷病者なのか、なかなかの腕前である。いつか自分も仲間に加わる日が訪れるだろうか。

そんなある日のこと、院内で患者の野球チームを作るから大会に出場せよとの命令が出た。まさか病気の自分が!? 丸尾は、「おカユ腹で野球をやれる状態ではない」と答えると、軍医は、「下痢などすぐに止めてやる。食べたいものはなんでも食べろ」といい、個室で看護婦が付きそう破格の待遇になった。なんとも荒っぽい治療ではあるが、軍医のいうとおりフラフラだった体調はみるみる快方に向かい大会に出られるまでになった。非番の看護婦たちが応援に駆けつけ、黄色い声援も手伝ってか、決勝まで勝ちすすむ回復ぶりをみせたのだった。

青柴憲一《あおしばけんいち》◆59は巨人軍時代から喘息の持病があった。立命館大学出身の彼はベーブ・ルースらが来日した日米野球で全日本に選ばれ、先発の中核になって登板した。巨人軍が発足して米国遠征に出かけると、制球のよさから一八勝をあげて沢村と並ぶ主軸となった。帰国後はリーグ戦での活躍が期待されたが、持病の治療もあって三年間で二三試合足らずの登板にとどまっている。そして日中戦争がはじまると、京都の福知山の歩兵第一二〇連隊が編成されて青柴も召集された。だが戦地に出征するとまたも喘息がぶり返し、野戦病院へ入院したのち上海にある病院へ移送されたのだった。

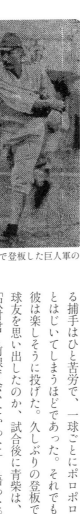

そこで出会ったのが野球好きの軍医で、院内にチームを作れと指示があった。お披露目となったのは病院の運動会である。軍医、衛生兵、看護婦と患者が見守るなか、青柴一等兵は療養中の白衣姿でさっそうとマウンドに登場した。巨人軍にいた頃は、舶来品の時計や帽子で身なりを整えていた。表より裏の柄が気に入ったと背広を購入するほどのおしゃれだったから、白衣の着こなしもなかなか様になっている。

上海の病院で登板した巨人軍の青柴

病人といえども、そこは職業野球選手である。試合がはじまれば鋭い直球を繰り出し、受ける捕手はひと苦労で、一球ごとにポロポロとはじいてしまうほどであった。それでも彼は楽しそうに投げた。久しぶりの登板で球友を思い出したのか、試合後に青柴は、「沢村君と前線で会いたかった」と語った。

青柴率いるチームに軍医も満足したらしく、それからというもの衛生兵と日曜日ごとに対戦するようになった。それにしても激しい動きは発作の原因にもなりかねず、本来なら絶対安静を要する。試合に出場していたせいではなかろうが、体調の方は好転せず京都の陸軍病院へ後送となってしまった。幸か不幸か、そこでも野球好きの軍医が待っており試合は続行されることになった。

金鯱軍投手の内藤幸三《ないとうこうぞう》◆60は徐州会戦後に肺炎になっている。野戦病院では手に負えなかったようで京都の分院へ送られてきた。院内を見渡せば患者のなかに名古屋軍内野手の小阪三郎の姿もあった。小阪は沢村と一緒に同じ連隊に入営したが、彼も大陸から内地に移送されていた。球友と戦地で出会うことはめずらしくないが、病院での再会とはなんとも奇遇である。出会ったふたりが徐々に回復していくと、思わぬ指示を受けた。それは病院内で野球部を作ることであった。経験者と知ってのことだろう。

内藤は金鯱軍に入る前はリーガル商会という化粧品会社の軟式野球倶楽部にいた。全国軟式野球大会では、予選から本大会までひとりで九試合を投げて一六四もの三振を奪い、わずか一得点に抑えて優勝する離れ業を見せた。野球を通じて体を動かす機会を設ければ回復にもつながる。試合に参加できなくても観戦すれば、ふさぎ気味な入院生活への気晴らしにもなる。内藤は得意の軟式野球部を発足して、監督兼任選手として小阪とともに病院の支援にあたった。

それにしても野球好きの軍医はどこにもいるらしく、野球熱の高まる第一陸軍病院では他の病院との対抗戦に発展していた。これまでも第一陸軍病院内では運動会が実施されて、一〇〇メートル走、綱引き、自転車競走といった競技を実施してきた。人気の野球だけに、運動会とは別に単独での開催となった。神宮球場で行われたのは、月島にある東京第一陸軍病院と座間にある東京第三陸軍病院との対戦である。東京第一陸軍病院長の始球式ではじまった試合は、中等野球や都市対抗で腕を磨いた経験者をそろえた。白衣に日の丸を付けた応援団も現れて、スタンドの患者らの声援が飛んだ。治療を兼ねた練習の成果は熱戦となり、四対二で第三陸軍病院の白衣の勇士が凱歌をあげた。

　こうした開催が効果的と判断したのか、東京第一陸軍病院では院内に四つものチームができた。東京第二陸軍病院も対抗戦に加わるようになり、陸軍病院による大会は神宮球場や後楽園球場で盛んに開催されるようになっていった。

　それにならうように各地でも対抗戦が行われるようになった。病院間の競争が高まれば、単なる野球経験者ではなく、より高度な技術を持った者が求められてくる。しばらくしてのことであるが、善通寺の陸軍病院に入院していた巨人軍の楠《くすのき》安夫◆61に声がかかった。投手として入団したのち捕手に転向するというめずらしい球歴の持ち主である。入営した楠は、内地での演習中にトラックにはねられ右膝関節を挫傷していたが、病院対抗戦に出場することになった。怪我が完治せずに無理をすれば後遺症が残る。読書家だから本でも読んで療養したかったろうが、兵である以上、命令は絶対である。楠の回復は遠のくばかりであった。

†軍医の診断

軍内の病院で野球が普及してきた背景には軍医の存在が大きい。不思議なことに野球好きの軍医は少なくない。春夏の甲子園や東京六大学を観戦した者、母校を応援した者、またプレーをしていた者などきっかけはさまざまだ。軍医は負傷や病気の治療だけではなく、徴兵検査からはじまり入営後の身体検査や定期的な健康診断、巡察による衛生指導など兵隊とのかかわりも多い。おのずと職業野球選手の運命を左右する出会いもある。

金鯱軍の選手から審判に転じた島が召集の報せを受けたのは、名古屋軍対巨人軍との試合直前であった。その試合で球審を担当した島は、これが最後になるかもしれないと悲壮感のなか務めた。試合が終了すると、球場内に伝えられ観客席からの万歳の拍手に送られ球場をあとにした。

そもそも島は、日中戦争がはじまる前にも徴兵検査を受けている。法政大学を卒業した彼は当時、逓信省簡易保険局に勤めていた。結果は第二乙種合格であった。甲種と乙種第一が合格者として現役兵に徴兵されるから、第二乙種はいわば不合格の扱いである。すっかり兵隊になるものだと思っていた島は耳を疑った。検査に立ちあった徴兵官からは、「軍隊に入って奉仕するのも、銃後にあってお国のためにつくすのも同じ」と諭された。たしかに平時では、必要とする兵員を満たせば官吏や長男は兵役をまぬがれることはめずらしくなかった。

しかし、いまやまったく状況が異なる。彼はすでに三〇歳を超えていたが、ひとりでも兵隊がほしい戦時下である。入営したのは東京の近衛師団に属する近衛輜重兵連隊であった。本来、神戸生まれの島は徴兵となれば兵庫の連隊に所属することになるはずだが、大学時代に軍事教練に来ていた野球好きの教官の中佐から、軍隊に入るなら東京がよいと勧められた。郷里の連隊の厳しさは軍内で知れ渡っており、少しでも楽にさせてあげようという教官からの親心であった。たしかに、明治に誕生した篠山の歩兵第七〇連隊は、その勇猛さから、創立後わずか数年で「丹波の鬼」と呼ばれるようになった。その名のとおり毎日のように山岳訓練が行われ、猛烈なしごきの様子は連隊に所属していた友人の話からも耳にしたことがあった。そのため島は実家を離籍して東京で戸主になっていた。

早速、島は目黒にある近衛輜重兵連隊の営門をくぐった。新兵が集合すると中尉である軍医は体に故障がある者は申し出るように命じた。島は、前年の試合で審判を務めた際に、選手が打った猛烈な球がふくらはぎに当たり、甲子園球場そばの病院に運び込まれて手術を受けていた。直立不動の姿勢や駆け足の訓練に耐えられるだろうか。不安になった島はためらいながらも意を決して前に出た。

すると軍医は島を見るなり意外にも、「おお島か、よく来た。待ってたぞ」と、まるで歓迎するかのようなことばを発した。よく聞けば中隊長と軍医は、軍務の余暇に後楽園球場に足を運び、試合を観戦して島の審判ぶりを観ていたとのことであった。連盟は日中戦争がはじまると、白衣の勇士に自由に入場することを許可したが、昭和一四年からは制服の現役軍人にも無料で観戦できるようにしていた。ふたりは入場の特典を利用していたのだった。

事情を知った軍医はなんと、「入隊するか、このまま帰るか、お前が決めろ」といい出した。入営後の身体検査で病気などが見つかった際に、その場で帰郷を命じる、いわゆる即日帰郷の扱いである。さすがにそれには抵抗がある。残ることを決めると、軍医は、「中隊長と俺が面倒をみてやるから安心しろ」といってくれた。そのことばに嘘はなかった。島は入隊の翌日から動員事務室の勤務となり訓練に参加することなく、朝から晩まで一室で事務をとるだけでよかった。そして軍医と一緒に観ていたという中隊長から呼び出しがあると、「島君」と語りかけ、近いうちに除隊になることを示唆し秘密にしておくようにと伝えられた。一カ月後、除隊命令が出た島は中隊長と軍医に感謝しながら軍隊生活に別れを告げたのだった。

鳥取第一中学で四番を打っていた藤井勇《ふじいいさむ》◆62は、夏の甲子園で京都商業の沢村を打ち崩したとして、巨人軍攻略のためにタイガースが迎え入れた若者である。中学生にもかかわらず、その打法は完成されており、強打者ぞろいのチームのなかで、入団するや早々に外野の定位置を獲得している。三年の現役生活であったが、鳥取の歩兵第四〇連隊に入営して大陸へ渡った。所属する連隊が関東軍の隷下になると、現地では第九六〇部隊として蒙疆地区での任にあたった。ようやく兵役を終えて帰還してきたと思った矢先に、またも召集がかかってしまった。

入営の際の身体検査で軍医の前に出ると、「君、胸がおかしい」といわれ、外地へ向かう兵とは別に補充隊の勤務となった。あとで聞けば、やはり軍医が野球好きで、「お前ビルマにいったらやられる。それで残してやった」と告白された。藤井は千葉にある歩兵学校に転属することになった。

慶應義塾大学出身の宮武三郎《みやたけさぶろう》◆63は六大学野球のなかで特別な存在だった。投手として三八勝をあげ、打っては誰も記録したことのない七本もの本塁打を放つ投打の実力を兼ねそなえた大物である。なかでも神宮球場開場以来の一五〇メートルの場外本塁打はいまでも語り草になっている。卒業後も疲労回復薬の広告に登場したり、就職先や結婚などとしばしばその動向が報道されるなど、人気ぶりはかわらなかった。しかし、阪急軍に入団した時にはすでに薹が立っていたせいか思うような活躍はできないでいた。それでも知名度は健在でスターであることにかわりはなかった。

そんな宮武のもとにも召集の報せが舞い込んできた。入営先は東京の麻布にある歩兵第三連隊である。ご多分に漏れず過去の名声など関係なく厳しい訓練が課された。まだ教育は序の口でこれから行軍演習がはじまる。彼はふと心配になった。以前、職業野球での試合中に、自分で打った打球を左足にあてて痛めたことがあった。普段の生活で支障になることはなかったものの時折、痛みが走る。行軍になれば一日六時間で二四キロは歩く。強行軍ともなれば夜も関係なく眠りながら前進になる。はたしてついていけるだろうか。宮武は行軍演習を前にして軍医に診てもらうことにした。

　部隊には将兵の健康維持のため、軍医が常駐している医務室がある。診察を終えた軍医は診断書を書くのを一瞬ためらった。あの宮武か！　すると軍医は耳もとに顔を近づけるとそっと囁いた。「あんた、野球の宮武だね。もし帰りたいのならいってくれ。帰れるようにしてあげる」。除隊できるというのか!?　軍医の厚意を知った彼は黙って頷いてみせた。宮武に即日帰郷命令が出た。

　山下実《やましたみのる》◆64は宮武と慶應義塾大学の全盛期を築き、神宮球場を熱狂させた両雄である。ベーブ山下と呼ばれただけあって、六本の本塁打と首位打者を獲得する貫禄ぶりであった。山下もまた宮武と同じく阪急軍に入団している。打線の中心に座りチームをささえたが、ある雨の試合で捕球する際に足をすべらせ腰を強打してしまった。それ以来、椎間板ヘルニアになり、よい治療法はないかと東京や大阪の病院を転々とする日々となった。痛みはとれず特別に注文したコルセットを着けて体に鞭打ちながらプレーを続けた。

そんな山下にもやはり召集令状が届いた。腰のことを考えれば、とてもでないが軍務などできそうもない。そこでコルセット姿で軍医の前に立った。担当したのは野球好きだという軍医である。しめた！　コルセットを巻きつけた山下は事情を説明した。ところが偶然にも軍医は直前に行われた甲子園球場での試合を観戦していて、山下がヒット二本を打った場面を目撃していたから、なんとも運が悪い。あれだけの活躍をしていて兵隊になれないなどという理屈はないと一蹴されてしまったのだった。現場を押さえられているだけに、ぐうの音も出ない。入営が決まった山下は南方戦線へと向かうことになった。

兵隊を免れた者、激戦地を回避した者、入営を余儀なくされた者。軍医殿の診断は職業野球選手たちの運命を次々とかえていった。

†日本語化

大本営からガダルカナル島からの転進が発表されたのは昭和一八年二月のことである。作戦の目的が達せられ新たな地へ移動とのことであったが、実のところは撤退であった。前年のミッドウェー海戦の頃から米軍の反転攻勢により戦局の流れがかわり、日本軍の勢いは陰りを見せていた。戦況にあわせるように、国民に知らされる情報も知らず知らずのうちに軍にとって都合のいい内容へと書き換えられていった。

大本営発表を行う陸軍報道部の部長は、大平秀雄大佐から谷《や》萩《はぎ》那《な》華《か》雄《お》大佐へと交代していた。堂々とした体格の谷萩は前任者と比べて開放的で明るい人柄だ。話術も心得て周囲と積極的に会話するなどして、いつのまにか部内は活気づいていた。国民に戦況の変化を悟られずに、いっそうの戦意高揚を求めていくだけに報道部の力が試されるときである。

その陸軍報道部が連盟のまとめ役である鈴木を呼び出したのは、ちょうど一年前と同じように公式戦がはじまる前の時期であった。前回は引き分け禁止という愚案から延長二八回をやるハメになった。はたしてこんどは何を注文してくるのだろうか。

検閲を担当する山内大尉から出たことばは、野球用語の日本語化であった。すでに日本語化については有馬や正力による新体制運動に対応すべく、引き分け試合の廃止と同様に実施してきた。現にチームは日本名になり、その余波でスタルヒンも須田博に改名している。しかし大尉はそれでは物足りず、規則用語はもとより審判の号令、球場内掲示板の表示まで、完全な日本語化を求めてきた。直前に内閣情報局から英語表記の看板の廃止や廃棄すべき敵性レコードの一覧が公表されていたから、報道部も足並みをそろえようとしたのか。

つけ加えれば、文部省による戦時学徒体育訓練実施要綱の通達も影響があったことが考えられる。要綱では戦力増強、聖戦目的完遂を目標として、学徒は卒業後ただちに将兵として戦場に行くべきものとして、訓練実施に重点をおいて堅要なもののみ実施するとした。厳選された種目に野球はなかった。危機感を強めた東京六大学野球連盟は規則委員、審判委員が参集して野球用語の研究会を開き、敵性語を見直して日本式に改正する申しあわせをした。

日本の検閲機構は、陸軍のほかにも内閣情報局など個々の組織が縦割りに管轄しており、統一された規制ではなかった。とはいえ敵性英語の排除は社会全体の流れになっており、こうした動きに大尉が敏感になっていたことは想像に難《かた》くない。

鈴木が、「ストライク、ボールもですか」と聞けば、「そうだ」という。あまりにも無茶な要求である。もとはといえば日本語化への取り組みは新体制運動へ対応するために連盟自らはじめたことである。大尉はそれを逆手にとったから、鈴木も反論の余地がない。すかさず大尉は意味深げに、「強制するわけではない」と、またも自発的な決意を強いてきた。昭和一八年の開幕は、すぐそこまできている。理事会での決議も必要で即答はできない。鈴木は一応承ると して報道部をあとにしたのだった。

報道部に従うべきか否か。案の定、理事会では激論になった。黒鷲軍から大和軍へと改称した理事の河野安通志《こうのあつし》は、すでに野球の用語は日本になじんでいるとして、「ボール、ストライクがなくなる野球など、野球とはいえない」と強固に反対を主張した。明治時代に早稲田大学の投手だった河野は、米国遠征の際にひとりで投げ抜き鉄腕投手と呼ばれた。大正時代には、我が国初の職業野球団である日本運動協会を設立した。昭和一一年に日本職業野球連盟が旗揚げすると名古屋軍の総監督に就任している。翌年にはイーグルスの設立に参加して後楽園球場の建設にも尽力した。いわば河野は、明治、大正、昭和と歩んできた生粋の野球人といってよい。軍から押し付けられた日本語化など到底受け入れるはずがなかった。

これに対して、いち早く「日本語化すべし」と賛成したのが、名古屋軍理事の赤嶺昌志である。以前、彼は自らの歴史観を述べながら、野球は日本の政治や経済に関連を持つべきとして、「国家のための競技」であると持論を展開していた。満洲リーグの際に挙行された関東軍献金野球試合でも、関東軍報道班長らをはじめとする将兵を前にして堂々と式辞し、どこか軍の考え方と相通じるものはあるように見えた。当然のように陸軍報道部の意向に異論はなかった。とはいえ河野に負けないくらい野球への思い入れは強い。自ら交渉して獲得してきた若者たちだけに職業野球を存続させて居場所をつくってあげたいと感じてのことではなかろうか。

そのほかの理事は、連盟が存続するためなら日本語化も仕方がないという妥協派である。鈴木はこれまで山内大尉と直接会って交渉してきた。今回はいままでにない命令とも受け取れるような強い態度で、いうことを聞かねば潰されるかもしれないと危機感を抱いていただけになおさらである。事実、大尉の意にそぐわなければ制裁が待っていた。検閲を担当する美術の分野では、美術文化協会の展示で時世にふさわしくないと作品の自発的撤去を求めた。気に食わない画家には絵具の配給をしないという卑劣な手段をとったりもした。同じように職業野球でも球や用具などの供給を停止するかもしれない。日本語化やむなしという意見が大勢を占めると、理事会は用語の日本語化を決定したのだった。

実のところ用語の素案は、すでに巨人軍理事の野口勉が内々で検討をしていた。以前、新体制運動に伴い日本語化を議論した際に、「審判の判定日本語化は、専門委員会で急速に研究実施する」としていたため継続していたようだ。野口の苦心は相当なものだった。ただ単に直訳すればよいというものではない。規則用語は文章化して表記するため、勇ましさとはほど遠い「盗」や、縁起でもない「死」といったことばは避けた。審判の号令は実際に口に出してみながら感覚をつかんでいった。元来日本語になりにくいものもあり、いささか奇妙なことばもあったが、それでもまとまった用語を見るとなかなかの力作といえた。

理事会では野口の案をたたき台に規則委員会でとりまとめたものを協議していった。規則用語による「ストライク」は「正球」で、「ボール」は「悪球」に決めた。「リーグ戦」は「総当戦」、「チーム」は「球団」と、ここまではわかりやすい。しかし、徐々に難題が登場する。「マネージャー」は「幹事」で、「コーチャース・ボックス」は「助令区域」、続いて「グラブ、ミット」は「手袋」としたから、いささか苦笑いである。滑稽な作業に見えるが存続のためだから真剣そのものである。

議論は審判の号令へと移っていく。実際に担当する審判の意見も交えながら、「ストライク」は、「一本、二本、三本」で、「ボール」は「一ツ、二ツ、三ツ、四ツ」とした。判定を宣告するには、打者にもわかりやすく両者を明確に区別する必要がある。それに審判が発声しやすいことも大切だ。赤嶺の知恵が加わり、最終的に「ストライク」は、「ヨシ」というかけ声を加えて、「ヨシ一本、ヨシ二本、ヨシ三本」にすることにした。多少の修正はあったものの出来あがった用語は、ほぼ野口の提案どおりであった。

規則用語　ストライク→正球　ボール→悪球
　　　　　セーフ→安全　アウト→無為
審判の号令　ストライク→ヨシ一本、ヨシ二本、ヨシ三本
　　　　　ボール→一ツ、二ツ、三ツ、四ツ
　　　　　セーフ→よし　アウト→引け　三振アウト→それまで

同じ時期に日本語化の検討をしていた六大学野球はどうか。職業野球では審判の号令による「ストライク」を「ヨシ一本、ヨシ二本、ヨシ三本」としたのに対して、六大学では、「本球一、本球二、本球三」とした。また「ボール」は「一ツ、二ツ、三ツ、四ツ」に対して、「外球一、外球二、外球三、外球四」である。考える人間が違えばおのずと表現方法も異なるようだ。開

幕まであまり時間がない。試合中に間違ったらたいへんなことになる。日本語化が決まった翌日から島ら審判による訓練が開始された。

†慰問試合

陸軍報道部からいつまた検閲による指導があるかもしれない。山内大尉は検閲を担当する美術の分野でも、専門外にもかかわらず美術展覧会の開催委員を務め、専門誌の座談会では藤田嗣治《つぐはる》ら芸術家たちを前にして、「画家も戦士だと自覚がなければならない」と平然と論じていた。大尉の出身地である北海道にも都市対抗や中等学校野球が盛んな地域があるが、東京の六大学や関西の甲子園のように観戦する環境や豊富な情報はない。どこまで野球を理解していたのかはわからないが、的外れな論法で振り回されるのは御免である。

これまでも日本語化はもとよりアルファー勝ち禁止といった奇妙な話を持ち出している。試合前の手榴弾投げの余興についても敵指導者であるルーズベルト、チャーチル、蔣介石の藁人形を用いることを求めていた。理事会で河野が猛烈に反対したのはいうまでもない。鈴木は「できませんじゃ軍はおさまらない」として、試合前に選手による銃剣術の余興を提案して、その場を取り繕おうと試みた。大尉は「非常に名案だ」とご満悦で連盟の思惑どおりとなったものの、さらなる難題を強いてくるかもしれない。ここは先手を打って協力姿勢を見せる必要がある。

野球用語の日本語化を決定した理事会は、二週間も経たないうちに再び会議を招集した。新たに発案されたのは、兵隊と同じ国防色ユニフォームと戦闘帽の着用である。すでに赤嶺の名古屋軍は、日独伊の三国同盟の成立に刺激されてユニフォームの胸の「名」と印した記号をナチスの鉤十字に似せて実行していた。彼が主張していた、野球の一挙手一投足は国策に貢献すべきとした「国家のための競技」に通じるのだろう。こうした案についてほかの理事がどこまで共感したかはわからない。ただ赤嶺の思想とは別に、観客席を見渡せば、国民服でユニフォームだけが派手な色を使うとなれば、いささか後ろめたくなるのも事実であった。こうして理事会は採用を決定したのだった。

ユニフォームの色をかえたくらいではまだ足りないと議論はすすむ。ひねり出された案は、産業戦士と呼ばれた工場で従事する工員たちを無料で招待する大会や慰問試合の実施である。また入場料を軍に寄付する献納試合も、積極的に行うことが確認された。すでに慰問試合は白衣の戦士への慰安として陸軍病院などで実施されてきた。今回は銃後を護る産業戦士が対象である。しかし連盟の鼻息とは裏腹に、慰問の受け入れ先を探すのは容易なことではなかった。

たしかに試合をといっても、工場に球場や運動場が整っていることが条件になる。しかも働く手を止めることはできず、工員たちの休憩の合間に試合を行うには時間が足りない。工場に

日立製作所に慰問した阪神軍と朝日軍

とっては歓迎とはいえなかった。なんとか日立製作所へ慰問することになったはいいが、休日朝早くチーム一行が現地に出向いてみると、事前の調整不足から球場の都合がつかず、試合をせぬまま戻って来るような状況だった。改めて訪問するも、平日ということもあって、工場が終了する夕方四時からの試合となり、陽が暮れるグラウンドでやる側も観る側もひと苦労であった。

それでもなかには快く迎え入れてくれるところもあった。呉の海軍工廠のように工廠内に複数のチームがあり、対抗戦が行われているようなところは野球好きも多く歓迎してくれた。群馬にある中島飛行機の小泉製作所では、新しい総合運動場の開場にあたり工員に希望を募ったところ、相撲を抜き野球への投票数が一番だった。所内には前年に都市対抗野球大会に出場した太田飛雄というチームがあったからなおさら野球熱は高い。所長は、巧みに月間の生産予定数が目標を突破することを条件に慰問を決定すると、みるみる能率があがり実現の運びとなった。慰問当日は午前までの勤務で、午後から開始されたのは巨人軍と名古屋軍の対戦である。工場総出の観客は二万二〇〇〇人にも膨れあがり、試合を堪能したのだった。

公式戦の合間をぬって各地を遠征する選手はというと、こちらは終始精力的であった。なにせ慰問先で金はくれないが、お礼として物資が提供される。醤油、砂糖、乾パンなどで、食糧の配給がままならなくなってきた時だけになんともありがたい。小泉製作所では、試合前後の休憩時間にリンゴが並べられ一同感激するばかりで、なかには家族のためのお土産にと、そっとバッグに忍ばせた者もいた。

試合が終ってからも、ご馳走が用意されていた。普段では手に入らない肉や果物が食べ放題の接待である。時局柄はばかられるが、酒まで振る舞われた。さすがに世間の目もあり、おおっぴらに飲むのはまずい。それに大尉に知れれば、慰問は逆効果になりかねず、どんな報復が待っているかわからない。小泉製作所では、豪華な夕食とともに、「卓上煙突」という隠語の熱燗《あつかん》が並べられた。同行した名古屋軍理事の赤嶺からの発言のようで、煙突は辞退したいと申し出た。これには一同落胆したのはいうまでもない。帰りの車中で、「こんどから水筒のでかい奴を持ってくるべき」と酒の恨みは収まらなかった。

それぞれの球団が手分けをして各地を慰問していく最中、大本営から衝撃的な発表がなされた。連合艦隊司令長官山本五十六の戦死である。真珠湾攻撃で大勝利し、多数の戦果をもたらしてきた山本大将の死は、国民に大きな衝撃を与えた。立て続けに発表されたのはアッツ島の玉砕であった。大本営発表による転進ということばに続き、玉のように美しく砕けるという意味で用いられたのが「玉砕」である。陸軍報道部長の谷萩大佐はラジオを通じて、守備隊約二〇〇〇名の戦死は皇軍の神髄発揮であると国民に語った。いつの間にか、「アッツ島の仇は増産で」という標語が生まれると、慰問した小泉製作所でも生産に追われる日々となっていった。

山本司令長官の国葬から一週間ほど経った後楽園球場では、航空機一万台献納野球大会が開催された。これまでも献納試合は日中戦争がはじまってすぐに開催され、入場料によって集まった献納金は軽装甲車や戦車になった。今回は航空機で、「一機でも前線に飛行機を」と叫ばれた大会には、比島から帰還してきた巨人軍の沢村の姿もあった。主将という肩書きになり公式戦にはほとんど登板することはなかったが、めずらしく大会の決勝戦に先発して無失点に抑える好投を見せた。

球を受けていた捕手の多田《ただ》文久三《ふくぞう》◆65は、除隊してきた沢村が変容してしまったことに驚きを隠せなかった。多田が沢村にはじめて対面したのは、まだ新人だった頃で、日中戦争から帰還してきたときのことである。その様相は、目はつりあがり血走って鬼気迫るもので、近寄りがたい雰囲気を漂わせていた。多田は直感的に戦争で人を殺してきた人の目だと思った。それが二度目の戦地から帰って来たいまでは、すっかり殺気は消えて柔和な表情になっていた。多田にも気さくに声をかけるようになり、球場までの行き帰りをともにするようになった。

気持ちが穏やかになったように、球の方も威力がなくなり、腕が下がった投法はまるで下手投げのようであった。投手としての戦力にはほど遠い状況である。たまに代打として顔を出すものの、観客席からは、「沢村か。駄目だア」という落胆の声が聞こえるまでになっていた。かつてのエースの凋落ぶりは、まるで日本軍の勢いを重ねあわせるようであった。

†軍隊式を導入

後楽園球場の二階では、敵機来襲にそなえて兵士たちが監視活動に目を光らせていた。グラウンドに目を移せば、軍服姿の選手たちによる手榴弾投げ競技が行われている。先日、読売新聞社から全球団の選手に木銃を進呈されたからなおのこと、気持ちに熱が入る。二階の兵士に負けない勇武な余興が終ると、いよいよ試合の開始である。選手席の前に整列した両軍と審判が、合図とともにいっせいに三方から行進して本塁前にコの字にそろい、主将が、「審判官殿に対して敬礼－頭中」と号令をかけて挙手の礼をする。挨拶がすめば「回れ右」のかけ声のもと、守備側の選手たちはベンチに戻り、手袋と名前をかえたグラブを手にして戦闘開始のごとく守備位置に駆け出していく。キビキビした動作に思わず観客にも緊張感が伝わってくるようだ。

いざ試合になると、こんどは日本語の勇ましい審判の号令が球場内をこだまする。六大学野球も日本語化を検討していたが、文部省からの通達により実行しないまま解散を強いられた。もうこうした掛け声が聞けるのは職業野球しかない。はじめのうちは審判も慣れないせいもあって、英語と日本語が交錯していた。ストライクやボールの判定はまだよかったが、塁上での白熱した場面ともなると、審判の島は思わず「アウト」という声を発して、慌てて「引け、引け」といい直すこともしばしばだった。それでも一カ月ほどすると審判も慣れて無難にこなすようになっていた。観客からは、「ヨシ、一本」という響きが気持ちいいという声まで聞こえてきた。いまや球場は軍隊そのものである。こうした雰囲気をより引き立たせたのが、帰還してきた選手たちであった。

日中戦争で大きな戦果をあげた百戦錬磨の井野川利春が阪急軍の監督になると、軍隊式ともいえる指導方法で闘志を吹き込んだ。監督は部隊長格の上官で選手は兵士、野球も戦場で戦っている将兵と同じだと一糸乱れず行動していく。その様は、他球団の軍隊経験者が感心するほどであった。試合運びも、戦場での隠密活動のようにバント戦法を駆使して相手をかく乱していく。監督の徹底した指導と采配は選手の意識をかえ、監督就任二年目で二位の成績まで躍進させた。ところが、次は優勝だと期待した矢先に、またも井野川のもとに召集の報せがきてしまった。再び本物の軍隊での実戦だ。

軍隊式指導はいつのまにか阪神軍にも伝染していた。監督になった若林忠志は、「いつお召

軍隊式を導入した阪急軍監督の井野川

があっても球を銃にもちかえて、直ちに馳せ参ずることができるように」と真剣そのものである。それは主将になった景浦の号令のもと、選手たちが一斉に動作に入る姿勢によって表れた。

景浦は善通寺の山砲部隊に入営したのち、満洲の虎林《こりん》へ渡り三年ほど兵隊として過ごしてきた。それまでいささか乱暴な態度だった彼も、軍隊生活を通じて己を犠牲にして全体を活かす自己犠牲の精神を学び、命令に従う意識を叩き込まれてきた。「若い選手たちは欣然《きんぜん》として軍隊へ行け！」とまでいい放つほどである。「まったく人間が一変するほど人間修業させられ」たと悟るほどであるから、軍隊式は単なる形式ではなく真の心からの行動であった。

景浦だけではない。球団理事の冨樫は、帰還してくる者たちがえらく真面目になって戻ってきたのに驚かされた。捕手の門前眞佐人《もんぜんまさと》◆66は球団発足時の契約第一号の選手である。広島の広陵出身の彼は、接戦の大事な場面でもひるむことなく球場の壁にぶつかって捕球する気迫の持ち主だった。兵隊になっても闘志はかわらず、大陸へ出征すると砲兵となったようで底力を見せた。さまざまな大砲があるなか、榴弾砲や加農《カノン》砲などは、砲身、砲架、車輪の各部品に分解し砲撃地点まで運んでから組み立てる。転戦しながらの移動は通常、自動車や馬によって行われるが、山岳や道が整備されていなければ、どうしても人力頼みになる。門前も砲の車輪を持ちあげて山越えをした。どの部品も鉄のかたまりのようなものだから相当な重量である。三年もの間、体を酷使したせいか、内地に戻って来てしばらく療養してからの復帰となった。冨樫は自らが獲得してきただけに、無事に生還してきただけではなく、野球への取り組みに変化が出てきたことを喜んだ。

もっともかわったのは山口政信《やまぐちまさのぶ》◆67かもしれない。門前に続き日新商業から契約第二号として入団してきた。大学出の実力者がひしめくなか、外野の守備では俊足を活かし、打っては三番打者として優勝に貢献した。連覇をしていたチームが巨人軍に優勝の座を奪われたのは、山口が兵役で不在になったことが影響したといってもよいくらいだ。

球団にとっては欠かせない戦力にもかかわらず、その人物はというといささか個性的で、落球しても平然として拾いあげるふてぶてしいところがあった。以前、阪神の監督だった石本秀一をして、好機に打席が回ってきて顔色をかえるどころかニヤリと笑ったのは山口だけだといわしめたほどの男である。その振る舞いは軍隊に入ってもかわらなかったようで、重営倉の罰を食らっていた。

軍隊でも、一般社会と同じように傷害や窃盗などの犯罪が起こる。上官への反抗や隊からの逃亡といった軍紀を乱す行為は罪となる。重大な軍紀違反行為は軍法会議によって裁かれるが、上官への口答えや酒を飲んで暴れたり、休日の帰営時間になっても飲み屋にいって戻ってこないなどの違反は、隊内に設けられた営倉と呼ばれる小部屋に収容され処罰される。寝るとき以外は壁に向かって正座して反省する時間を過ごす。一、二日程度の罪であれば軽営倉で、それ以上の期間になると山口のような重営倉になる。

山口がなぜ営倉入りしたかは不明だが、彼を知る周囲の人間は噂を耳にして、「やりかねない」と漏らした。営倉行きを繰り返すような札付きになると、隊内で一目置かれるようになるから始末が悪い。上官からも扱いにくいと思われるような山口が本当に心底かわったのかはわからない。とはいえ戦地から帰ってきた態度を見て、富樫が軍隊も悪くないと思うほど変化していたのは事実である。

野球用語の日本語化や手榴弾投げ競技などは、陸軍報道部に対して協力姿勢を見せるために連盟が考え出した半ば偽装工作であったが、帰還してきた選手にとっては、戦場の記憶を呼び戻す場になっていた。

軍隊式を継承するように、井野川と入れ替わって阪急軍に帰ってきたのは、球団発足時からの投手の丸尾千年次だった。彼は巨人軍に入団した川上哲治の二学年上ではあるが、同じ熊本工業の野球部出身で、寝起きをともにしてきた。川上とは子供の頃からの顔見知りで、喧嘩をして投げ飛ばしたこともあったという。熊本工業に入学してからも、腕っぷしの強さはかわらず、当時熊本の柔道界で名が知れ、のちに日本選士権三連覇や皇紀二千六百年奉祝天覧武道大会に優勝した同世代の木村政彦とやりあって倒したという逸話もある。

そんな猛者ぶりを示すように、戦場から帰還したばかりの丸尾軍曹の胸には従軍記章と勲章が輝いていた。従軍記章は事変、戦争に参加した将兵や関係する軍属、文官などに贈られる。丸尾の記章は日中戦争によるものである。勲章の方は勲功顕著なる者を対象にした旭日章勲七等など三つも授与された。

日中戦争がはじまり、台湾で入営した丸尾は、第四八師団の司令部付きになり、海南島海口や広東を転戦してきた。米英との戦争に入ると、そのままジャワ島スラバヤへ向かい、足掛け五年にわたり従軍した。一時、急性大腸炎で入院したものの、根が真面目な性格だからいち早く隊に復帰し、先頭になって責務をまっとうしたのだろう。胸の勲章の数々は、その活躍を物語っている。復帰した丸尾は早速、新人に、「二〇や二一で選手になって、それで飯が食えると安心したらおしまい」と発破をかけた。阪急軍に新たな闘志が吹き込まれた。

金鵄勲章を授与された阪神軍の上田

対する阪神軍も負けてはいられない。関西の鉄道の同業者でなにかにつけて競う相手だけに意気込みが違う。軍人精神を注入する急先鋒は、外野手の上田正《うえだただし》◆68である。イーグルスから移籍してきた選手で、新天地での出場もつかの間、徴兵されて激戦になった上海の呉淞へ上陸した。その後、工兵隊の分隊長となった上田は、宜昌《ぎしょう》作戦や長沙作戦にも参加した。上田は、「工兵の本領は犠牲的精神」としたが、その役割は弾が飛び交う戦場で橋をかけたり道をつくるなどする交通網の整備や陣地の構築といった役目である。時には、進軍を阻む敵の鉄条網や堅固なトーチカや城壁さえも爆破するから、危険このうえない。機敏な動きと、その場の判断力が求められ、野球での経験が大いに活かされた。

四年近くにわたる戦歴の数々は、胸の勲章で一目でわかる。曹長に進級した上田もまた丸尾と同じく旭日章勲七等に輝いた。誰もが目を引いたのは、翼を広げた金鵄とX字に交差した矛と盾で象られた銀地による金鵄勲章《きんしくんしょう》功七級である。なんとも誇らしい。

金鵄勲章は武功抜群の陸海軍の軍人、軍属だけに設けられた制度である。作戦を指揮して大勝利を収めた大将から、敵陣に一番乗りした二等兵まで、階級に応じて功一級から功七級までが与えられる。軍曹だった上田は下士官、兵を対象にした功七級である。戦地で実際に功績があった者だけにしか贈られないだけに、報道部の大尉のような役人将校にはもらえるはずもない。

上田は、「戦友たちに負けまいとする努力は、やがて逞《たくま》しい団結と戦闘精神を生んで敵を圧倒するに至る」として、軍隊に例えながら野球へ取り組む姿勢を述べた。阪神軍にとっては実に力強いことばである。監督の若林も真っ先に上田の名を口にして、「軍人精神によって新人たちを育て、精神力においては、いかなるものにも負けない阪神軍を建設する」と抱負を述べた。勲章がおよぼす影響は計り知れない。

日中戦争初期において、名古屋軍の前田喜代士には功六級、後藤正に功七級が贈られている。いずれも戦死してからの授与である。昭和一五年四月以降は、金鵄勲章の名誉は戦死者、戦病者に限られるようになったため、おそらく上田は生存中に授与された唯一の職業野球選手といえよう。勇敢な戦士を軍が放っておくはずがない。再び上田は戦地へ向かった。

第5章　占領政策

†上官の理解

さまざまな経歴を持つ者が入隊してくる軍隊のなかで、職業野球界にいたという過去はかなり特殊な存在である。それだけに上官が野球好きなら何かと目をかけ配慮してくれるだろう。とはいえ誰しもが野球に興味を持っているわけではない。兵士たちが生死をかけて戦っている時局にもかかわらず、興行で金儲けをしてきた不届きなヤツだと考える者も少なくない。上官とのめぐりあわせは選手たちの軍隊生活を左右した。

阪神軍で、新人ながら二塁手として軽快な守備を見せていたのは宮崎剛《みやざきたけし》だった◆69。彼は久留米西部第五四部隊へ入営すると、満洲に配属された。輜重兵としてあたった任は、食糧や弾薬の運搬である。輸送の主役は人間と思いきや軍馬だった。万が一のことがあってはいけないと、泥沼を渡る際には兵隊四人で馬をかついで移動することさえある。何事にも軍馬が優先で、兵隊はそれ以下である。宮崎の腹に巻いた千人針には、死線を超えるという意味で五銭玉が縫い付けられていたが、これでは馬のためにあるようなものだ。

その宮崎が職業野球の選手だったことが上官に知れると、「敵性スポーツを職業とするとは、国賊だ」と罵られた。ただでさえ兵隊は軍馬より地位が低い。不興を買いなおさら肩身の狭い身分になった。

宮崎と同じ年に捕手として入団した土《ど》井《い》垣《がき》武《たけし》◆70もまた、野球をしていたというだけでいじめられた。もっとも鳥取の歩兵連隊から転属して近衛兵になった彼の場合は、少々事情が異なる。それは幹部候補生の試験を受けたときのことである。事前にヤマをはって対策したのはいいが、いざ試験がはじまり問題を見ると、なんとすべて予想を外していた。グラウンドにいた頃は内野を守ることはままあるものの、打者との駆け引きが求められる捕手としてはまだ修行の身であった。試合ではヤマを張るなどしたことがなかっただけに、焦るばかりである。

苦し紛れに考えた戦術は、隣を盗み見ることであった。だが、ほかの者の答案用紙を覗き込むなど許されるはずもなく、試験官に不穏な行動がバレてしまうと廊下に引きずり出され、皮のスリッパでおもいっきり張り飛ばされた。当然ながら試験には落ち、野球をしていたこととあわせて上官の標的となった。

どういうわけか阪神軍の面々は人間関係に恵まれないようで、武智《たけち》修《おさむ》◆71も白眼視されたひとりだ。もともと学生時代は投手をしていたが、入団してから選手たちの相次ぐ出征により遊撃手を兼ねるようになった。その上達ぶりは目覚ましく、幾度となく安打性の打球を食い止めチームを救った。召集され目を付けられたのは入営してすぐである。身上調査で前職を問われ、職業野球界にいたことを話すと中隊長から、「この非常時に野球をやって月給をもらっていたとは、なんたる非国民だ！」と怒鳴られた。それ以来、ことあるごとに冷遇され厳しい軍隊生活となった。

不思議なことに武智と同じ学校の先輩である千葉茂《ちばしげる》◆72はまったく逆だった。千葉は松山商業から巨人軍に入団するとすぐに抜擢され、三番打者に座るようになった。松山の連隊に入営したのは日米開戦の翌年春のことである。

甲子園に四回も出場し、夏の大会では優勝をはたして巨人軍入りしたこともあって、野球が盛んな地元では少しばかり知られた存在であった。連隊でもその名を知る将校らとめぐり逢い、兵器の管理といった楽な職にまわしてもらうなどした。しかも小隊長は根っからの野球好きで、演習の終りになると、人里離れた山あいで背嚢のなかに忍ばせていたボールやグローブなどを取り出し試合に勤しむ環境だったから実に恵まれていた。

上官の野球への理解の有無によってこうも違うものか。名古屋軍の服部受弘《はっとりつぐひろ》◆73は、その両方を味わっている。彼は入団してなかなか正捕手になることができないでいたが、代打本塁打をきっかけに長打力を開花させると本塁を守るようになった。物資不足から粗悪な球になっていたにもかかわらず、兵隊になる直前の公式戦では最多本塁打を記録している。

服部が入営したのは東京世田谷にある東部軍第一三部隊だった。やはり身上調査で前職を問われて職業野球にいたことがバレてしまい、「野球などして金儲けとはなんだ。非常時に野球などして遊んでいたとは不謹慎だ」としてたちまち厄介者の烙印を押されてしまった。

なおも悪いことは続く。それは幹部候補生の試験だった。普通であれば、ここで名誉挽回すればまだ救われるはずなのだが、怖いもの知らずの服部は戦争に付きあうのは御免だと、回答用紙に名前だけ書いて白紙で提出してしまったのだ。意外にも同じことを考えていた者がいたらしく、二七人受けたうち一〇人が手を付けなかった。その日の晩、白紙で出した兵たちに対して顔が変形するほどの制裁が待っていたのはいうまでもない。これで済むはずがない。試験に落第した服部らに下されたのは近衛野砲兵連隊の補充隊への転属であった。命令は絶対で、もう逃げることはできない。

補充隊は来たるべく空襲にそなえて東部軍がすすめる皇居内の地下防空壕の建設に従事していた。服部が入営して二カ月ほどしてドーリットル中佐率いる米軍の爆撃があったことから、防空強化による増員で転属になったのかもしれない。どんな罰があるのかと戦々恐々だったもののの、むしろ異動がなければ最前線行きとなったから、逆になんとも運がいいとしかいえない。しかも近衛兵といえば家門の誉れである。

歩兵連隊、野砲兵連隊などからなる近衛師団は、宮城の守護を目的に設けられた伝統を誇る部隊である。天皇のお膝元で従軍するゆえに、軍服から兵器に至るまでの装備には恵まれている。世間では物資不足だというのに、野球用具さえも不自由することなくととのっているから驚きである。こうなるとやらない理由はない。入営時とは一転、服部は桜田門から半蔵門にかけて警備をする傍ら余暇に野球を楽しんだのだった。

†白樺のバット

戦争が長期化していくなか、軍隊内で野球ができるのは多少なりとも物資の融通が利く内地だからである。これが海の向こうの外地となると、ボールひとつとってもそう簡単にはいかない。野球用具の調達は上官の理解を得るのと同じくらい難問だった。

南支でゴム毬《まり》を手に入れたのはセネタース捕手の北浦三男《きたうらみつお》◆74である。浪華商業出身でバターン半島の攻略で倒れた納家米吉とはバッテリーを組んで春夏の甲子園に出場した仲だった。主将を務めた北浦は関西大学に進学すると、早い段階からリーグ戦に顔を出すようになった。リードもさることながら中学、大学時代を通じて一、二番を打つ俊足を見せ、東京のセネタースに入団してからも関西のファンが多かった。

兵役についたのは対米英戦の前である。大陸で戦う中国は屁でもなかったが、むしろ苦しめ

戦地でゴム毬を手にしたセネタースの北浦

られたのは蚊の方であった。マラリアであろう。蚊によって媒介する病気にかかり体調を損ねた。さいわいにも健康になって軍務に復帰したいまの楽しみといえば、内地の様子がわかる新聞である。職業野球の試合結果や出征する者の記事を食い入るように読んだ。所属していたセネタースの名称が日本語に改められたことも遠い地で知った。そんな北浦がいっそう野球への思いを募らせたのは、ゴム毬を手にしたときであった。文字を読む以上に握った感触から伝わるものは大きい。子供が遊ぶ毬にはかわりないが、現役時代を懐かしんだ。

北浦がゴム毬をどこで調達してきたのかは不明だが、日中戦争の初期の頃には慰問袋のなかに入っていたこともあった。当時は家族や身近な者が戦地の出征者へ心を込めて送っていたから、こうした個人の嗜好にあわせた品物が多かった。徐州会戦で戦った金鯱軍の新井一は軟式ボールを手に入れた。井野川利春もスポンジボールが入った慰問袋を東京六大学野球連盟から受け取っている。戦争が長期化して兵が増えてくると、慰問袋は軍により職場、隣組、学校などに供出を求めて不特定の兵隊へ配布するようになった。中身も手紙、子供たちの絵や新聞、雑誌といった物に代わっていきゴム毬などめったに入っていない。

こうなってくると物資の乏しい外地では自作するしかない。ボールは丁寧に手縫したものから石に布やハンカチを巻いた簡易的なものまで、戦地によってさまざまである。グローブは軍手で代用し、なければ素手だ。

周りを見渡せばバットの材料になる木はあちらこちらに生えている。名古屋軍外野手の吉田《よしだ》猪佐喜《いさき》◆75は白樺の木を用いた。軍隊はあらゆる職業経験者の集まりだから、木工に達者な者がいたらしく、手にしたバットは粗削りながらなかなかの出来ばえである。拡大する戦線の地域や季節によって、生息する木の種類もおのずと違う。同じ大陸でも津浦線あたりにいた部隊はアカシアの木を利用した。木の堅さが違えばしなり具合や球の反発が異なる。吉田は門司鉄道局で鳴らした強打者で、職業野球入りしてからも実力を発揮しただけに微妙な差がわかるはずだ。だが戦場は打率や本塁打を競う場ではない。明日をも知れぬ身だから、楽しめればそれで充分である。こだまする兵士たちの熱戦の声はアウトやセーフで、日本語化などまるで関係なかった。

†マニラリーグ参戦

各地の戦線で繰り広げられた野球は、比島（フィリピン）に駐屯する部隊でも上官の指揮のもと体操と称して盛んに行われていた。なかには現地の人々が加わり試合をする風景さえ見られた。国やことばが違っていても、プレーを通じて互いにひとつの空間で楽しめる野球は不思議な魅力を秘めている。

そこに目を付けたのが比島の軍政監である和知《わち》鷹二《たかじ》少将だった。軍政監は占領した地域の行政を担う重要な役割である。日本軍がマニラへ入城するや、統治するための組織の構築がすみやかにすすめられた。設置されたのは軍政監を頂点に総務部、治安部、産業部、財務部、交通部といった直下の機関である。

ところが、いざ統治してみると次々と難問を抱えた。日本軍は必要な物資を現地で賄うことを基本としていたため、駐屯がはじまると比島国民への食糧が不足するという事態を招いてしまった。日本流を強制するような横柄な振る舞いも問題になった。指示に従わないなどして気にくわないことがあると、将兵らが比島人に平手打ちをくらわし、力でねじ伏せる態度が横行した。日本の軍内では鉄拳制裁によって規律が保たれていたかもしれないが、人格を無視するような行為には不信感を抱かざるを得ない。

すでに比島は日本が占領をする前から、米国との約束により独立の準備をすすめてきた。そこへ日本軍がどかどかとやって来て、経済を混乱させたうえに屈辱的な扱いによって統治するようになった。当然ながら反日感情が高まり、ついには日本軍の動きを妨害するゲリラ活動にまで発展していった。部隊の移動や交代に忙殺されている日本軍をしり目に、各地のゲリラは連絡網を確立させていく勢いである。

これには軍政監も困りはてた。戦争を完遂するためには比島との協力は不可欠である。ここはなんとしても日本の考えを理解してもらわなければいけないと、内地からアナウンサーを呼んでラジオ放送をしたり、英字新聞を発行するなどの宣撫《せんぶ》活動を開始した。大本営から報道班を派遣して、軍人、新聞記者、写真家、画家などからなる宣伝小隊を組織して比島内を巡回したりもした。

だが異国の地で民衆の心をつかむのは容易なことではない。そこで和知軍政監が絞り出した答えは、野球を宣撫工作に利用することであった。米国の文化が浸透しているお国柄だけに、もってこいの交流になるはずだ。

早速、軍政監はマニラで野球リーグを立ちあげることにした。もともとリーグは存在していたが、戦争がはじまり休止状態になっていた。改めて優勝チームに贈る軍政監盃を目指すリーグとして復活したのだった。参加するのは、サンパブロ、アスレチックス、教育厚生部、市庁のほかに新たに発足した日本人倶楽部の五チームである。チーム数を確保するためか、リーグを主催する体育局の上位組織である教育厚生部や市庁といった比島の行政機関も加わった。日本人倶楽部を除く四チームのうちサンパブロには二名の日本人がいたが、それ以外はいずれも比島人である。
日本人倶楽部は、時間がないなか野球の心得のある兵隊を探してはみたものの、容易には見つからず、現地で発刊しているマニラ新聞社の社員に応援を仰ぐ状況だった。それでも大学や中等学校などで腕に覚えがある一三名がなんとかそろった。主将は明治大学出身の鬼塚格三郎◆76である。中学時代にやり投げをしていたこともあって、きれいな上手投げの投手だった。少々荒れ球なところもあるが速球に威力があり、明治大学で三人目となる無安打無得点を達成している。大学を卒業してからは強豪の八幡製鐵所に入り、都市対抗野球大会にも出場している。主将の重責に就くほどの実力者だったから、比島の地でも期待が大きい。

軍政監の号令のもと立ちあげただけあって、ボール、バット、グローブ、おそろいのユニフォームと物には事欠かない。あとは練習あるのみである。真面目な鬼塚は大学時代から練習の虫だった。その姿勢はかわらず初戦に向けてチームは連日、猛特訓に励んだ。

リーグ戦は総当たり一回戦を前半と後半にそれぞれ行い、双方の首位チームが優勝決定戦で最終的な勝者を争う方式である。試合は七回の表裏で終了する形式として、優勝決定まで毎週日曜日に二試合を実施しながら足掛け四カ月の日程となる。

マニラリーグの開幕当日はリサール球場に二万人もの観衆を集めた。スタンドにいる多くは比島人だから、日本の強さを見せつける絶好の機会である。ネット裏には和知軍政監や軍司令部関係者が陣取り、いまかいまかと開始を待った。国旗の掲揚、君が代合唱、宮城遥拝による入場式を終えると、アスレチックス対日本人倶楽部による開幕戦の幕が切って落とされた。

初戦の先発は主将の鬼塚で、打っては四番を務めた。序盤の二回までは両者〇点で進行して、三回に入り日本人倶楽部が先制の一点をあげた。幸先よい展開で鬼塚の好投を援護するように続く四回表にも追加して二対〇とした。試合は七回で終了だから、この調子で逃げ切れば勝利は間違いない。軍政監の期待が高まる。ところが四回裏になると鬼塚が突然乱れ出し、アスレチックスの三塁打を皮切りにあれよあれよという間に同点にされ、五回にも一点を追加し逆転されてしまった。試合はそのまま最終回まですすみ、結果は三対二の惜敗となった。軍政監は日本の勝利を信じていただけに、二万人を前にして面目丸潰れである。

和知がどこまで理解していたかはわからないが、比島はなかなかの実力の持ち主である。昭和九年の日米野球でベーブ・ルースら全米一行が来日して国内の日程を終えると、比島へも足を延ばして現地のチームと試合をしている。比島が勝利することはなかったが、野球への入れ込み具合は大リーグ選手も一目置くところである。日本とのかかわりも深い。巨人軍は昭和一四年と一五年の二度にわたり比島へ遠征をしている。現地の実業団や大学などと対戦して、いずれも巨人軍が勝ち越したものの、一回目の遠征では僅差の勝利が続き油断ならない相手だった。軍事では比島を一気に制圧した日本だったが、野球の方はそう簡単ではない。

その懸念どおり、開幕戦以降も軍政監は頻繁に球場に顔を出したが、日本人倶楽部は一向に勝つ気配がない。それどころか危うく無安打無得点になる寸前の試合さえあった。どうも、相手は試合の序盤で適当にあしらっておいて、終盤になると本気になって勝ちにいくように見えるから余計に腹が立つ。結局のところ前半戦を終えてみれば、市庁と教育厚生部が同一の勝率となり、前半の優勝決定戦を行った末に教育厚生部が凱歌を揚げた。肝心の日本人倶楽部はというと、一勝三敗でサンパブロと同一勝率の最下位であった。

続く後半戦に入り倶楽部の奮起が求められたが、あいかわらず打線は乏しく鬼塚頼みだった。三〇代半ばに差し掛かる鬼塚がすべての試合をひとり投げ続けるのはさすがに酷である。重ねて同じ最下位だったサンパブロが後半戦を不参加することになり、四チームによるリーグ戦になったから、もううしろがいない。案の定、日本人倶楽部はまたしても最下位になってしまった。

優勝の行方は、前半戦に続き教育厚生部が連覇した。軍政監は多くの観衆を前に金色に輝く軍政監盃を比島人のチームに授与するハメとなった。統治している方が弱くてはバカにされるだけで、これでは宣撫活動は逆効果である。思惑とは裏腹にマニラリーグは閉幕した。

どうにかして比島を負かす方法はないのか。軍政監自らの肝煎りではじめたにもかかわらず不甲斐ない成績でなんともやり切れない。このままで終るわけにはいかない。そこで和知が白羽の矢を立てたのが職業野球であった。戦時下にもかかわらず内地で興行を続けていてなかなか強いらしいことを聞きつけた。

たしかにマニラリーグ終了後に皇軍慰問野球大会という交流試合があり、比島にいた南海軍の天川清三郎が投げて勝利している。平安中学出身の天川は幾度となく甲子園に出場し、夏の大会では優勝投手になっているから、所属する京都の連隊では有名な存在であった。バターン半島の戦闘で辛くも生き残り、ルソン島南部に駐屯していたところに、噂を聞きつけたのか連隊本部から命令が下され出場が決まったのだった。勝利を導いた天川が帰隊すると連隊は喜びのあまり大騒ぎになった。

こうした職業野球への評価が高まるさまざまな情報が軍政監へ届いたのだろう。都合がいいことに、ちょうど比島の独立を前にして、日本統治下での大統領の就任が決まったホセ・ラウレルの訪日が計画され、中将に昇進した軍政監も同行することになっていた。職業野球団を比島に派遣させる絶好の機会である。

昭和一八年一〇月、東京に到着したラウレルら一行は、首相の東條英機を訪問し比島の独立について会談を行った。東條はラウレルに対して独立を後押しする一方で、比島が米英に対して宣戦布告をすることを求めた。米国の領土だった比島が独立国として参戦すれば国際的な影響は大きい。同席していた軍政監の和知は、首相がはっきりと主張したことをそばで聞いていた。ラウレルは性急な行動は民衆がかえって反日に傾く危険性があると述べたが、和知は東條の意欲を知り、比島の人々を日本側に引き寄せる重要性を改めて感じたはずである。

軍政監が正力に面会したのは、その直後のことである。和知は事情を話し即座に職業野球団を派遣するように要請したのだった。開戦時に大政翼賛会で政治の中核にいた正力は、いまや翼賛政治会総務や内閣情報局参与という要職にいる。

試合を観戦する和知軍政監（手前から２人目）

読売新聞社の経営者としても国内はもとより、占領地のラングーンでビルマ新聞を創刊している。陸軍は南方の軍政地域での宣撫工作のため、新聞各社に対して現地での新聞の発行を割り当てた。読売はビルマ方面を担当するように陸軍報道部長から通牒され、ビルマ新聞のほかに英字紙を手掛けるようになっていた。自らも占領地で一翼を担っているだけに派遣の重要性は否定できない。ましてや比島の独立や宣戦布告の要求など、大切な時期だけに断る余地などない。

　和知は比島へ帰る飛行機に選手一〇名ばかりを同乗させて連れていく考えを示した。まだ優勝すら決まっていない公式戦の途中で準備が急がれる。正力が連盟をあずかる鈴木龍二らを呼んで検討の指示を伝えたのは、ラウレルが東條と会談してからわずか三日で早急な対応に迫られていたことがわかる。

　たいへんなことになった！　陸軍報道部の検閲の次は軍政監からの直々の要求である。話はすぐに連盟内にも伝わり緊張が走った。派遣になれば各球団から選手を選抜することになるのか？　正力からの要望だけに、巨人軍が先頭に立って出さなければ他球団も同意しないだろう。チームのまとめ役として巨人軍主将の沢村栄治が真っ先に候補になってもおかしくない。比島で戦った有名人がやって来るとなれば兵隊の士気もあがる。

　とはいえ、半年前に連合艦隊司令長官の山本五十六が撃ち落とされて戦死したばかりである。空も海も敵の支配下になりつつあるなかでの比島行きは、あまりにも無謀である。万が一、優秀な選手たちを乗せた軍用機が撃墜でもされたなら、職業野球は存続できまい。連盟の関西出張所を任されていた小島善平は、「マニラ遠征、可か不可か唯一の死活問題なり」と危機感をあらわにした。

　そもそもこうした騒動を引き起こした背景には、いくつかの伏線がある。少し前に比島からマニラ市長ら視察団が来日した際に、一行は後楽園球場を訪れていた。休日とあって一万五〇〇〇人もの観衆が詰めかけるなか、市長は巨人軍の対戦を含む二試合を観戦した。試合中、市長は、「日本選手は身体は小さいがなかなか芸が細かい、日本野球の進歩しているのは驚くばかりだ」と語ったようになかなかの野球通である。熱心に観戦する市長に対して連盟は、「今後はかかる南方地域の文化的方面に対する交驩《こうかん》にも、もしもわれわれの野球がお役に立つことができれば、挺身《ていしん》してやって行くつもりである」との見解を述べた。あくまでも儀礼的な挨拶だったのだろうが、そのまま解釈すれば南方進出への意欲が読み取れるだけになんとも危い。

市長による突然の球場への訪問は、日本人倶楽部が最下位になって閉幕したマニラ野球リーグから二カ月半後のことである。軍政監はマニラ市の行政を管轄する立場にある。連盟の見解がどこまで伝わったかは不明であるが、日本での交流とともに職業野球の様子も報告されたようだった。

前年に行われた新聞各社による共同取材での鈴木の発言も軽はずみであった。それは、「東亜共栄圏は、ただちに我々職業野球の職域の舞台となる」と危険な構想をぶちあげたものだった。仏印、タイ、マレー、比島といった占領地を具体的に示しての見解だけに説得力があった。しかも比島に対しては米国が染み渡った野球から「日本式野球を植えつける必要に迫られる」と言及している。きわめつけは、「大東亜に輝かしい朝を迎えるために我々は「野球宣撫隊」

として共栄圏の隅々まで挺身して行きたい」と語った。さすがに聞き手も、「野球宣撫隊というのは新語だ」と驚くほどであった。

共同取材は、「大東亜戦時下の職業野球の使命」と題して、同盟通信社記者が新聞社を代表する形式で行われたものである。連盟の意思の表明であり、当然ながら記事を検閲していた陸軍報道部にも野球宣撫隊の情報は入ったに違いない。こうした内容が報道部を通じて軍政監の耳に届いていたかは不明である。ただ軍政監の要求はまさに野球宣撫隊そのものである。鈴木にとっては軍へのご機嫌取り程度だったかもしれないが、誤解を招く発言であったことは間違いない。

なんとしても派遣を阻止しなければいけない。自らまいた種を刈り取るように鈴木は比島行きを断るべく軍政監のもとへ向かった。相手はこれまでの報道部の役人大尉とは格が違って中将である。ちょっとやそっとで納得などしてもらえるはずがない。無茶ともいえる直談判は公算あってのことか。

実のところ、和知と鈴木は旧知の仲であった。以前、和知は陸軍省、参謀本部の少壮将校が国家改造運動を目論んで結成した桜会の一員だった。桜会といえば急進派が三月事件や十月事件と呼ばれる二度のクーデター計画を企てた集団である。いずれも未遂となり国民が知ることもなく、闇に葬られた事件で桜会は消滅したが、その後に起きた二・二六事件にも少なからず影響を与えている。その桜会のなかで、和知は十月事件で憲兵隊に拘束されたひとりであった。首謀者に対する処分はことのほか軽く、和知は譴責程度で二週間後には元の所属に復帰している。一方、新聞記者だった鈴木は、会の動向を追い情報を得るために幾度となく和知と接触していた。思い返せば二・二六事件の際に鈴木が容疑者として憲兵に連行され取り調べを受けたのも、そうした繋がりからであった。

突然の鈴木の訪問に、和知は驚きながらも懐かしい再会をはたした。挨拶もそこそこに鈴木は、いま自分が職業野球にかかわっていることを説明した。そして、「国民の戦意高揚のために、選手は一生懸命やっている」と主張し、比島への派遣を待ってほしいと訴えた。張りつめた空気のなか和知の口から出たことばは、「そうか、鈴木に頼まれたんじゃ、しようがない」というものであった。どうやら鈴木の立場を察したようだ。互いに危ない橋を渡ってきた間柄だけに、余計なことばは必要なかったのかもしれない。若き日のふたりの結び付きが職業野球を救ったのだった。

†軍政監のチーム

比島に戻った和知軍政監は野球宣撫隊を諦めてはいなかった。職業野球の協力が得られなければ、比島内にいる辣腕たちを集めるしかない。マニラ野球リーグは日本人倶楽部が最下位で終って離脱したあとも継続している。再び参戦して宣撫工作を完遂するしかない。早速、マニラ新聞の斡旋のもと新チーム結成に向けての協議を開始した。ビルマでの読売と同様に陸軍報道部長の通牒により、比島での新聞発行は毎日新聞社に割り当てられ、マニラ新聞を創刊していた。半ば陸軍のおかかえとなって宣撫活動をしていたマニラ新聞が、軍政監の意向に沿って動いたのが実情である。

協議のために集まったのは軍関係者を中心に桐原眞二《きりはらしんじ》◆[77]ら野球経験者である。桐原は大正時代に活躍した慶應義塾大学の主将で、小さい体ながら走攻守の三拍子に頭脳が加わった遊撃手だった。選手としての力量もさることながら、過熱した応援により中止を余儀なくされた早慶戦を復活すべく奔走して実現させた功労者でもある。卒業後は大阪毎日新聞社に入社して、米国ニューヨークの特派員を経験している。賀陽宮恒憲王が敏子妃とともに国賓として渡米し、ヤンキー・スタジアムで試合を観戦した折りには案内役を務めた。ベーブ・ルースと賀陽宮が一緒に撮影した記念写真にも並んで写っている。その後、桐原は欧米を視察して帰国すると経済部の所属となり、仕事ぶりが認められて部長にまで昇進した。

そんな彼のもとにも戦地からの呼び出しがあり、日米開戦の半年ほど前に比島の軍司令部に着任した。比島の報道部員となった桐原中尉の今回の役割はマニラ新聞と連携しながら新チームを立ちあげることにあった。

協議には東京帝国大学出身の古舘理三[78]も参加していた。彼も弱小チームながら六大学の経験者である。昭和五年のリーグ戦では明治大学の鬼塚と投げあいサヨナラ勝ちを導いている。勢いづいたチームと古舘の力投により、その年の春季は五位、続く秋季には明治、立教を抑えて四位にまで躍進させた。勉学では経済を学び、知識は豊富だから新たな宣撫活動にも役立てられるはずだ。

桐原と古舘らが出席した会議では、まずは強力なチームを組織していくことが確認された。前回のように単なる経験者ではなく、六大学や甲子園出場者はもとより職業野球界から実績のある者を戦地から発掘する必要がある。そのためには比島内にいる部隊への通達だけでは不充分である。そこでマニラ新聞を通じて呼びかけ、広範囲に情報を得ることにした。

効果はてき面で、各地から寄せられた声から第一次の候補者は三三名にもおよんだ。見れば野球で名だたる学校や実業団の出身者たちばかりである。軍政監が喜びそうな職業野球の経験者だという人物も複数いた。日比の交流試合で投げた南海軍の天川はいなかったが、巨人軍や金鯱軍の所属だと名乗る聞きなれない名前もあり、これから確認作業が必要だろう。それにまだ追加の候補者も出てくるから、情報を整理しながら絞り込みをすすめていくことが求められそうだ。

リーグ参戦に向けての体制も整ってきた。チーム名もすっきりと、「日本倶楽部」と改めて臨むことになった。顧問は和知の部下である第一四軍兵器部長の横尾闊《ひろし》少将が任命された。桐原は報道部員として宣撫活動の管理にあたり、現場を率いる監督は古舘が担う。主将は前回の経験を活かして鬼塚が継続してあたることになった。これで万全なチームづくりができる。

　期待どおり、六大学や甲子園に出場した頼もしい経験者が続々とやって来た。そのひとりが慶應義塾大学にいた捕手の近藤鉄己◆79である。愛知商業時代には三度の甲子園に出場するばかりか春の大会では優勝をしている。慶應に進学してからも優勝決定の試合でマスクを被るなど本塁を死守してきた。家庭の事情で大学の専門部を終えると東邦瓦斯へ入社し、その後、現役兵として岐阜の連隊へ入隊した。

　比島へ来たのは一年ほど前のことである。意中の女性に突然、結婚を申し込み三々九度の盃をあげての出征で、たった一週間の新婚生活であった。ルソン島リンガエン湾に上陸してからは、少尉として飛行場の勤務にあたった。戦友に積極的に野球のことを語ることはなかったが、時折、中隊で試合をすると投手を務めたりしていた。そうした行いと六大学時代の噂が自然と広がったのか、日本倶楽部への参加となった。

　比島内での選手の調査はまだ続いていた。少しして職業野球の経験者が遅れて合流することになった。その人物こそ巨人軍投手の広瀬習一《ひろせしゅういち》◆80だった。巨人軍に入ったのはちょうど米国との関係が悪化してきたときである。いずれ兵隊になるのであれば好きなことをと考えたのか、自ら門を叩いてやって来たかわり者である。関西遠征中の武庫川の河原で実施された入団試験で見定めたのは監督の藤本だった。横手投げのクセのある投法ではあるものの球速、制球ともになかなかだ。思わぬ掘り出し物に監督は入団を許可した。

その素質は本物だったようで、公式戦の途中から参加すると、あれよあれよと勝ち星を重ねていった。マウンドでの度胸も相当なもので、敬遠の指示が出てもトボケた顔でど真ん中に投げて打ち取って見せた。二年目は三二試合に登板して二一勝六敗という見事な成績を収めている。一年半ほどの在籍ではあったが、須田が過労で欠場するなど投手が不足していた巨人軍に優勝をもたらす救世主となった。

野球宣撫隊の核となるはずだ。これこそ軍政監が待ち望んでいた実力者であり、倶楽部にとっても頼もしい存在である。桐原や監督の古舘の期待が高まったのはいうまでもない。だがチームの前に現れた投手は想像とはほど遠い姿をしていた。

†職業野球選手対決

再び参戦したマニラ野球リーグはチームの入れ替えもあり、日本倶楽部のほかに教育厚生部、市庁と新たな南洋興発、土木交通の五チームにより、総当たり二回戦で順位が決定されることになった。初陣の相手は南洋興発である。グラウンドに登場した選手のユニフォームは純白で、胸には日本を象徴する深紅の桜の印が縫い付けられていた。軍政監が見守るなか、選手たちはキビキビした動作で、是が非でも勝たなければという意欲に溢れていた。

あれが噂の投手か!?　そうした光景とは対照的にマウンドへ向かったのが、先発の広瀬である。職業野球出身ということで期待を寄せたが、どうしたことかガリガリに痩せていた。なんとも心もとない。はたしてあの体で本当に投げ切れるのだろうか。

登板を志願するほどの元気者だったはずの体に異変が表れたのは、巨人軍の二年目秋のことである。きっかけは虫垂炎で手術をした傷口が化膿したことにあった。そのため巨人軍への復帰はもとより、予定されていた入営さえもままならなかった。なんとか京都の歩兵第九連隊へ入ったはいいが、このままでは兵隊として役に立たないと陸軍病院で右下腹部の傷の化膿の手術を受けた。回復が期待されるところだが、術後の経過は思わしくなく、またもや入院することになってしまった。そこへもってきて、広瀬の部隊が比島

マニラリーグに参加した巨人軍の広瀬

に派遣されることになり、無理をして隊に合流したものだから、弱った体にアメーバ性赤痢が襲いかかった。治療を経て退院したのは試合のわずか一〇日ほど前のことで、マウンドにいる広瀬は病みあがりであった。

こうなってくると試合の行方は広瀬の体調次第である。ましてや南洋興発は日本倶楽部が参戦する直前のリーグ戦では好調ぶりを見せていた。油断できない。よく見ればそれを予感させるように、相手のベンチには意外な強打者が待ちかまえていた。それはかつて巨人軍にいたアチラノ・リベラだった。彼が存在感を放ったのは、巨人軍が昭和一四年の年初に実施した比島遠征のときである。チームは現地の実業団や大学を相手に順調に勝利していったものの、カストムスとの対戦では手を焼き連敗を期した。そのチームの主将こそマニラのベーブ・ルースといわれたリベラであった。知的で土地のファンから敬愛され、打席に立つとスタンドから「ホームラン」が連呼され、守備で美技を見せると「ビッグ・ボーイ」と掛け声がかかる人気者であった。

"比島ベーブ"巨人軍入り
スタルヒンに一敗を喫せしめた
猛打堅守・隨一の人氣者リヴエラ

彼が打者ボックスに立つ時はスタンドに"ホーム・ラン"の呼び聲が囂々と起り、彼が外野に美技を演ずるときは彼の父の綽名"ビッグ・ボーイ"の掛け聲の

以て迎へられる事請合である
野球天才リヴエラはボールを手にして廿年といふ

巨人軍に入団したマニラのベーブことリベラ

思いもよらぬ強打者の出現に巨人軍は色めき立った。三〇歳を迎え薹が立っていたが、フルスイングした際の打球は凄まじく、守っては俊敏な動きを見せた。日中戦争で選手が徴兵されて不足していただけに、なんとしても獲得せねばと、ただちに巨人軍は彼と交渉して入団への運びとなった。来日したリベラは、「我々の方が上手だと思われるところもあったが、今日ではもはや格段の相違」だと余裕をのぞかせた。そのことばが示すようにリーグ戦の途中から外野手で登場すると、四番の中島治康と肩を並べる六本の本塁打をいきなり叩き出して驚かせた。たった一年の在籍であったが、その活躍は比島野球の実力を充分に証明するものであった。

この日、日本倶楽部との試合に臨むリベラは、日本への親しみを込めてなのだろうか、「色部」という漢字名で出場していた。当て字にしてはやや違和感がある。リベラが所属する南洋興発は、日本が統治してきた南洋群島における拓殖移民の支援から現地での製糖、水産、石油供給といった事業まで多岐に手掛けている会社である。南洋興発の経営を預かる常務取締役に同名の色部がいるからあやかったようにも思える。納得したかは別にして、日本語名については本人とのなんらかの話しあいで決まったのだろう。

そういえば巨人軍に入団するために日本にやって来たリベラは、妻が遅れて来日するまで靖国神社そばの下宿先で自炊して暮らしていた。ことばもわからず異なる慣習のなか、イワシの缶詰をフライにして食べながら日本の生活に溶け込もうとした。この試合でも意向に沿うように順応したのかもしれないが、悲しいかなスタルヒンが須田博に改名させられたことが思い出される。

日本倶楽部と南洋興発の試合は七回の表裏で終了する方式ではじまった。不安視される広瀬の立ちあがりに対して、先行の南洋興発は先頭打者が早くも安打し二番捕手として出場したリベラの打席につないだ。内地では決して見ることのない職業野球選手同士の力の勝負である。初対戦となる広瀬は全力で投げ込むと、リベラの打力を勝り凡打で仕留めた。ところがここで油断したのか、続く打者に甘い球を捉えられて三塁打されると、先制点を許してしまった。

このままだと向こうの勢いに飲まれてしまう。主導権を取り返すように裏の攻撃に入ると、先頭から三番打者まで安打と失策で出塁したところに四番の近藤が安打して逆転に成功した。

塁上にはまだ走者がいて一気に追加点をあげる機会である。そこに登場したのが広瀬だった。投手だけでなく打者としての腕を買われて五番を任されていた。自ら招いた失点を挽回するように広瀬が振り抜くと打球は遊撃手の右を抜き、この回、都合四点をあげたのだった。

チームは奮起して続く二回裏にも近藤が安打して二点を追加した。広瀬も二回以降は立ち直り零点に抑える好投を見せた。調子をあげてきた広瀬は打者としても四回と六回に安打を放って得点を重ねて引き離していった。前回のリーグ戦では終盤になって相手が本気を出して勝ちにいく展開が多く、観ている軍政監もハラハラしていただろうが不安を払拭する追加点である。

最終回に得点を与えたものの、終ってみれば九対二の大差で日本倶楽部が念願の勝利を収めたのだった。

広瀬は六安打に抑える完投で、リベラに対しては安打を許すことはなかった。打っても四打数三安打で勝利を導く打点をあげ、まさに彼の独擅場となった。試合後、勝利の要因について監督の古舘も、「広瀬君によって遺憾なく発揮された皇国民たる自覚に基づく〝撃ちてし止む〟の雄魂《ゆうこん》の勝利」と称えた。この分ならリーグ制覇は間違いない。幸先いい戦果に軍政監も大いに満足し、「よかった、よかった」と喜びを表した。

次の対戦は土木交通とであった。勝利の余韻が残るなか広瀬の登板が期待されたが、体力の消耗は相当だったらしく、投手としてではなく五番右翼手で出場した。本来なら欠場させてあげたいところであるが、初戦での活躍を考え打撃に期待した。しかし三打数無安打で打棒は沈黙した。広瀬中心のチームなだけに、彼の成績がそのまま反映されて結果は三対一の敗戦となった。監督の古舘は、作戦の齟齬が敗因を招いたとして選手たちをかばった。三試合目以降も広瀬は投手と右翼手として大車輪の出場であったが、チームは広瀬が好投しても打線が得点できない。しかも広瀬の体力の消耗は徐々に蓄積されていくようで、チームの勢いも連鎖して下降線をたどっていった。

終ってみればリーグ戦は、またも教育厚生が圧倒的な強さで優勝し、日本倶楽部は三勝五敗で五チーム中の同率三位であった。からくも最下位だけは免れたものの、軍政監の思惑とはかけ離れた成績で、宣撫活動はまたも失敗となってしまった。無理な身体を押して出場してきた広瀬たちを責めることはできない。彼らは再び激化する戦線へ帰っていった。

†戦死の噂

長引く戦争への不安からか、街では同盟国のドイツ、イタリアの行く末や、近く米軍飛行機が来襲してくるといったまことしやかな話がささやかれていた。どれがあてになり、どれがデマなのか、本当のところ誰もわからない。そんななか東京市内では慶應義塾大学にいた中田武雄[81]が死んだという噂が流れた。

彼を一躍有名にしたのは、明石中学時代の夏の甲子園準決勝戦で中京商業と演じた延長二五回、四時間五五分の死闘である。チームのエースである楠本保[82]が脚気《かっけ》になったため、代役で登板した試合であった。おしくもサヨナラ負けとなったが、ひとりで二四七球を投げ抜いた姿は、多くの人の記憶として残った。

大学へ入学してからは、肩を壊したこともあって外野手に転向している。卒業後に台湾にある大正興業での勤務を経て入営したのは、兵庫の戦車第六連隊であった。訓練もそこそこに南海第四守備隊の戦車中隊へ配属になった中田上等兵は、ブーゲンビル島を目指した。その航海で待ち伏せしていたのは反攻を目論んでいた米軍機で、乗船していた水上機母艦日進は、島を目の前にして狙われた。沈没していく船の周辺海上には油が燃え移り、米軍機からの銃撃もあって泳ぎきれない者が続出した。結局、ブーゲンビル島にたどり着いたのは約一三〇〇名のうちの一割程度であった。途中、片足を負傷しながら泳ぐ姿が目撃されていた中田であったが、島で見つけ出すことはできなかった。

時を同じくして楠本の戦死の報せが入ってきた。こちらの情報はたしかで、遠く離れたビルマの新聞にまで報道された。中田が延長二五回投げた試合では主役を譲ったが、本来の主戦投手として甲子園に春夏六回出場し無安打無得点も記録している。柔らかい体から流れるように繰り出される中田の球とは対照的に、楠本は上体を半回転させて力一杯投げる独特の投法で、球は重く速い。「明石中学に剛速球投手楠本あり」といわれるほどの逸材で当時、甲子園で対戦した京都商業の沢村が競争心をむき出しにしたほどであった。

当然ながら職業野球団が放っておくはずもなく、勧誘があとを絶たなかった。しかし彼は、そうした誘いには見向きもせずに勉学に励み、一年間浪人したのち慶應義塾大学へ進学した。一年後輩だった中田も入学して、ふたりは同級生として再び同じグラウンドに立ち汗をかいた。だがこれまでの疲労が蓄積されたのか、やはり楠本も肩を痛めてしまい打者への転向を余儀なくされた。その分、主将としてチームをまとめることに力を注ぎ優勝に導いている。卒業後は中田と同じく大正興業に就職した。

さすがに出征ともなれば一緒というわけにはいかない。以降、中田とは異なる道へすすんだ。楠本が向かった先は中国戦線である。各地で討伐を経験しながら幹部候補生試験に合格すると分隊長になった。初陣は江南殲滅作戦だった。揚子江の中国軍の支配下である宜昌付近には合計一万数千屯の船舶十数隻が碇留されたままになっており、航行の妨げになっていた。敵を制圧して揚子江の啓開を目指す重要な役割である。楠本分隊長は先頭に立って勇戦した。

黄梅に転戦すると、こんどは石家圩付近の敵情偵察の命令を受けた。目的の石家圩へは第一分隊を尖兵に楠本の分隊が続く編成である。三キロほどすすみ小高い丘にさしかかると、中国人の農夫が畑を耕していた。はたして相手はどこに潜んでいるのか。このへんで中国兵は見なかったかと農夫に声をかけようとしたその瞬間、バリバリという音とともに軽機関銃の一斉射撃が開始された。突然の出来事に分隊の兵たちは隠れる場所もなく、身を挺するしかなかった。楠本は盛んに小銃で応戦した。そうしているうちに、「分隊長がやられた」という叫び声がした。すぐに戦闘は終結したが、楠本に駆け寄って見ると鉄兜はふたつに裂けていた。軍医が急行したものの手のほどこしようもなかった。なにかの縁だろうか。くしくもそれは中田が戦死した翌日だった。

六大学の犠牲者は慶應出身者だけではなかった。早稲田大学出身の松井栄造[83]は岐阜商業時代に春に二度、夏に一度の優勝の経験を持つ。春の大会では明石の楠本との決勝で登板して投げ勝ち優勝投手になっている。早稲田大学に進学してからは、俊足の外野手で先頭打者として打席に立ち左右へ安打を放った。

　リーグ戦での優勝を花道に卒業した松井は、静岡の歩兵第三四連隊に入営したのち豊橋予備士官学校へ入学して見習士官になった。いよいよ実戦が試される。彼は日中戦争以来、大陸の戦線を守ってきた原隊に合流するため海を渡ることになった。戦場行きを前にして、松井は好きだったハーモニカを父への手紙で所望した。しかし、満足に吹く暇もなく、大陸に到着するや参加したのは、楠本と同じ江南殲滅作戦だった。

江南殲滅作戦で戦死した早稲田の松井

　作戦を遂行する松井の部隊は、宜昌から二四キロ地点で戦闘になった。豪雨のなか早朝からはじまった戦いは、夕刻に入り膠着状態になっていた。陣地で抵抗する中国軍に対して、松井は打開すべく前進を開始した。相手のすきを見ながら徐々に近づき二〇メートル手前まで接近した。それを察知した敵兵は、機関銃と手榴弾で必死に抵抗してくる。もうこうなると陣地に一気に攻め込んでいくしかない。松井小隊長は意を決して軍刀を握りしめると、「突っ込め」という掛け声にあわせて十数名の部下とともに突撃を決行した。見事に陣地を奪取したその短い時間に、敵弾一発が松井の鉄兜の正面を貫き頭部に命中した。小隊長は土塁のそばで倒れ絶命した。二カ月ほどの間に起こった早慶両雄の壮絶な死は、噂ではなくまぎれもない真実であった。

†出陣学徒壮行会

同じグラウンドでともに汗をかいた選手の相次ぐ訃報に、後輩たちはさぞや複雑な思いであったろう。しかし、その学生たちにも戦争が現実のものとしてやってきた。東條内閣は、「在学徴集延期臨時特例」を公布し大学生、専門学校の在学生に対して徴集延期を停止した。これにより理工科系など一部を除き、満二〇歳に達している者は昭和一八年一〇月二五日から一一月五日までに臨時徴兵検査を受け、陸軍は一二月一日、海軍は一二月一〇日に入営することになった。

すでに東京六大学野球連盟は春に解散していたが、残された学生生活を早慶戦で締めくくりたいと慶應の野球部員たちが声をあげると、塾長の小泉信三も賛同した。意向は早稲田大学にも伝わったが軍部や文部省の目もあり躊躇していた。大学の煮え切らない態度に早稲田で捕手や外野手を務めてきた近藤清[84]は、「何をやってるんだ。しっかりせい」と合宿所内に響きわたるほどの声で怒りをあらわにした。それでも収まらず、野球ができないのなら海軍に志願するとまでいい出した。岐阜商業出身の尊敬すべき先輩である松井の戦死を知り、近藤はえらくがっかりしていた。やり切れない気持ちが爆発したのだろう。

そうした選手たちの熱意が力となり、早慶壮行野球はようやく実現の運びとなった。試合は一般には公開されず、戸塚球場に集まったのは、両校の学生と選手の家族など関係者だけである。それまで早稲田は試合に関係なく練習は心身を鍛えるものだとして休まず続けてきた。対して慶應は入隊を前にして郷里へ帰る者などがいて、練習を中断していた。試合が開始されると、練習の差がそのまま勢いになり早稲田は次々と得点を重ねた。

近藤はグラウンドで全力プレーできることが心底嬉しかったようで、本塁に突入を試みた際に、主将で四番を務める笠原和夫《かさはらかずお》[85]と目があうとウインクして見せた。その喜びは笠原も同じで軍服を着る前に早慶戦ができただけで満足だった。試合の方は一〇対一で早稲田の圧勝となったが勝敗は関係ない。思いは誰しもが同じである。すべてが終った球場は「海ゆかば」の大合唱となり両軍がひとつになった。

早慶以外の六大学の学生たちも入隊までそれぞれの時間を過ごした。東京帝国大学の鈴木《すずき》美《み》嶺《れい》[86]は野球部の有志たちと、「リーグ戦がなくなっても野球を続けよう」と本郷の寮に残っていた。農学部構内にあった球場は陸軍の気球部隊が占拠して使用できないため、時折、法政や早稲田などの球場で手あわせをしながらうっぷんを晴らしていた。お世辞にも決して強いチームとはいえないが、試合後に対戦相手の球友とゆでたジャガイモを食べながら談笑するのがなんとも幸せなひとときであった。

夏休みが明けて新学期がはじまると、構内に大教室へ集合するむねの掲示が貼り出されていた。行けば美嶺が所属する文学部長は沈痛な面持ちで徴集延期が停止されたことについて説明した。寮に残っていた学生たちは帰省するなどして、にわかに慌ただしくなっていった。そうしたときに早慶の壮行試合が行われたことを知った。間もなくして、明治神宮外苑競技場で開催される出陣学徒壮行会に参列するように運動部に動員がかかり、野球部の美嶺も参加することになったが、帝大生にとってはこれがけじめである。

雨のなか開催された出陣学徒壮行会

昭和一八年一〇月二一日、文部省主催の出陣学徒壮行会が挙行された。参加したのは戦地に向かう七七校の学徒たちである。陸軍分列行進曲により行進先頭の東京帝国大学の美嶺らが正面入口をくぐると、いっせいに拍手が巻き起こった。冷たい秋雨が降るなか、満員のスタンドには見送る女学生たちの顔が見えた。雨でぬかるみ、軍事教練用のゲートルを巻いた美嶺の足元に水しぶきがあがった。

父や母、これまでに巡りあった人々を守るために自分たちは戦場にいく。その先には死が待っている。それでいいではないかと美嶺はひとりいい聞かせた。行進が終り東條首相による訓示になっていたが、もはや耳には入ってこなかった。美嶺の目から自然に涙がこぼれ雨と交わった。

†偽装大学生

明治神宮外苑競技場で開催された出陣学徒壮行会は、学生までもが兵士となって戦場に駆り出されていくことを社会に強く印象付けた。球団の理事は衝撃を受けたはずである。実のところ、これまでどこの球団も選手たちを大学生に仕立てて徴兵を逃れてきた。本来なら徴兵検査に合格すれば入営を拒否することなどできない。唯一の方法は、逃亡したり、身体毀傷や詐病などの非合法なやり方である。これに対して球団が行った措置は大学へ入学させる、いわば合法的な徴兵回避であった。

世間でも暗黙の手段として認識され、昭和八年の在学のための徴集猶予者が八万八五四四人だったのに対して、日中戦争が本格化した昭和一三年になると九万六三四〇人に増加している。

米英との戦争のはじまる昭和一六年には、一四万九二六人といっぺんに跳ねあがった。もちろん勉学のために大学を目指す者が多いなかで、すべてがそうした理由とはいえない。その一方で大学の方も新聞などに、「徴集猶予の恩典在り」といった学生募集の広告をしてきた。さすがに日中戦争が激化して影を潜めたものの、私立学校の経営を安定させるひとつの方法でもあった。

球団が選手を大学生に仕立てたのは思いのほか早く、昭和一二年七月に日中戦争が起こった翌年春の入学には手を付けている。昭和一三年に熊本工業から巨人軍に入団した川上哲治はすぐに、徴兵の年齢に達したら、「大学に籍を置いて、兵役を延期しなければならない」といわれた。このためすでに徴兵検査を受けて合格になっていた者はいま一歩のところで間にあわず、同じチームの筒井修は、「球団は何の手も打ってくれなかった」と嘆いた。

こうした危ない行為を主導的にすすめてきたのが名古屋軍理事の赤嶺だった。ともすれば軍部の意向を支持してきた彼が、徴兵逃れに加担していたとはなんとも意外である。その理由は定かではないが、自らの手で選手を獲得してきたことに一因があるのかもしれない。交渉を通じて家庭環境や経済事情などを知り、入団してからも親身になって面倒を見てきたから絆は深い。思想的には軍部に近いながらも個人的には若者の命を守りたいという思いがあってもおかしくはない。

赤嶺が独自に大学との関係を構築したのは、周囲から「日大のボス」と呼ばれた人物との出会いからである。ほかのチームが甲子園や六大学の有望な選手と交渉するのをよそに、日本大学や國學院大学といった東都大学リーグの若者を発掘した。そうした過程で親密な仲となり日本大学への斡旋へとつながったのだろうか。

日本大学も入学案内に夜間大学が特色であることをうたい、勤労学生を積極的に受け入れていた。受験も専門部では、「学歴人物銓衡ノ上入学ヲ許可ス」としているから広く門戸を開いている。昼間は試合に出ている選手にとっては好都合である。

両者の思惑が一致すると、赤嶺は名古屋軍の選手たちを日本大学へ入学させた。巨人軍をはじめとする、そのほかの球団も一斉に倣った。さいわいにも関西には系列の日本大学大阪専門学校があった。南海軍や朝日軍は布施《ふせ》にある専門学校の方に選手を在籍させた。

とはいえ学生になったからといって安心はできない。あくまでも大学に在籍しているからこそ兵役が免除されるのであって、授業をさぼったり試験の出来が悪ければ学籍を継続することはできない。阪神軍はタイガースと名乗っていた時代から独自に関西大学への入学経路を構築していた。巨人軍と同じように、球団から大学に籍を置くようにと選手に話があり、関西大学の夜間へ八名が受験をすると、めでたく全員合格した。ところが学生になった藤村富美男と藤井勇は出席に返答するために行く程度で勉強などしない。この分でいけば試験を受けたところで落第するに決まっている。同じ世代の若者は銃を手に取り戦場で戦っているではないか。モヤモヤした気持ちになりプレーに集中できなくなっていった。ある日、ふたりは相談して、「あっさり学校はすべって兵隊に行こうや」と決めた。

残った者はというと、やはり誰ひとりとしてちゃんと出席しようとしないからたちが悪い。さすがにまずいと感じたらしく、年下の本堂保次《ほんどうやすじ》◆87が授業の代返から試験勉強の対策までを受け持つ担当に指名された。本堂も大学に通うつもりは毛頭ないが、毎晩のように景浦将ら同級生から代返をしているんだろうなと念押しされるから、授業に出ないわけにはいかない。試験が近づけば、打席に入って投球を見極めるごときヤマをはって勉強をし、試験当日は教室の隅にかたまっている景浦らに、試験監督の目を盗んで答案用紙を見せるという献身的なチームプレーに徹した。全員が卒業したかは定かではない。少なくとも本堂は、出席も試験の出来も申し分のない出来の学生だったから、徴兵される心配もなく思う存分にプレーに専念することができる恩恵にあずかった。

†憲兵の追及

兵隊になるよりはマシだと学業に取り組んだ者も少なくない。巨人軍の川上は決して出席がよいとはいえなかったが、球団の指示に従って日本大学の学生として通い続けた。名古屋軍の石丸藤吉の弟である石丸進一《いしまるしんいち》は、◆88職業野球の世界に入りたいと申し出た際に、兄はひとつの条件を出した。それは、「必ず夜学に通うこと」であった。弟の将来を考えてのことである。入団した進一は兄にケツを叩かれながらも約束どおり週三日、日本大学に通学した。

有馬の翼軍と金鯱軍が合併してできた大洋軍は西鉄軍と改称していた。その西鉄軍を長らく指揮してきた石本秀一監督も日本大学に通った。とはいっても四〇を超えていて徴兵される可能性は低い。本当に籍を置いていたかは不明であるが、真面目に出席させようと選手と一緒に通学したのかもしれない。

石本の指導を受けなくても熱心に通う優等生もいた。引き分け禁止の措置から延長二八回を投げ抜いた西鉄軍の野口二郎である。二郎はほかの者たちとは異なり法政大学の夜間部へ入学している。大学は後楽園球場に近く、通うにはさして苦にはならない。とはいうものの主戦投手を担い、登板しない日は野手で出場する日々だから、目標を持たないと長続きはしない。目指すは教師になって学生を指導する道である。その意志は固く試合がない日は机に向かい、試験前は徹夜でノートにかじりついた。その甲斐あって二郎は見事に中等学校教員の資格を取得したのだった。これこそ本物の大学生である。

大学生の実績ができてくると、名古屋軍や朝日軍では新たな人材を獲得するために、入団したら上級学校へ進学させることを交渉材料として利用するようになった。徴兵延期は選手本人だけでなく家族にとってもありがたい話である。

いうまでもなく球団をあげての行為が横行するようになると、どうしても目立つようになる。おのずと不穏な動きに目を光らせていた憲兵の監視の対象になっていった。日本大学大阪専門学校の夜間に入学した南海軍の川崎徳次は、試合の合間に出かけては出席のハンコだけを押してもらっていた。一年が過ぎ二年への進級の際に授業料を納めに行くと、出席数が足りないからと除籍をい い渡された。ほとんど授業に出たことなどなかったから

憲兵から目を付けられた黒鷲軍の中河

仕方ない話ではあるが、どうも憲兵隊から大学に対して出席を厳しく管理するようにと指示があったようだった。

憲兵から直接的な捜査を受けたのは黒鷲軍の中河《なかがわ》美芳《みよし》◆89である。名人芸とうたわれた一塁の守備は左足をベースにつけて右足を大きく開き、内野からのどんな送球でも伸縮自在に捕らえてアウトにしてしまう。吸いつくように捕球する姿から「蛸《たこ》」とあだ名され、そのプレーをひと目観ようと球場にやって来るファンも多かった。

人気者だけに目を付けられやすい。憲兵の尾行の対象になっていた。憲兵からの執拗な追及

は、とうとう下宿先に押し入り本棚など入念に調べられるまでになった。常に監視されている状況に中河は怯え、「憲兵の眼が……」と後楽園球場でうなだれている姿が目撃されている。日中戦争がはじまった頃の話であるが、応召《おうしょう》を忌避した者が憲兵に射殺されたとの噂が東京から全国に広まった。まったく根も葉もないデマであるが人々の記憶のなかに恐怖心が植付けられていった。次はどんな仕打ちが待っているのだろうか。耐えられなくなった中河は自ら軍隊入りを志願したのだった。

南海軍の鬼頭数雄《きとうかずお》◆90と朝日軍にいた弟の鬼頭政一《きとうせいいち》◆91は、ともに関西を拠点にする球団に所属していた。兄の数雄は日本大学にいたところを当時の大東京軍から声がかかり、職業野球の世界へ入った。在籍していた日本大学からは学費や合宿費のほかに毎月五〇円の小遣いを支給されていた。鬼頭の家は貧しく、職業野球入りしてからも給料のほとんどを親に仕送りしていたほどであったから、大学からの支援がなければ進学できなかった。

チームは大東京軍からライオン軍へと名前をかえ、関西へ活動の地盤を移したところへ弟の政一があとを追うように入ってきた。その後、数雄は南海軍に移籍したが、ふたりの生活の中心は関西である。にもかかわらず徴兵回避するために在籍したのは東京の日本大学だった。数雄は改めて大学に籍を置くことになったが、もとの学校へ再入学する方が手続き上都合がよかったのか、それとも経済的な支援をしてくれた恩からなのか、母校を選択している。それに弟も従った。だがこうした行為が怪しいと睨まれ、「大阪に住んでいて、東京の日大生とはなんだ」と憲兵に詰問された。「もう逃れられなくなった」と悟った兄弟は追われるようにして軍隊入りしたのだった。

†産業戦士

政府は学生の徴集延期停止とあわせて、男子就業禁止として一七業種を発表した。物品販売業の店員、電話交換手、車掌、料理人などは女子が担い、男は兵隊になるか軍需工場で兵器を造るなどして、戦争に直結する仕事に従事することが求められた。

飛行機工場で働く産業戦士

こうなると、職業野球という生産的でない仕事は必要とされない。なんとしても解散という事態は避けなければならない。すぐさま鈴木は理事会を開催して協議をした。これまで陸軍報道部からの検閲や比島軍政監の指令といった危機を乗り越えてきた。きっとよい方法があるはずだ。ひねり出された案は、選手たちを産業戦士として軍需工場で働かせ、休日に試合をするというものだった。陸軍報道部長の谷萩は産業戦士について、「必死必成する第一線の勇士の心を心として心魂を職域に傾け尽くす」ことを望むとして、「職場はすなわち戦場なり」と述べていただけに、納得してくれるに違いないと期待をかけた。大学生の次は工員への偽装である。

鈴木は正力のもとを訪れて報告したのち、大政翼賛会総務局長の小林光政と面談をして協力を求めた。大政翼賛会の事務総長だった有馬はすでに辞職しているが、いまでも正力は総務という中核にいる。しかも正力にとって小林は前職である警視庁時代の後輩だったから心強い。翼賛会を背景に得た助言は産業報国会の結成だった。産業報国会はいわば労働組織で大政翼賛会の傘下となっている。工場で勤労する選手たちを構成して報国会を立ちあげて、余暇に野球を行うという形式ならばなんとか格好がつくことがわかった。

早速、報国会を組織すると、東京を拠点にしている巨人軍、西鉄軍、大和軍の五六名の選手を編成して、受け入れに協力してくれた東京芝浦電気川崎工場で見習い工員として勤労させることになった。一方、阪神軍、阪急軍、朝日軍、南海軍の関西の四球団も日本野球連盟関西勤労報国隊を結成して、尼崎の川西航空機の工場で飛行機の部品を造る工員となった。そのなかに交じっていたのは巨人軍の沢村だった。彼は結婚してから生活の拠点を関西に移していたため行動をともにしていた。

工場での仕事がはじまると、休憩時間に沢村は、飛行艇の脚の組み立てをしていた阪神軍の景浦や、燃料タンクを担当した朝日軍の坪内道則《つぼうちみちのり》◆92と顔をあわせるようになった。もともと景浦と坪内は同じ立教大学野球部で合宿所も同室の仲だった。景浦が職業野球入りする際に真っ先に打ち明けたのは坪内である。夜逃げ同然に景浦が合宿所から姿を消すと、坪内は部屋に残した荷物をそっと彼のもとへ送った。手助けしたことがバレた坪内も野球部に居づらくなり、追いかけるように職業野球の世界に入った。そうしたふたりだから腹を割って話せる間柄である。沢村も加わり煙草を吸いながらの会話は、おのずと弾んでいく。

ある日のこと、いつものように三人が集まると、坪内から耳を疑うような話が出た。それは、いまだに兵役に就いたことがないということであった。あまりの衝撃に沢村は思わず、「坪さんが兵隊に征かんうち、俺絶対に行かへんで」と怒鳴った。親友の景浦さえも、「坪ちゃん、こんな時代に兵隊になっとらんとは、運のええことや」とことばを荒らげた。米英との戦争から早や二年、日中戦争から数えると六年も経過している。そのなかで景浦は中国との戦争で三年ほど兵役に就いている。沢村に至っては日中戦争で大陸に、日米開戦後は比島へ出征してきた。

無論、坪内自身も何故、召集されないのか不思議であったに違いない。実際に日中戦争直前には徴兵検査を受けている。ところが検査を受ける少し前の名古屋軍戦で打球を追いかけた外野で選手と交錯し鎖骨を折ってしまった。病院で治療して臨んだものの傷は完治しておらず、軍医による診断の際にも激痛が走った。結果は乙種第二で入営には至らなかった。その後、坪内は兵籍を東京に移している。怪我という原因もあるかもしれないが、召集の報せ自体がなかったのは、こうした手続きの行き違いで名簿から名前が漏れたのが要因かもしれない。

そんなことはつゆ知らず坪内はいつ召集されるかと気が気でなかった。遠征先の旅館で表戸をドンドンと叩き、「電報でーす」という声が聞こえると、どんなに眠っていても召集の報せだとぱっと目が覚めた。にもかかわらず呼出しがあるのはいつも同僚である。

大友一明《おおともかずあき》◆93に令状が届いたときも旅先であった。地元の女学校でテニス選手だった女性と数年間の恋を実らせて結婚して幸せな暮らしをしていたが、二度目の出征となった。急遽、送別会が催されることになった。大友は酒が飲めなかったが、このときばかりは別である。さあ一杯飲めと同僚たちがすすめるがまま酒を流し込んだ。

翌日の試合をひかえて大友は、「お別れに明日は思いきり投げさせてください」と志願した。もともと島田商業時代には評判の投手だった。肩をこわしてからは弱体投手陣を補うためにたまに登板することもあったが、内野手が本職になっていた。別れの試合で大友は痛めていた肩を忘れるように思う存分投げ、出征していった。

周囲からひとりふたりと戦地へ消え、坪内はいつのまにかチームの年長になっていた。兵役を経験していないといううしろめたさだけが重くのしかかってくる。兵隊に行くのも地獄なら行かぬも針の筵《むしろ》だ。とはいえ工場に従事するのも立派な国への奉仕である。坪内は気持ちを切り替えて作業に励み、模範となる産業戦士として表彰されるまでになっていった。

†召集令状

軍からお呼びがかからなかった者は、ほかのチームにも少なからずいた。阪急軍の小兵の先頭打者である西村正夫《にしむらまさお》◆94も、いつのまにか年長組になり監督の役職も兼ねるようになっていた。彼も関西大学時代の試合で、外野で捕球した際に雨でぬかるんだグラウンドに一直線に飛び込む姿勢になり右鎖骨を骨折した過去があった。そのため入団後に二度にわたる召集を受けたが、いずれも即日帰郷だった。延長二八回の試合でマスクをかぶり続ける闘志を見せた西鉄軍捕手の佐藤武夫も、同じく右ヒザに故障があり、召集されては即日帰郷を繰り返していた。

怪我以外にも事務的な手違いによって徴兵されなかった例もある。巨人軍にいた苅田《かりた》久徳《ひさのり》◆95は、有馬のセネタースの発足にあわせて移籍すると鮮やかな守備で人気を博した。二塁手である苅田を中心にした鉄壁な守りは幾多の場面で味方を救い、百万ドルの内野陣とうたわれた。その守備は健在で、大和軍の監督になってからも兼任選手として観衆の目を引き付けていた。

苅田もまた召集がかからず周囲が首を傾げた。このご時世で兵役拒否などという大それたことなどできるはずもなく、本人も半信半疑だった。その疑問が解けたのは横浜の兵事課から召喚状が届き窓口に出頭したときのことである。聞けば、書類上では海外に出かけたまま現地で残留している形になっているのだという。たしかに巨人軍の一員だった苅田は以前、米国へ遠征に出ており、そのときの状況が継続されたままになっていたようだ。海外渡航の事務処理は球団に任せていたので、本人もはじめて知って驚いた。事態が発覚して二日後、自宅に赤紙が届き苅田二等兵は大陸に渡った。

日系であるがゆえになかなか召集がかからなかったのが阪急軍のフランク・山田伝である。彼は外野のプレーで観客を喜ばせてきた。それはどんな球が飛んでこようが両手をヘソのあたりにあわせて捕球する技である。並み居る選手のなかで、何かかわったことをしなければ目立たないと考案したのがはじまりだった。いとも簡単に捕球しているように見えるが、落下地点までいち早く到達してかまえないとできない。年間八三試合の公式戦で五六個の最多盗塁に輝いたことのある俊足ならではの芸当である。

山田は日本社会に溶け込もうと必死だった。兵役に就けないことを残念がり、なんとか国のために尽くしたいと、国防献金一〇〇円を献納したことさえあった。そんな彼にも結婚をして日本籍を取得すると、ようやく召集の報せが届いた。とはいえ、カリフォルニア育ちで日本語はいまだに怪しい。このまま軍隊に入れば苦労するに違いないと、兵隊に求められる軍人勅諭の練習をはじめた。難解な日本語で綴られた文章を妻が声を出して読みあげ、夫がそれを追って復唱するという涙ぐましい夫婦の努力であった。

こうして山田は遅ればせながら、晴れて日本軍の兵隊になった。その頃、彼の弟も米国で志願して日系の第四四二連隊に加わり欧州戦線で戦っていた。弟も祖国である米国への忠誠心を証明したかったのだ。兄弟にもかかわらず敵味方に分かれるとは、なんとも悲劇的である。自動車部隊への配属となった山田は知る由もなく海を渡り北支へ向かった。

召集令状がこない選手がいるかと思えば、対照的に繰り返し召集される者もいた。三原脩は三度も兵役に就いたから驚きである。巨人軍にとっては契約第一号の選手だったにもかかわらず、三原は入営することが決まっていたためユニフォームに袖を通すことなく、丸亀の歩兵第一二連隊へ現役入隊している。まだ日中戦争がはじまる前のことで、一年半の兵役を済ませると除隊した。二度目はまさに中国との戦争がはじまったばかりの上海戦だった。両軍の激しい戦闘で左足に貫通銃創を受けて負傷する憂き目にあった。そして米英との戦いになる直前に三度目の召集となりビルマへ出征していった。一度のみならず三度も死線をさまようことになるとは生きた心地などしない。

タイガースを経てイーグルスに移籍した内野手の小島利男《こじまとしお》◆96がはじめて軍隊入りしたのは、日中戦争がはじまった翌年一月で入営日は沢村と同じであった。配属先は静岡の三島にあった野戦重砲第二連隊で中支へ派遣されて三年の兵役を務めて戻って来た。

小島は除隊すると、それまで交際していた松竹少女歌劇団のスター女優だった小倉みね子とめでたく結婚式をあげた。これからは家族と暮らす平穏な暮らしが待っている。そう夢を描いた矢先に、またも召集となってしまった。身ごもった妻を残して向かった二度目の出征先は満洲とソ連との国境の守備隊で、寒風に吹きさらされながらの厳しい日課であった。帰還してきたのは昭和一八年春で、小島はガリガリに痩せていた。すぐにチームに復帰したものの体力は戻らず、早稲田大学時代に二度の首位打者になった逸材も存在感を見せることはなかった。

それでも妻にとっては生きて帰ってくれただけで充分であった。さすがにもう兵隊になることはないだろう。しかし戦争は容赦しなかった。残酷にも彼のもとには三度目の召集が待っていたのだった。

第6章　絶対国防圏の死守

覚悟の出征

入隊が迫った学徒たちは別れの時を迎えようとしていた。名古屋軍では日本大学に籍を置いていた西沢道夫や小鶴誠《こづるまこと》◆97らの壮行会が埼玉の長瀞《ながとろ》で行われた。西沢は名古屋軍が発足当時に実施した「職業野球選手募集」の採用試験に合格したひとりである。採用といっても身分は見習いで球拾いからである。なんとか練習に参加させてもらえるまでになったものの、ノックの連続で倒れると頭から水を浴びせられまたノックに入るという激しさだった。弱冠一四歳の少年は厳しい指導に耐えると、徐々に頭角を現していった。大洋軍との延長二八回の試合では、三一一球をひとりで投げ抜いている。同じ年の阪急軍戦では無安打無得点を記録し、いまや主戦投手としてチームには欠かせない存在であった。

小鶴も入団の経緯が異色である。八幡製鐵所にいたところに打診してみると、当初、家族は猛反対であった。そこで球団理事の赤嶺は、大学へ進学させて徴兵を延期させることと、給料の一部を家に仕送りさせることを条件に家族を説得した。経済的に助かるだけでなく、息子を戦地に送ることが避けられるのであればこれほどありがたいことはない。家族から了承がとれると、あとは職場だけとなった。

いうまでもなく大切な選手を引き抜かれてしまう八幡製鐵所が許すはずがない。それに製鐵所には兄も勤務している。小鶴自身も軍にかかわる製鐵所の仕事を投げ出すことへの不安があった。下手をすれば国に背く行為になりかねず、勇気のいることである。そこで赤嶺が捻り出した奇策は、八幡製鐵所へは大学へ進学すると嘘をついて退職し、チームには偽名で選手登録してしまうというものだった。名前は出身地でかつ出身校の飯塚商業でもある飯塚にあやかって「飯塚誠」とした。

苦労の末に獲得しただけあって実力の方はたしかで、入団するとすぐに打線の中軸になった。そして契約の条件どおり、監督の本田親喜《ちかよし》が合宿の玄関で待ちかまえて、学校へ行けとケツを叩きながら大学に通わせたのだった。

壮行会を済ませ、日の丸のたすきをかけた西沢と小鶴は記念写真に収まった。赤嶺にとってはいずれも手塩にかけてきた若者たちだけに断腸の思いである。会が終ると、西沢は陸軍へ入り北支に出征し、海軍に入った小鶴は佐世保の海兵団へ入隊した。

学徒が去り、どの球団も選手のやりくりが難しく存続が危ぶまれていた。それが現実のものとなったのが大和軍である。理事の河野が鈴木の自宅を訪ね球団を解散することを伝えた。河野は、「身命を賭して、戦争に勝つために全力をあげるべき」だとして決意は固かった。生粋の野球人として用語の日本語化に反対するなど理事会では一貫して筋を通してきたが、戦争が彼の心をかえてしまったようだ。イーグルスからはじまった大和軍は幕を閉じた。連鎖するかのように、有馬が立ちあげたセネタースと金鯱軍の合併を経てできた西鉄軍もまた解散を決定したのだった。

巨人軍にも異変があった。広島の広陵中学から入団以来八年間、遊撃手として守り続けてきた白石敏男[98]が辞表を提出したのをきっかけに、退団を申し出る者が相次いだ。産業戦士になった白石は、働いてはみたものの機械の動かし方もわからず、やることといえば片付けくらいである。ろくな仕事もしないで工場に籍だけ置き、休日になったら野球をするという生活に嫌気がさしていた。靖国神社近くの下宿先の窓からは、入営という赤いたすきをかけてお参りにくる者が絶えない。早く自分も軍隊に入ってお国のために働きたいという思いが強くなり退団を決心した。球団に出かけて専務の市岡に申し出るとあっさりと辞表を受理された。部屋の隅には兵隊に行った同僚たちのユニフォームが乱雑に積んであり、寂しさとどこか腑に落ちない最後となった。

退団にあわせるように白石のもとに召集令状が舞い込んできた。入営先は広島の第五師団でである。ただちに迫られたのは、幹部候補生の試験を受けるか、兵隊として戦車隊または憲兵隊になるかを選べというものだった。どれを選んでもすぐには帰れそうもない。そう判断した白石は大胆にもすべてを断ってしまった。入営した二〇〇名のうち同じ選択をした兵隊は三〇名ほどいて、いずれも広島に一〇日いただけで上海へ連れて行かれた。その後、白石は無線の教育を受けて杭州に駐屯している司令部の通信隊へと配属された。まるで罰を受けたような扱いである。広島に残った連中を羨ましく感じた。

入団二年目ながら堂々と四番として、公式戦で最多打点を叩き出した青田昇も、球団を去ることにした。白石と同じく川崎の工場へ行ってはみたものの、指示された仕事はガラスのかけらが山積になった倉庫の掃除であった。ガラスの粉は静かに掃かないとあたりに舞う。うっかり靴に入り込み踏んだりすれば足を切る危険もある。選手たちは与えられたホウキで黙々と作業するしかなかった。慣れないこともあり最初のうちは丁寧に作業をすすめていくが、四、五日もするとゲンナリしてくる。彼もまた野球を諦めて軍隊に志願した方がよいと考えるようになった。

滝川中学を中退して入団してきたため徴兵検査の年齢まであと一年あったが、遅かれ早かれ兵隊になることにかわりはない。それならいっそう志願して憧れの飛行機乗りになりたい。青田が選んだ道は、飛行隊への入隊を目指して特別幹部候補生の試験を受けることだった。球団に退団の意思を伝えると、専務の市岡の口から出たことばは、「勝手に出てゆくからには契約金を返したまえ」というものだった。冷たい仕打ちに愕然としつつも青田は進路をかえることはなかった。

昭和一八年の公式戦も優勝し、盤石と思われていた巨人軍の結束だが、堰を切ったように去っていく者が続いた背景には、どこか選手との信頼関係が欠如する球団の姿勢が垣間見られる。チームに在籍している三五名のうち一六名は召集のため休職中で、実際の選手数は二〇名にも満たない。にもかかわらず、白石や青田ら退団する者が続き深刻な事態に陥っていった。

そうした混乱のなか、ひとり取り残されたのが関西に住んでいた沢村だった。年が明けても球団から何も連絡がない。心配になり上京して訪ねると、「もうきみはいらん」と告げられたのだった。球団は沢村が大阪に住んでいて巨人を離れつつあることを感じて連絡をとらなかったようだが、あまりにも不誠実な対応である。突然の解雇通告にいてもたってもいられなくなった沢村は、巨人軍にいた鈴木惣太郎のもとへ駆けつけて事情を訴えた。惣太郎はかつて球団のビジネスマネージャーや取締役をしていて、沢村とはベーブ・ルースが来日した日米野球の頃から公私に渡って相談相手になっていた。いい知れぬ気持ちを抑えることができず沢村はえらく興奮し、感情は失望から怒りへとかわっていった。こうなったら見返すしかない。

翌日、沢村は再び惣太郎のもとを訪れた。どうやら惣太郎と会う前にほかの球団とも話をしたらしく、名古屋軍と阪急軍から誘われているので、どちらかに移籍するのはどうかと持ちかけた。しかし惣太郎は、「巨人軍の沢村として終るべきだ」と説いた。冷静になったかつてのエースは、惣太郎のことばに耳を傾けた。もう沢村には職業野球選手という肩書きはない。あるのは軍需工場で働く工員という立場だけである。大阪に戻った彼は再び川西航空機の現場に立ち汗を流すようになった。

戦地での再会

日米開戦を皮切りに日本軍の勢力範囲は拡大し、いまや西はビルマまで進攻していた。国境を接するのはインドである。しかしその地帯は米英から中国へ物資を支援するための空輸の拠点になっており、経路の遮断が求められていた。もし日本軍がインドに進出すれば輸送を断ち切るだけではなく独立の機運が高まり、支配している英国を弱体化させる突破口になるかもしれない。次第にインド北東部への進攻の声があがるようになっていった。

次なる作戦を予感させるように続々とビルマに部隊が集結して来ると、そのなかには職業野球出身者の顔も数多く見られた。軍隊式野球を実践していた井野川利春は、再び召集され兵《つわもの》師団の野砲第五四連隊の中隊長として駐留していた。近くにいたのは三度目の召集となった三原脩である。ともに六大学から職業野球への道をすすんできた仲間である。戦地でめぐりあうことなどめったにないと、井野川大尉は第一一師団司令部にいた三原曹長を訪問して恐縮させた。

三原も同じ巨人軍の吉原正喜とマンダレーからの途次に出会っている。師団司令部勤務だった吉原は、三原のいた司令部へ連絡かたがた訪ねてきて、シンガポールの攻略で英軍から得た戦利品のウイスキーや煙草を持参してきた。

上海戦で傷を負って除隊した三原がチームに復帰した年に、ちょうど吉原が入ってきた。入団したての頃の吉原は、スタルヒンの球をまともに受けることができないでいたが、元来の負けず嫌いと努力でみるみる捕球が上達していった。しかも守備も機敏になりファウルを追いかけて飛び込んで捕球する闘志を見せた。そのうち大先輩のスタルヒンに、「しっかりほうらんかい!」と気合を入れ、投手陣を牽引するまでになっていった。巨人軍がスタルヒンから須田博へ改名するなどして日本語化をすすめた際には、酒の席で、「私はいままでキャッチャーをやっていましたが、今年から捕手をやります」と球団の姿勢を皮肉る一面も見せた。バッテリーを組んだ沢村

闘志あふれるプレーの巨人軍の吉原

栄治は、そんな若者をえらく気に入ったらしく、外出する際にはよく連れていき周囲を羨ましがらせた。

吉原も召集になり久留米の連隊へ入営すると、時を待たずしてビルマへ派遣されることになった。ラングーン上陸後に北上して騰越からマンダレーへと移動してきた吉原も思わぬ球友たちと遭遇している。

日米開戦の日に一緒だった南海軍の川崎徳次である。夜通しドンチャン騒ぎをした翌朝、戦争の報せを聞いて腰を抜かしたことが思い出される。ふたりは同じ連隊の出身であった。先にビルマ入りして独立速射砲部隊に転属になった吉原が、軍務で車両を受け取りにマンダレーに訪れた際に、川崎がいることを聞きつけて対面となった。軍曹の吉原は初年兵の川崎にアメやあんころ餅などを差し入れ、まるで弟のように一〇円の小遣いを渡した。

どうも吉原を中心に選手たちが引き寄せられて来るらしく、巨人軍の先輩の内堀保とも出会っている。工兵司令部にいた内堀は、新たな作戦にそなえて密林や山岳地帯に分け入り、後続部隊のために道を造りながらインパールへ進軍していた。偶然にもそこで野営していた吉原と出会った。同じテントになり、吉原が持参してきた缶詰と内堀が隠し持っていた酒で話は弾んだ。同じ時期にプレーをしたことはなかったが、ともに巨人軍で本塁を守ってきた新旧の捕手である。おのずと話題は捕手論にといいたいところであるが、そこはどうしても食い物のことと女のことになる。毛布にくるまり一晩中、話は尽きない。

　次の日の朝、別れの時となった。吉原は行き先をいうことはなかったが、内堀はインパールに向かうのだと直感した。それは悲惨な戦場のはじまりであった。

†インパール作戦

　昭和一九年三月八日、インド東部を攻略するインパール作戦が開始された。目指すインパールへは密林地帯を抜けた先にあるチンドウィン河を渡り、さらには二〇〇〇メートル級の山が連なるアラカン山脈を越えるという険しい行程である。突破する距離は三〇〇キロにおよぶ。しかも貧弱な道で大砲、戦車といった兵器や食糧を補給するのは至難の業である。加えて五月の雨季になるとたいへんな雨量になる。周囲の山々から雨が流れ込んだチンドウィン河の川幅は六〇〇メートルにも達する。あまりにも過酷な自然環境に、大本営も一度は作戦を保留したほどであった。しかし現場の第一五軍司令官牟田口《むたぐち》廉也《れんや》中将の強い意向によって決行となった。

　作戦にあたり司令官の牟田口は補給を行うためにジンギスカン作戦と称して、農民から一万頭以上の牛や羊を調達させ、物資を運搬させたのち目的地に着いたら食糧にすることを考案した。あとは野草でしのぐというなんとも頼りない作戦で、将兵は携帯可能な三週間分の食糧と装備を背負って進軍をはじめた。懸念したとおり早くもジンギスカン作戦が頓挫した。頼みの牛はチンドウィン河の川の流れに驚き暴れる始末で半数が流されてしまったのだ。残りも山岳の急斜面に動くことができず、戦闘がはじまる前に放棄せざるを得なかった。

やっとの思いで主力の三個師団がインパール周辺に到着したが、敵の守備は強固だった。作戦開始から三週間が過ぎてもインパールを制圧する状況にはほど遠かった。戦況を打破するために新たに第三三軍が編成されることになり、吉原の所属する独立速射砲第一三大隊も編入された。主な任務はビルマ北部から侵入をうかがう敵軍を阻止し、インドと中国の連絡路を遮断することであった。インパール作戦の背後を安定させて、前線の主力師団の負担を大幅に軽減させる重要な役目である。

吉原の大隊の総員は五〇〇名を越え、四七ミリ砲四門、三七ミリ砲八門など大砲一八門と大砲を牽引するトラックを含めた自動貨車六三車両を装備する。特に四七ミリ砲は対戦車の速射砲で、一分間に最大二〇発連射する性能を有する代物である。命令に基づき吉原の部隊はインパール北東三〇キロにあるサンジャクまで進攻していった。重装備なだけに道なき道の行軍は困難を極めた。輸送を担うはずのトラックでさえ、車体やエンジン、車輪などに分解して人力で運ぶ有様である。独立速射砲部隊で扱う大砲も砲身、砲架、車輪などに分解して密林をすすむしかない。さいわいなことに到着したサンジャクはすでに主力師団が制圧していた。吉原の部隊はしばらくの間、警備にあたると、次いで北部のカラソムまで深く進攻した。

戦況は日を追うごとに悪化していった。どの部隊も飲まず食わずで、撃つ弾さえまともになかった。携帯した三週間分の食糧はとうに底をつき、後方からの補給はない。野草、ヘビ、トカゲと食べられるものはなんでも口にした。対する制空権を握っている英軍は次から次へと空から支援物資が補給され衰える様子がまったくない。独断で後方へ撤退する師団も出てきて、作戦の失敗は明らかであった。現地を調査して実情を知った大本営はようやくインパール作戦の中止を決断したのだった。作戦開始からすでに四カ月が経過していた。

ここからさらなる悲劇となった。兵士たちはビルマへ向けて撤退を開始するも、すでに食糧は尽きている。雨季の激しい雨のなか、多くの者がマラリア、アメーバ赤痢にかかり歩く体力はなかった。次々と兵が倒れていき、腐敗した死体は雨で流され骨だけが残った。次は自分の番だ。兵士たちは自らの行く末と重ねあわせながら、「白骨街道」と呼んだ。

トラックを分解して山道を運ぶ兵士

吉原も飢えとの戦いであったはずだ。命からがらインドとの国境を通過してチンドウィン河までたどり着いた。増水と濁流で渡ることもできず川のほとりで死んでいく者も数多くいた。体を休めるためか、水位が落ち着くのを待ったのか、吉原はいっとき様子を見てから河を渡った。まだ安心はできない。なおも必死になってビルマ北部中央にあるウントまで移動した。しかし闘志あふれる捕手はここで力尽きた。吉原の最期は定かではない。戦闘によるものなのか、病死によるものなのか、別の場所で自決したという噂さえある。誰しもが命を失っていく戦場ではっきり見た者などあろうはずもない。

インパール作戦における主力三個師団による戦死者は約一万一四〇〇人で、戦病死者約七八〇〇人、行方不明者は約一二〇〇人にもおよんだ。マラリアなどの病気や飢餓で息を引き取った者も数多くいた。全体の犠牲者数は定まらず三万とも、それ以上ともいわれている。司令官の無謀な作戦の代償はあまりにも大きかった。

†南方派遣

大がかりな作戦を展開したビルマに対して、隣の中国から満洲へと続く大陸では膠着状態が続いていた。満洲ではソ連との国境の警備に余念がない。日ソ中立条約により両国の関係は維持されていたものの、思想も政治体制も異なる同士で常に火種が付きまとう。現に昭和一四年のノモンハンでは両者が衝突し関東軍は大きな痛手を受けている。もしソ連が国境を越えてくるようなことになればたいへんなことになるだろう。

虎林地区の第九三六部隊に配属された巨人軍の水原茂《みずはらしげる》は、◆99 まさにその緊張感が漂う国境沿いにいた。そもそも水原が召集令状を受け取ったのは公式戦の途中だった。ちょうど巨人軍が白衣の勇士慰問試合を千葉で行った日のことである。試合が終り旅館に戻ると、めったにお目にかかれないご馳走が用意されていた。そこへ千葉に住む親戚の子供が自転車を飛ばして召集の報せにやって来た。彼は箸もつけずに帰京すると慌ただしく入隊したのだった。

本人は不在になったが、その年の最高殊勲選手賞に選ばれたのが巨人軍を連続優勝に導いた主将の水原だった。これにはいささか異論が出た。当事者は優勝前に出征して途中までしか試合に出場していない。しかも優れた個人記録を残した者もいる。日本運動記者協会の選考委員会は、これまでの功績とあわせて戦地へのはなむけとして推薦したようだ。授与式には戦地にいる父にかわって愛児が出席した。けなげに表彰状を受け取るユニフォーム姿に後楽園球場は万来の拍手に包まれた。もう異論を唱える者はいなかった。

父にかわって最高殊勲選手賞を受ける巨人軍水原の愛児

その頃、水原は満洲で部隊の兵器の保管管理や、修理を扱う兵器委員室に勤務していた。神宮で名を馳せた水原は過去の名声を捨て懸命に働いた。そんな仕事ぶりを見ていた中隊長は盛んに幹部候補生の試験を受けるようにすすめた。将校になれば当分は帰れまい。一兵卒のままでいいから早く内地へ戻りたいと、水原は頑として応じようとはしなかった。そうこうしているうちに部隊に編成の動きがあった。部隊が移動になると兵器もそれにあわせて移す手配を兵器委員室がするので、情報を察知するのは早い。幹部候補生の試験を受けて見習士官になった同期はほとんど転属の対象となりサイパン島やグアム島へ動員されることを知った。

満洲とソ連との国境の距離は長く続く。虎林から北西に位置する孫呉《そんご》では名古屋軍の大沢清◆100が従軍していた。彼は東都大学リーグの國學院大学から入団すると打線の中心として存在感を見せた。球団理事の赤嶺がまだ日本大学との関係を構築する前だったのか、大沢は名古屋軍の選手をしながら専修大学に在籍して兵役を逃れてきた。例外なく授業に出席することはほとんどしなかったが、試験の方は比較的簡単だったこともあり、なんとか大学に残ることができた。そんな大沢にも兵役のときがやって来た。試合前に球場の便所に入ると隣から入営までに覚える軍人勅諭を大声で暗唱する声が聞こえた。出征前の巨人軍の吉原だった。

大沢は、「弾に当たらないように塹壕から指だけ出しているからね」と妻に優しくいい残して営門をくぐった。前線ではひとりでも多くの兵隊が必要とされている。近衛第七連隊へ配属されて半年ほどして満洲へ転属になった。

満洲の端っこにある孫呉の町でばったりと再会したのが、黒鷲軍の中河美芳だった。憲兵から追われるようにして軍隊へ志願して、世田谷の東部軍第一二部隊へ入営した中河も海を渡ってやって来ていた。幹部候補生の試験を受けずに軍曹のままだった大沢に対して、彼は自動車小隊長として立派な中尉になっていた。

主戦場が大陸から南方へ移り、満洲の部隊は次々と新たな戦地へ送り込まれている。将校になった中河にもまた、満洲の地から比島へ派遣される命令が下されていた。内地にいた頃、後楽園球場で軍服姿のまま観戦している中河が目撃されている。軍隊に入っても野球のことが忘れられないでいるようだった。中河は大沢との別れ際に、「戦争が終ったらもう一度、野球をやるよ」とポツリといって去っていった。

北支にいた岡田《おかだ》宗芳《むねよし》◆101の部隊も南方行きとなった。タイガース発足時の遊撃手だった彼は、打率こそ高くはないがこれぞという場面に活躍を見せる頼もしい存在であった。守備の方も軽快な動きで、背番号3が一塁へ送球し仕留めたときに見せる笑顔の八重歯は印象的だ。

入団当初はあまり肩がよくなかったが、体力をつけたのか練習の賜物なのか、次第に強肩になっていった。入営が近づいたときのことである。同僚と遠投競争をして後楽園球場のホームプレートから左翼のポールめがけて投げたところ、岡田は外野席の通路に投げ込んで断トツの肩を見せた。その日、遠投に勝ったご褒美として夜の街へ繰り出したが、これが送別会となった。

岡田の部隊は動員の直前だった。明日はもうこの地にはいない。そうした油断か、夜間に営内で立小便をしていたところを、巡回していた曹長に見つかってしまった。慌てて用を済ませてビンタ覚悟で直立不動になると驚いた。そこには各地を転戦してきた藤村富美男の姿があった。ふたりは岡田の愛称の「チョビ」と「フジさん」で呼びあう大の仲良しだった。岡田は藤村から下士官室に招かれると、久しぶりの再会を喜んだ。藤村はよっぽど嬉しかったようで、翌朝、再びチョビの顔を見ようと訪ねてみると、すでに部隊は戦地へ出発したあとだった。岡田は藤村に告げることなく南方へ向かった。

セネタースの尾茂田叶《おもだかのう》◆102が大陸に足を踏み入れたのは日米開戦前のことである。球団経営者である有馬は、選手が出征してもさほど興味を示すことはなかったが、めずらしく気にかけたのが尾茂田の入営だった。とはいえ彼の行く末を案じたわけではなく、チームの成績が心配らしく、「尾茂田が応召したとのこと。セ軍も困るが若い連中が一生懸命にやるだろう」と日記に書き留めている。

たしかに、帽子を目深にかぶってプレーする尾茂田は打っても良し守っても良しの中心的な存在だった。なかでも観客の目を引き付けたのが外野の守備で、前進して一回転しながら球をキャッチする回転捕球である。陸上競技出身の脚力と球が落下する地点を読んで飛び込む距離感がなければ成功しない離れワザで、誰しもが真似できるものではない。

　ホノルル生まれの日系二世の尾茂田は、一二歳で日本に引きあげると母の故郷である松山に移り住んだ。回転捕球は松山商業時代に猛練習の末に会得した技術で、進学した明治大学ではカーブ打ちに開眼して打撃にも磨きをかけた。ほかの日系選手と比べて日本での生活が長いから、軍隊生活には順応できただろう。名手のいる部隊にも動員がかかった。尾茂田は次の戦地へ向かうべく大陸をあとにした。

†サイパン、グアム玉砕

　昭和一八年九月の御前会議における作戦指導方針で防衛上確保すべき、千島列島、小笠原諸島、マリアナ諸島、トラック島、西部ニューギニア、スンダ列島、ビルマを結ぶ絶対国防圏が定められた。これ以上、どこからの侵入も許さない態勢である。とりわけサイパンやグアムのあるマリアナ諸島周辺は、米軍からの反攻を阻止する重要な地域といえる。

　守りを固めるサイパン島にいたのは、南海軍の鬼頭数雄だった。数雄は関西にいながら東京の日本大学に在籍していたことから、憲兵に睨まれ追われるようにして軍隊入りした。間もなく弟の鬼頭政一も入営して、兄弟は同じ中部第二部隊の配属になった。兄は第七中隊で弟は第九中隊となり、顔をあわせる機会も多くなにかと安心できた。ところがしばらくすると、政一

ライオン軍時代に首位打者を獲得した鬼頭数雄

は千葉の歩兵学校への入校が決まり、数雄の方も南方へ出征となってしまい、兄弟は別々の道をすすむことになった。

　もともと名古屋の中部第二部隊は歩兵第一八連隊の補充隊で、戦争が激化すると連隊とは関係なく各地へ振り分けられるようになった。数雄が派遣されたサイパン島の歩兵第一一八連隊もそのひとつだった。反攻を強める米軍を前にサイパン島への移動は容易ではない。将兵を乗せた輸送船は次々と魚雷攻撃を受け、数雄も間一髪ながら島にたどり着いた。政一のいた第九中隊の船の方は沈没してしまい、もしそのまま部隊にとどまっていたら海のもくずとなっていたかもしれない。

　早速、戦闘の準備を急いだが、息つく暇もなく米軍が上陸を開始してきた。陣地の構築も砲台の建設も未完成のままで、完全に不意を突かれたかたちである。それでも日本軍は勇ましく戦いを続けたが力の差は明らかであった。抵抗も空しく、最後は残存する将兵約三〇〇〇名の総攻撃によりサイパン島は玉砕した。

　鬼頭数雄は、ライオン軍時代の昭和一五年リーグ戦で巨人軍の川上哲治との熾烈な打撃争いの末に打率・三三二で見事に首位打者を獲得している。頑強な精神の持ち主だからこそ勝ち取ることができた栄誉である。連隊で旗手をしていたというが最後まで必死に連隊旗を守り抜いたに違いない。

　絶対国防圏の死守を掲げていただけにサイパン島を失った痛手は大きい。それまで戦いに自信を持っていた東條英機内閣は、ついに退陣に追い込まれた。後継は小磯國昭《こいそくにあき》と米内光政《よないみつまさ》による連立内閣である。戦争の行く末に国民の間では不安が広がっていった。

　敵は容赦しない。グアム島への艦砲射撃が開始されたのはサイパン島陥落の翌日からである。迎え撃つこの島にも、名古屋軍の投手だった村松幸雄《むらまつゆきお》◆103がいた。長身による投法は無理がなく、球はさほど速くはないものの制球力は抜群であった。しかも試合度胸がいい。昭和一五年には二一勝の成績を残している。静岡の歩兵第三四連隊へ入営してからは、すぐに幹部候補生として豊橋の予備士官学校へ入り見習士官になった。卒業後は待ちかまえていたように歩兵第三八連隊へ転属となり満洲への出征となった。

　大陸では少なからず余暇もあり、彼もまた部隊内で野球に勤しんだ。そのため村松は名古屋軍の小阪三郎にボールを送ってほしいと手紙で頼んでいる。小阪は沢村と同じ連隊だったが、傷病兵として帰還してから球団のマネージャーになっていた。戦地から戻り復帰してはみたものの力不足で自信をなくしていた小阪に、球団理事の赤嶺が商業学校出身だからと事務の仕事をすすめたのがきっかけであった。野球用語の日本語化に伴い、マネージャーという肩書きは幹事といういそうな名前になったが、やっていることといえば資金繰りから試合日程までのあらゆる雑務である。チームが人手不足になると再び二塁手として試合にも駆り出されることもあった。

そんな小阪を村松は頼りにした。小坂はなんとか中古の球を二ダースほどかき集めると戦地に送った。中隊対抗試合が行われると、村松はプレーはせずに審判として登場した。小隊には三〇人ほどの部下がおり、野球経験者である自分だけが目立ってはと遠慮したのだろう。その分、試合以外の日は、同僚の士官を相手に何時間でも投げて楽しんだ。

そうした時間もつかの間、連隊にマリアナへの派遣命令が出た。歩兵第三八連隊をはじめとする部隊は南方へ向けて出港したが、輸送船への攻撃が相次いでいるだけに警戒が求められた。懸念のとおり米軍の魚雷攻撃にあい、船団に多数の犠牲者が出た。村松の乗船した安芸丸も魚雷を受けたが、さいわいにも沈没は免れてグアム島に到達するに至った。命拾いはしたものの前途多難である。最前線の島でいつ攻撃されるかもわからない。野球をする余裕などなく、陣地の構築に取り掛かった。

そうはさせじとすぐに米軍がやってきた。村松の中隊は連隊から離れて司令部の防衛にあたった。一方、連隊の主力はアガット湾地区の守備であったが、そこは米軍が上陸する真正面に位置していた。敵が近づき攻撃を開始すると、これが位置を知らせる結果となり、空からの爆撃と艦砲射撃が集中し大隊は全滅してしまったのだった。村松は難を逃れたかたちとなった。上陸の初日から翌日にかけ日本軍守備隊は大半を失い、勝敗はほぼ決したのも同然であった。残された将兵は最後の力をふりしぼり敵目がけて突入していった。

組織的な戦闘は終りを告げたものの、生き残った兵たちは次の機会をうかがうべく密林のなかに身を潜めた。そのなかに村松の姿もあった。抵抗するにしても飲まず食わずで誰しもが限界である。それでも村松の気迫は衰えず、負傷した者のために「水を汲んで来てやる」とあとにした。すでに島は占領され、ありとあらゆるところに米兵が目を光らせている。危険を押しての行動が格好の銃撃の的となり帰らぬ人となった。二八九八名いた村松の連隊で生き残った者は一五九名に過ぎなかった。

†ニューギニア方面の戦い

洋上は平穏そのものだが、海深くに身を沈めている米軍の潜水艦は獲物を待ちかまえ突然、襲いかかってくる。その行動は予測不可能で、あるときには緻密に、またあるときには大胆である。スマトラ島では陸軍報道部長だった谷萩少将が転属して独立混成第二五旅団を率いて守備をしていたが、シボルガ沖合に突如、敵潜水艦が出現した。餌食になったのは、近海連絡の輸送に従事していた二〇〇トン余りの艦艇で、すぐそばのニアス島へ向かう途中であった。

相手が小規模な船だったためか、潜水艦は不敵にも魚雷を使用するのではなく、浮上して砲撃を仕掛けてきた。猛然と応戦したのは砲兵隊の御子柴長雄少尉である。かつて明治大学時代には体力章検定で手榴弾投げの日本記録を樹立している。三年連続して上級の目標値を突破するなどして輝かしい経歴であったものの、いかんせん海の上では発揮できる力が限られている。しかも強力な武器を装備していない輸送船だから無防備に近い。抵抗空しく御子柴の船は沈没していった。

本来なら、こうした輸送船の攻撃から守り、安全な航行を支援するのが船舶砲兵の役目である。船舶砲兵には徴用船に常時分乗して船団の対空、対潜防護を担当する船舶機関砲の部隊がある。目的地に送り届けるだけではなく、上陸の際の戦闘支援や港湾の防空までを担っていた。召集令状が届き、軍医に椎間板ヘルニアを訴えたものの、けんもほろろに却下され軍隊入りした山下実は船舶高射砲隊の配属になっていた。南方での戦闘が激化していくなか、将兵や物資の輸送範囲は広がり、彼はニューギニアやソロモン方面の島々まで出動していた。

そのニューギニアに上陸したのは岡田宗芳や尾茂田叶であった。尾茂田は大陸を出てからビルマ、シンガポールの死線をくぐり抜けながら転戦してきたが、より過酷な戦場にやって来た。弾が飛び交うなか腸チフスにかかるなどした彼は必死に生き抜こうとした。対して同じく派遣された岡田の方は、激しい戦闘に飲み込まれて帰らぬ人となった。

山下はニューブリテン島のラバウルにも足を延ばしている。出征前に阪急軍から名古屋軍に移籍した山下であるが、現地には名古屋軍の同僚だった木村進一がいた。遊撃手の彼もまた延長二八回の試合に出場していたひとりで、延々と続く試合のなかベンチで二度も嘔吐しながら最後まで守り続けた。福井の六四部隊に入営したのはその年の秋のことである。軽機関銃隊に配属になった木村は早く帰って野球がしたいと願い、機関銃を担ぐ際には、利き腕の右肩に必ず手ぬぐいを当てて訓練に耐えてきた。そうした努力も空しく翌年、日本から遠く離れたラバウルに派遣されてしまった。

島に着いた木村は、迫撃砲小隊に加わり照準手の訓練を受けた。早速、実戦のときがやってきた。海岸に上陸してきたのはベレー帽を被ったオーストラリア兵である。迎え撃つ木村の小隊は四門の迫撃砲で反撃したものの相手の位置まで届かない。おまけに不発弾が続出した。そのつど砲を分解して弾を取り出し組み立てるというなんともお粗末な戦闘で手も足も出ない。

戦闘場所を密林に移しても不発弾の処理はかわらず、砲を分解して組み立てなおす作業の繰り返しである。こんどこそと弾を装塡《そうてん》して、木村が照準をあわせ発射ヨシの号令をかけた。その瞬間である。迫撃砲が爆発して隊員五名が吹き飛んだ。弾薬装塡手があせり、弾を逆さまに砲に入れたせいであった。運がよいことに助かったのは木村ひとりだった。しかし、よく見れば右手首はぶらぶらの状態である。偶然いた軍医により、その場で手術が行われると、あれほど気遣ってきた利き腕の手首から先が無残にも切断されてしまった。もう野球はできない。悲痛な叫びとなった。

　苦しみに耐える木村をよそに、ラバウルでは連日のように激しい空襲に見舞われるようになっていった。上陸が近いのかと思いきや、敵軍はいっこうに来る気配がない。それもそのはずで、米軍はラバウルを飛び越して北西にあるアドミラルティ諸島に狙いを定めていた。あえてラバウルでの戦闘はせずに日本軍を孤立させる戦術である。こうなると残された日本の陸海軍一〇万人の将兵は悲惨である。味方からの食糧や物資の補給はなく自給自足が強いられた。

　明治大学にいた杉浦清《すぎうらきよし》◆104もラバウルで食糧調達の日々となった。彼も少なからず職業野球と接点がある。大学の本科を終えて野球以外のことも身に付けようと、高等文官試験を受けるための猛勉強中にタイガースから勧誘を受けた。結局のところ入団はしなかったが、その後、明治大学の監督に就き一年で兵役となった。

　入営したのは名古屋の野砲兵第三連隊で、広東から約二〇キロの地点で警備をしたのちにラバウルへやって来た。到着するなり与えられた任務は、空襲の合間に陣地構築の穴を掘りながら自活のための農作業であった。午後は小魚獲りや果実を探しに出かける日課である。そのうち部隊の半数がマラリアに倒れ、将校までもが作業員に割り当てられるような事態になった。

マラリアにかからなかった杉浦に負担が強いられたが、自身も塩分不足で体をささえるので精一杯である。風と波の音が聞こえる。戦争とはほど遠い自然と戦う生活になった。

ニューギニアの東にあるラバウルに対してモロタイ島は西に位置する。島は西部ニューギニアへ通じる兵站の拠点である。米軍にとっても比島攻略への航空基地となりうる要所である。戦略的に価値のある島を確保しようと両軍負けられない戦いが展開された。とはいえ、現存の日本軍守備隊に対して敵は圧倒的な兵力である。米軍に上陸を許すと、あっという間にモロタイ島を制圧してしまった。

多くの死者を出すなかで捕虜になった者もいた。陸軍大臣当時の東條英機によって示達せられた戦陣訓の「生きて虜囚《りよしゆう》の辱《はずかし》めを受けず」という教育を受けた兵士にとっては屈辱的である。戦地での勇ましい姿の写真をマメに球団へ送るなどしてきた巨人軍の平山菊二《ひらやまきくじ》◆105も捕虜となり忸《じく》怩《じ》たる思いだった。

外野手だった平山は、いくら打っても守備が下手では何もならないとして、打撃と守備の両立を信条としてきた。特に守備は、補球、強肩、走力に加え、勘ともいえる判断力を重要視して定位置を確保した。私生活では年寄りくさい風袋《ふうたい》のため同僚から「おっさん」とあだ名される一方で、一流品を身に付けるなどなかなかのお洒落な一面もあった。

そうした外見とは裏腹に、彼の生い立ちはいささか複雑である。実のところ平山の姉の夫、すなわち義兄である田中勝は、二・二六事件の主導者のひとりであった。事件当日は演習と称して連隊の兵を起床させ自動車数両を持ち出し、現場の輸送を支援する役目を担った。当時、東京朝日新聞社を襲い、大東京軍を経営していた国民新聞社にも乗り付けて現れた一団のなかに田中がいた。

事件後、憲兵は反乱の計画に関与していないか、青年将校の身内や近しい者に取り調べをしている。下関商業を出て広島鉄道局に勤務しはじめたばかりの若い義弟も、危険な思想に毒されていないかと、憲兵の監視の対象になったに違いない。重くのしかかった十字架を心の底にしまった平山は、事件について周囲に語ることはなかった。

社会を混乱させた罪で田中らに死刑判決が下されると家族に面会が許された。ちょうど平山の巨人軍への入団が決まった頃である。死を前にして義兄は平山に、「しっかりやれよ」という励ましのことばを残して世を去った。

その平山がこんどは捕らわれの身となり死を覚悟した。いずれ敵は我々捕虜を殺すに違いない。それなら死ぬ前にこちらからバンザイを叫んで襲撃しようと仲間たちと話しあった。ところが相手は食糧を提供し、そうしたそぶりなどまったくない。それどころか捕虜に対して野球の試合を持ち掛けてきた。同じ軍隊でも日本と米国とではこんなに違うものか。平山は死ぬことをやめ、再びボールを手にすることを選んだのだった。

†レイテ上陸

幾多の島々からなる比島では各地で起こるゲリラ活動に悩まされていた。バターン半島を攻略して比島内を制圧したはずであったが、米比軍の一部将兵は姿をくらましゲリラ活動に身を投じていた。農夫などの格好をして住民のなかに紛れ込み、突然、襲ってくる。いまでは組織化されマッカーサーの南西太平洋方面連合軍とも連絡をとるようになっており危険極まりない。当初、日本軍はマニラリーグの参加などの宣撫活動により比島国民の心をつかもうとしていたが、こうしたゲリラ活動の活発化により次第に討伐に力点を置くようになっていった。

レイテ島に潜むゲリラの鎮圧にあたっていたのは、歩兵第九連隊から野砲兵第二二連隊に転属になった広瀬習一である。この日も広瀬軍曹は討伐に出るとゲリラに遭遇した。日本倶楽部に参加する前からマニラ周辺で掃討してきたが、今回の相手はなかなか手ごわいようだ。応戦するも仲間が次々とやられ、弾丸が底をつきはじめた。このままでは危ない。援軍が求められる事態になったものの、それには流れの速い川を渡って伝令に行かなければならない。誰しもが躊躇する危険な役目を志願したのが広瀬だった。巨人軍の時代も自らかってでて登板していたが、ここでも仲間を救うために責任感を発揮した。

戦友たちが見守るなか、広瀬は慎重に川を渡っていった。味方の援護射撃があるとはいえ、

バターン半島からレイテ島へ転戦した南海軍の天川

その姿は丸腰同然で相手から見れば絶好の標的である。容赦なく銃弾が発射され広瀬は倒れた。戦友たちは助けたくても、川の流れが速く、どこから弾が飛んでくるかわからず手が出せない。みるみるうちに軍曹の体は激流にのみ込まれていき、そのまま消えていった。比島との交流のために必死で投げた投手の死は、マニラリーグが終了してからわずか半年後のことであった。

天川清三郎もまた、広瀬が以前いた歩兵第九連隊の一員としてレイテ島にいた。広瀬の転属先となった野砲兵第二二連隊と歩兵第九連隊は、ともに島を守備する第一六師団に属する。天川と広瀬がレイテ島で交流があったかは不明である。ただ天川が日比の交流戦で勝利して連隊内が大騒ぎになったくらいだから、広瀬によるマニラリーグの活躍も知れ渡り、互いに存在を耳にしていてもおかしくない。

ルソン島からサマール島へ移動した天川は、密林に設けられた分哨でゲリラの捜索にあたった。野球で培ってきた統率力を活かして、慣れない部下にも目を配るなどして伍長として立派な働きぶりを見せていた。連隊がレイテ島の防衛の命令を受け転出すると、こうした日頃の働きぶりとバターン半島で生き残った戦歴が買われ、天川は分哨から離れて連隊本部へ編入された。迫り来る米軍にそなえての抜擢である。

その力を試すように、米軍は一〇万人もの兵力をもってレイテ島へ侵入を開始した。バターン半島の戦闘で、「アイ・シャル・リターン」ということばを残したマッカーサー司令官は約束をはたし、再び比島の地を踏んだのである。大本営は直前の台湾沖の航空戦で敵空母を撃沈するなど大きな損害を与えたという報告に基づき、上陸する米軍はさほど大きな兵力ではないはずだと踏んでいた。ところが台湾沖の大勝利はまったくの見誤りで、レイテ湾を埋め尽くす米艦隊の勢力に目を疑った。

天川がいたのは、米軍が上陸してきたレイテ湾ドラグ近くにあるカトモン山である。山は北西の五キロほど延びた細長い丘で標高は三〇〇メートルほどである。上陸前日からカトモン山への艦砲射撃が激しくなり、三日間続いた砲撃はヤシをなぎ倒し、山腹にあった陣地を破壊していった。弾薬を警備する天川は来襲にそなえて警戒態勢をとった。

ところが上陸してからすぐの攻撃が予想されたにもかかわらず、時間が経過してもそうした兆しは一向に見られなかった。米軍ははじめからカトモン山を迂回することを決めており、攻略はのちに上陸してくる部隊の役割としていたからである。前線の各部隊の連絡網が寸断されていき、カトモン山にいた天川らは孤立状態に陥った。

米軍がカトモン山への戦闘を開始したのは、上陸から六日たってのことである。このままでは全滅してしまう。一気に制圧しようとする敵に対して部隊に撤退の命令が下された。撤収の作業が急がれるなか突然、「天川がやられたッ」という叫び声が戦場に響いた。戦友たちは匍匐で必死に近づき体を抱えて山蔭に運び出した。見れば天川の鉄兜は撃ち抜かれ、すでに絶命していた。

夏の中等野球大会で優勝した天川は、甲子園球場東の松林に建てられた野球塔に名前が刻まれている。以前、彼は国に帰って嫁さんをもらって男の子が生まれたら野球塔を見せると戦友に語っていたが願いが叶うことはなかった。

†ルソン持久戦

圧倒的な火力と兵力でレイテ島を制圧していった米軍の次の狙いはルソン島である。対する日本軍も米軍の上陸にそなえるため、大陸にいた兵士たちを比島方面へ投入していった。しかし制海権はすでに米軍の手中にあり、輸送船で貴重な兵員や物資を運んでも次々に撃沈された。満洲から向かった中河美芳も、ミンダナオ島北部のカミギン島沖合で攻撃にあい海底に沈んでいった。追い詰められるようにして軍隊入りした中河の人生は最後まで悲劇的であった。

発足間もない頃のタイガースの投手だった西村幸生《にしむらゆきお》◆106も輸送船で比島へ向かった。西村は年上ではあるが沢村と同じ宇治山田の出身で、関西大学へ進学したのち職業野球の世界に入ってきた。無類の制球力で相手を翻弄したかと思うと、意表をついて真ん中に叩き込む度胸で打者をきりきり舞いさせてチームを連覇に導いた。

実力とともに酒にまつわる逸話も数多い。試合ごとに活躍した選手に対して球団から支給される賞金を懐に入れると、全部呑んで帰るのが常であった。時には酔っ払って警察のお世話になることもあったが、翌日の試合では何食わぬ顔で好投を見せた。そんな豪傑な人物であったが、三年契約が終了すると、あっさりとタイガースを辞めてしまった。惜しまれるうちに野球人生を終えるのが生き方だったのか。

退団後は両親と家族をつれて満洲に渡った。子供たちに囲まれる幸せな暮らしを送っていたところに、現地で召集になった。奉公袋にウイスキー一本を入れて家をあとにしたから酒好きはかわらないようだ。満洲第二七三部隊へ入営した西村は基礎的な訓練を終えて半年ほど経つと比島へ派遣となった。

すでに米軍の潜水艦は、占領したサイパン島を前進基地として輸送船団を次々に撃沈している。いつ狙われるかもしれない海域で、西村らが乗船した輸送船三隻も台湾沖で攻撃の目標になってしまった。突然の激震に誰しもあわてふためくなか、油まみれになりながらも必死になって泳ぎ台湾の高雄までたどり着いた。まさに奇跡といえる。それから三カ月後、無情にも西村に再び比島行きの命令が下された。沈没を経験しているだけに、逃げ場のない船底での時間は恐怖そのものだったろう。さいわいにも無事に到着したが、そこは米軍が上陸する直前の比島であった。生きて足を踏み入れた地もまた地獄で、西村は消息を絶った。

リンガエン湾から上陸した米軍はルソン島に侵入すると、中心地のマニラへ進軍を開始した。すでに日本軍はレイテ島に兵力を割いており、正面から戦っていく余力はない。残された戦法は、できるだけルソン島で敵を留めておく持久戦である。島内に残存する兵力は、第一四方面軍司令官である山下奉文大将直率で北部山地を拠点とする尚武集団、クラーク西方の建武集団とマニラを含む中南部の振武集団の三つの陣容で迎え撃つ作戦である。

マニラ市内には多くの比島住民がいたが、米軍が到着するやゲリラと化して日本軍への報復へと走った。マニラリーグで「色部」という日本語名で試合に登場したアチラノ・リベラもマニラで命を落とした。その死の詳細は不明であるが、マニラのベーブ・ルースと呼ばれた英雄は、祖国のために誇りをもって最後まで戦ったのだろう。ゲリラは勢いづきマニラ周辺は混乱に陥った。不幸なことにリーグで対戦した日本倶楽部の四番打者だった近藤鉄己も、ルソン島北部の山脈で胸部貫通銃創によって絶命した。新婚生活わずか一週間だった妻とはとうとう再会することはなかった。

市内にはまだ多くの邦人が残留していた。マニラ新聞社の社員もぎりぎりまで発行を続けていたが、身の危険から管轄をしていた報道部の桐原眞二中尉とともに脱出した。宣撫工作のためマニラ新聞と連携しながら日本倶楽部を立ちあげた活動はまだ記憶に新しい。その後も報道部員として任にあたっていた。

桐原の執念は凄まじく、退避した山中に立て籠りながら、こんどは「振武集団陣中新聞」の発行を開始した。頼りにする取材方法は小型受信機だった。とはいっても、そこは新聞社の事務所ではない。枝葉が覆う密林地帯で陽の光が入らないうえ、高温多湿の耐え難い環境である。しかも桐原が属する野口兵団の食糧不足は深刻なものであった。食用としていた野草さえも食べ尽くすと餓死者が続出した。もうこうなると敵との戦いではなく食を確保するための前進である。

そこへもってきて弱った体に病気が襲いかかった。新聞発行に魂を捧げた桐原は、マラリアとあわせて赤痢にかかってしまった。食糧もままならないくらいだから、まともな薬などあるはずがない。マラリアにかかると四〇度の高熱が続く。食事も受け付けなくなり悪循環に陥る。兵団が移動していくなか、衰弱して身動きができなくなった桐原はとり残され静かに息を引き取った。

日本軍兵士たちの境遇はどこも同じで、ルソン島北部にいた景浦将も飢餓とマラリアに悩まされていた。かつてタイガース時代に主砲だった景浦は、巨人軍の沢村と名勝負を繰り広げて

豪快な本塁打を放った阪神軍の景浦

きた豪快な打者であった。食べることにおいても人並外れた胃袋の持ち主で、力士と競争して平らげた焼鳥は大差をつけての一三〇本もの数だから驚きである。大食ぶりはチーム内でも有名で、親睦のすき焼き会ではすぐに肉がなくなってしまうことから、彼と鍋をともにする同僚はいなかった。景浦は、「一貫目（三・七五キログラム）なら自信がある」といい、実際に食べて見せた。そうして作られた体が大きな本塁打を放つ原動力になった。

それほどの大食漢にもかかわらず、食べる物がない状況におかれるのは残酷そのものである。タニシ、ミミズなど口にできるものはなんでも食べた。それらも胃に収めてしまえば、ほかに見つけるしかない。兵隊たちは交代しながら探し回った。その日、当番だった景浦はマラリアに加えて黄疸《おうだん》が出て高熱にうなされていた。山岳部での食糧探しなど到底無理だ。見かねた戦友がかわろうとしたものの義務だからと外に出ていった。敵兵と遭遇したのか、病に倒れたのか。景浦は二度と戻ることはなかった。

インパール作戦の失敗により、ビルマの日本軍は敗走へとかわっていた。工兵司令部の暗号班にいた内堀保はマンダレー近くの山中まで撤退したが、敗残兵が次から次へと通り過ぎていくのを目にした。敵は確実にビルマ国内へ深く侵入して来ている。このままとどまるのは危険だ。自らも隣のタイを目指すことにした。責める側から一転、追われる側になり心理状態も微妙に変化してくる。いつ相手と遭遇して襲われるかもしれないという恐怖心が常に付きまとい密林をさまよった。

三原脩は、ビルマの南部のモールメンへ向けて逃げたが、敗走中に決して手放さなかったものがあった。それは二五万分の一の地図である。逃げるにしてもどの方角のどの道をすすめばよいのか、まったく見当がつかない。頼れる情報源は地図だけであった。もうひとつ持ち続けたのが防蚊網だった。防蚊網は頭からすっぽりと被る蚊帳《かや》でマラリアの媒介となる蚊を防ぐ。一日中の移動で疲れ切ってしまい兵たちはついそのまま寝てしまうが、これほど危険なことはない。食糧不足で体力がないうえマラリアにかかればひとたまりもない。頼れるのは自分しかいない。どんな状況におかれても三原は冷静に対処することを心掛けて生き抜こうとした。

英印軍がマンダレーへ突入してくると、日本軍は混乱を極めていった。もはや戦っているのか逃げているのかさえもわからない。ついにはビルマ国軍が対日蜂起するまでになった。敗走する日本軍を見て、ビルマ兵の心は急速に離れていった。そこへもってきてビルマ方面軍司令官木村兵太郎ら幕僚たちが、首都ラングーンを脱出してしまったから事態は最悪である。インパール作戦で兵たちは死線をさまよってきたにもかかわらず、お偉いさんが先に逃げ出すとは。前線の将兵らは寝耳に水である。兵士たちの意識は低下していき、もう戦おうという気持ちはなくなり自分の身を守ることだけになっていく。逃亡する者まで出てきて軍内の統制ができなくなっていた。

混乱するビルマで生死の境をさまよう状況におかれた者は少なくない。騎兵連隊として日中戦争に従軍した筒井修は、日米開戦の直前に動員がかかり再び召集された。軍の改編により騎兵第五五連隊として独立した筒井の部隊は、仏印のカムラン湾に上陸するとタイ、ビルマへとすすんだ。戦地がかわっても騎兵連隊の主役は馬であることにかわりない。その数は一一一五頭に達し、輸送船の移動や熱帯の気候に兵士とともに耐えてきた。部隊はビルマに入ると、インパール作戦に先立っての牽制として、インドへ進攻する際の要衡であるアキャプへの攻撃に参加した。

前線の任とあって筒井は幾度となく危険な目にあった。インドとの国境近くでは、中隊長らが集まるなか、筒井が地図を広げて指を刺した途端、バリバリバリという銃声とともに敵の自動小銃に襲われた。筒井らは身を伏せたが、そばにいた歩哨が犠牲となってしまった。危うく命をなくすところだったが、次なる戦闘で不幸が襲った。手榴弾が暴発してしまい、左手の親指を除く四本を失う重症を負ってしまったのである。これまでグラウンドでバットを握り、戦地では勇ましく銃を持って戦ってきたがもう何もすることができない。絶望しかなかった。

ラングーンの北約三〇〇キロあたりの山中をさまよっていたのは、新富卯《しんとみう》三郎《さぶろう》◆107である。新富の職業野球選手としての球歴は長く、ベーブ・ルースが来日した日米野球では全日本に選ばれている。六大学出身者に交じって中学出の彼は日米両選手による紅白戦で本塁打を放ち、早くも持前の長打力を見せつけた。

その後、巨人軍の結成に参加したが、日中戦争がはじまるとほどなく召集され大陸に渡った。南支で負傷し小倉の陸軍病院で入院中だった新富に声をかけたのは阪急軍である。もといた巨人軍が帰属権はこちらにあると抗議したが、白衣の勇士に不当な中傷は許されるべきではないとの阪急軍の反論により移籍が成立した。新チームになっても打撃の力は衰えず、四番打者として一六年の秋季期間における首位打者になっている。

二度目の召集は、その年の一二月で日米開戦にあわせて福岡の歩兵第一一三連隊へ入営した。門司港を出港した連隊の行先はラングーンで、上陸後はビルマを北上して中国領の拉孟《らもう》まで到達し付近で討伐を行っている。占領してからは分駐して警備にあたった。二年以上にわたり現地にとどまっていたが、中国軍による攻撃が強まり一部は拉孟に残り新富ら主力は出動となった。不幸なことに残された四〇〇名を含む拉孟守備隊は、中国軍の猛烈な反撃にあい玉砕となってしまった。

一方で新富のいた主力部隊も悲惨であった。後方から拉孟の守備隊をささえていたが、ビルマ方面軍の情勢から陣地を放棄して南へ向かった。補給はなく空腹との戦いである。部隊内で食糧を調達するための徴発隊が結成され、見つけてきた籾《もみ》を鉄兜に入れてついて食べたり、タンポポやアカザの根を食べた。そんな食糧では到底足りるわけもなく、栄養失調と赤痢で次々と戦友が倒れていった。

この日、連隊は山中にある鉱山跡地に足を踏み入れた。山道は敗走した日本軍兵士の死体だらけである。戦闘による犠牲か、それとも餓死者なのか。不安もさることながら、ここはまず空腹を満たすことの方が先決だ。ちょうど谷間から牛の鳴き声が聞こえてきた。早速、新富兵長は一〇人ほどの兵士たちと徴発に出かけた。敵が潜んでいる可能性もあり油断はできない。新富らは列をなして折れ曲がる坂道をすすんだ、その時である。突然、ボーンという爆発音が鳴り響くと新富が吹き飛ばされたのだった。敵の仕掛けた地雷である。見れば両足の下は砕けていてたいへんな出血だった。かすかな意識のなか新富は、「あれだけ逃げ回って生き延びてきたのに、こんなことで死ぬのは残念だ」といって息を引き取った。

ひとり息子とは生後一〇カ月で別れたままである。「体に気をつけろ」、「子供が病気になったら、必ず医者に見せろ」とビルマの地から妻に手紙を書き気遣ってきた。さぞや家族と会うことを夢見ていたことであろう。戦友たちは赤ん坊を抱いた妻の写真と一緒に丘の上に埋葬し死を悼んだ。

†シッタン河脱出作戦

ビルマで吉原と再会した川崎徳次は、インパール作戦が本格化していくと原隊から別れてジャワへ向かった。試験を受けて幹部候補生になり、ビルマから遠く離れた地で南方軍幹部候補生隊に入校することになったのである。教育は作戦要務令、図上戦術などの高度な内容で、速射砲、迫撃砲の射撃や密林、海岸の戦闘といった実践もなされた。教育の合間には野球の試合も行われた。グラブ、バットなどの用具はすべて現地のお手製であったが、久しぶりにボールの感触を味わった。約八カ月にわたる課程を終えると、一五〇名の幹部候補生は見習士官となった。いよいよここからが本番である。教育の成果を実戦すべく川崎はビルマ戦線へ戻ることになった。

帰路のなか、クアラルンプールで遭遇したのはライオン軍にいた前田《まえだ》諭治《さとじ》◆108上等兵であった。駅前で立哨している衛兵から敬礼の声がかかり、川崎がふと見ると彼だった。懐かしさのあまり名前を呼んで近寄ると、上等兵も気付き久しぶりの再会となった。職業野球時代は同じ関西の球団同士で、しかも前田の出身校の同級生が川崎のチームにもいたことが縁で仲よくしていた。

前田は納得のいかない判定があると審判の顔を直視したり、三振で打ち取られたときはチェッとつぶやくなど、なかなか鼻っ柱が強い男である。打撃は非力ながらも負けん気と軽快な動きから、ライオン軍では遊撃手の定位置をものにした。まさかこんな場所で会えるなんて。前田の部隊はスマトラからの移動中で明日、出発するのだという。限られた時間のなか、選手時代のこと、大阪のことなど楽しかった頃の話題に花が咲く。出征していった者の消息についても話題になった。川崎は吉原に会ったことや三原、内堀、筒井らもビルマにいるらしいと話をした。

翌朝、川崎は前田を見送るため駅のホームにまで駆け付けた。前田は軽機関銃の射撃手として整列をしていた。肩に担いで移動しながら連射する射撃手は、沢村も担当したことがあったが、日頃のプレーのように機敏でなければ務まらない。きっと彼も見込まれてのことだろう。客車の窓ごしに手を振る前田の無事を祈りながら川崎は見送った。

川崎がビルマへ戻ってみると、戦況は以前と一変していた。英印軍の追撃で日本軍は退却の一途である。しかも肝心のビルマ方面軍司令部は真っ先に撤退してしまい、ビルマ国軍が反乱を起こしている。孤立したおよそ三万五〇〇〇名の日本の将兵に残された道は、シッタン河を渡りタイへ脱出するしかなかった。食糧も限界で渡河作戦の実施が急がれた。

原隊に復帰した川崎は速射砲中隊への配属となった。危機が迫るなかでの命令は、渡河する兵士たちを援護するためにシッタン河周辺の敵陣地を撃破することである。兵員も装備する大砲も心もとなく、ほかの者を助けるより俺たちをなんとかしてくれというのが本音であった。そこへもってきて中隊長が入院となってしまい、戦闘を前にして見習士官の川崎が隊長代理に命ぜられたから途方にくれるばかりである。

シッタン作戦に従軍した南海軍の川崎

攻撃が開始されると川崎の中隊にも射撃の命令が下された。隊長代理は実践で迫撃砲を扱うのがはじめてである。こんなことなら幹部候補生隊での教育をもっと真面目に受けておけばよかったと後悔したが、もう遅い。部下を率いる身でそんな弱音は口に出すことはできず、ひたすら着弾位置を確認しながら目標に向け発射していった。徐々に命中精度があがってきたものの、向こうからの反撃も激しさを増してきて退却を余儀なくされた。

相手は空からの補給で攻撃を緩める様子がない。それに比べてこちらは多数の死傷者を出して、このまま戦闘を続ければ全滅するのは時間の問題である。残念だがもうほかの者を救出する余力はない。やむなく川崎の部隊は作戦を中止してシッタン河を渡った。

しかし、まだ多くの将兵が残されていた。移動する手段として近くの漁船を頼りにしたが、英印軍は銃撃で容赦なく妨害してくる。仕方なく竹で組んだ筏《いかだ》に装備類を乗せて周りに兵士がつき、川幅約五〇〇メートルもあるシッタン河をそっと泳ぐなどした。実際にシッタン河を渡って友軍の地域までたどり着いたのは一万五〇〇〇人余りで、半数以上が命を落とす悲惨な結末となった。日本の絶対国防圏は崩壊し、残るは本土決戦となった。

第7章　最終決戦

工場の日課

　工場での仕事は朝七時半の朝礼からはじまる。訓示を聞き終えた選手たちは眠い目をこすりながら作業場へと向かった。巨人軍は、それまでいた東京芝浦電気の川崎工場から府中工場へ籍を移して、監督と所帯持ちを除く全員が、東八王子にある会社の寮に寝泊りしながら従事するようになっていた。午前は工場で働き、午後になると練習をするという日課である。

　それまで巨人軍は、一六名もの大量の退団者を出して存続が危ぶまれていた。ある者は戦地に征き、ある者は野球どころではないと、またある者は球団の姿勢に不満を持ち去っていった。危機的状況を救ったのは、解散した大和軍や西鉄軍から移籍して来た選手たちである。各球団に分配された彼らは、悲しいかな「配給」いうことばで扱われた。それまで巨人軍は他球団で在籍した者は採用しない方針をとっていたが、そんなことはいってられなくなり配給の恩恵にあずかるしかなかった。

投手の近藤貞雄《こんどうさだお》◆[109]と捕手の柴田崎雄《しばたさきお》◆[110]は、西鉄軍から譲り受けた選手である。車両を製造する各部署に選手が二、三人ずつに振り分けられて簡単な事務作業を受け持つ。柴田は商業学校出身なだけにソロバンはお手のものだ。午前の仕事にひと区切りつけば、待ちに待った昼飯の時間になる。工場の食堂で出される食事は、雑炊かすいとんだった。柴田が野球選手だと知って、ありがたいことに食堂のおばちゃんは余計に盛ってくれたり、時には握り飯を特別に用意してくれることもあった。工員たちも優しく食券を回してくれた。

午後からは野球の時間である。少ない人数のため実戦形式はできず、打撃練習をするにしても球拾いにひと苦労だった。柴田は西鉄軍の前身である金鯱軍が地元に訪れた際に濃人渉のプレーに魅了され、この世界に入った。好きなことができるのだから、どんな練習だろうが文句などあろうはずがない。それよりも苦しかったのは腹が減ることだった。とにかく食うことばかりを考えていた。陽が落ちれば寮での至福のひと時だ。どんぶり一杯をかき込んだ。

監督になった藤本英雄《ふじもとひでお》◆[111]も苦慮していた。なにせ明治大学から入団したのは一年半ほど前のことである。鳴り物入りの新人は公式戦途中の秋からマウンドに立つと、またたく間に一〇連勝して実力を見せつけた。二年目になる前年も三四勝、防御率〇・七三という圧倒的な成績を残し、投手の柱になった。これからさらなる活躍が期待された。ところが、そこへ先輩たちが次々に辞めてしまったから、突然、藤本に監督の話が舞い込んできた。まだ二五歳の若さでチームを統率した経験などない。しかも時局柄、職業野球への風当たりは強い。不安ばかりがよぎる。

それもそのはずで藤本は前年、北海道へ遠征した際に苦い経験をしている。帰路の連絡船で函館から青森に渡り、下船すると刑事が待ちかまえていた。若い者が兵隊にも行かずに旅をしている様子を不審に思ったようだ。職業はなにかという問いに、藤本は「野球です」と答えると、刑事から、「お前、冗談じゃない。商売のこといってるんだ」と厳しく追及された。さいわい大事には至らなかったが、戦時下にもかかわらず娯楽を生業にしているなど不謹慎だと国賊扱いだった。

そうした厳しい目は一段と増している。事実、監督に就任して早くも練習場所が確保できない事態にぶち当たった。なんとか工場の沿線にある母校明治大学のグラウンドを借りることはできたものの、周囲からの批判もあってか常時使うことは容易でなかった。ちゃんとした設備がなくとも広い敷地であれば充分だが、職業野球のために快く貸し出してくれるところを見つけるのは至難の業である。あちらこちらに声をかけながら、練習場所は毎日のようにかわった。

選手のやりくりにも頭を悩ませた。チームは投手を兼任する藤本を入れて一六名しかいない。しかも前年からの顔ぶれはわずかで、大半は新人と移籍して来た選手ばかりである。大和軍や西鉄軍にいた選手も必ずしも実績があるわけではなく、柴田のように公式戦の出場経験がない者もいる。意思の疎通もままならないうえ、未熟な選手の集まりで戦力の低下は必至であった。それでも面倒を見て指揮をとるのが監督の役目である。召集されることのなかった藤本にとっては戦場と同じだった。

どの球団も同じように苦労をしていた。当初、東京を拠点にしている球団は東京芝浦電気の川崎工場で、関西の四球団は川西航空機で産業戦士として従事していたが、選手たちを守るために融通がきく親会社の工員として働かせるようになっていた。南海軍の選手たちは南海鉄道の工場で働くために住之江《すみのえ》の車庫で予備訓練を受けたのち、天下茶屋の修理工場へ配属された。工場の朝はどこも早く、天下茶屋では六時からの始業で体を動かした。昼の食事は麦の交じった飯だったが、満腹感を覚える量である。午後からのことを考えれば、配給の米だけではとてももたないだけにありがたい。食べ終ると、ようやく本職の時間になり中百舌鳥《なかもず》球場に出かけ汗をかいた。行動をともにしたのは沢村だった。連盟を仕切る鈴木龍二は南海軍の選手たちと一緒にいる姿を目撃している。

阪神軍の選手たちは、阪神電鉄の浜田車庫にある車両部に配属されて、電車の修理を手掛けた。普段とは違う仕事はなにもかもがめずらしく新鮮だった。とはいえ腹がすくのにはかわりない。工場の昼飯は真っ黒なアワだったが、監督の若林忠志は不満をいうことなく、「うまいなあ」といって食べて見せると、ならうように周りも頑張った。食べ終えると監督は、「いまに必ず野球がやれる日がくる」といって若者たちを励ました。

そのほかの関西の阪急軍でも、監督の西村正夫と選手たちは西宮球場にあった阪急航研工業でグライダーづくりに従事し、朝日軍も監督の坪内道則とともに川西航空機の協力会社の木工製作所で働いた。

路頭に迷ったのが名古屋軍だった。親会社の新愛知新聞社は、名古屋新聞社と合併して中部日本新聞社と名前をかえて体制が刷新されたことから、球団を運営する意欲が薄れていた。給料も滞るような状況で、新聞社はあてにならなくなってきた。このままでは根こそぎ兵隊にとられてしまう。球団理事の赤嶺は、受け入れてくれる先を必死になって探した。ようやくのことで見つけてきたのが後楽園球場近くにある理研工業だった。ピストンリングや爆弾の製造を手掛ける会社で、配給部門の一員として働くことになった。大学生の次は工員を装い、選手たちはまたも赤嶺によって救われた。

†最後の公式戦

昭和一九年に入り、連盟は興行の印象を払拭しようと日本野球連盟の名称を日本野球報国会に改めることにした。球団の名称も名古屋軍は産業軍になり、南海軍もしばらくすると親会社の南海鉄道が関西急行電鉄と合併したことから、近畿日本軍に改称した。公式戦は大和軍と西鉄軍の解散で残った六チームによる総当たりで、平日は工場で働き、勤労の休日に慰安のための試合を行うことになった。

いざ開幕はしてはみたものの、若い選手が昼間からウロウロしていれば、どうしても目立ってしまう。ある日のこと、寮の娘さんが後楽園球場に観戦に来たので、巨人軍の近藤と柴田は一緒に帰宅しようと水道橋から乗車して新宿駅で乗り換えようとした。そこで危険人物を見張っていた憲兵に捕まってしまった。「いまどき、女づれとはなんだ」と怒鳴られ、ふたりは顔が腫れるほど殴られた。警戒するようになった近藤は、試合でバットを使うときには形がわからないように竹刀《しない》の袋に入れたり、新聞紙に巻いて持ち歩くようになった。

選手を取り巻く不穏な動きはまだあった。春に六勝無敗だった須田博ことビィクトル・スタルヒンが姿を見せなくなっていた。病気と称していたが、実のところ隔離され軟禁状態におかれていたのである。日本に在留していた外国人は軽井沢に集められ、行動が制限されるようになっていた。そのなかにスタルヒンもいた。それまでも特別な許可がなければ移動できない不自由な生活だった。米英との戦争がはじまってからはますます厳しくなり、水道橋駅から後楽園球場へ向かう途中にある橋を渡る際に船を見たら、銃殺にするぞと脅かされたこともあった。敵国とは無縁のはずだが、彼の西洋的な風貌がひとまとめにされ阻害されてしまった。人里離れた地で無国籍の投手への監視は続けられた。

そんなことはつゆ知らず、投手陣の柱を失った穴を埋めるべく投げたのが近藤だった。彼にも徴兵検査が迫っていた。残された時間はあまりない。投げないときには野手として休まず試合に出場して奮闘した。

近藤らの懸命なプレーが繰り広げられたにもかかわらず、後楽園球場では異変が起きていた。なんとグラウンドの一部に畑が出現したのである。犯人は球場の職員で、サツマイモ、かぼちゃ、きゅうり、トウモロコシといった野菜を隅の方に植えたのがきっかけであった。たしかに家庭では空地を利用した戦場農園が推奨されていたが、場所が場所なだけに問題である。

その魅力的な光景を二階に駐屯する東部軍が見逃すわけはなく、さらに外野の塀に沿って野菜畑を拡張させて栽培するようになったから、もう収拾がつかなくなった。前年、陸軍次官から、「食料増産ノ為空閑地ノ活用強化ニ関スル件関係陸軍部隊へ通牒」により、軍の営庭、演習場などの軍施設で訓練に阻害のない範囲でイモ、豆類の栽培をするよう通達がされていた。命令に忠実に従ったとはいえ、試合ともなれば障害でしかない。案の定、外野へ飛んだ球が野菜畑に紛れ込み、あれこれ探しているうちに三塁打になるという笑えない珍事が起こってしまった。

それでも選手は真剣そのものだった。巨人軍の藤本は采配をとりながら自らも投げて春季三回戦まで阪神軍と同率で首位の座を守った。両軍つばぜりあいの末、夏季になって勝ち抜けたのは、わずか一四名の阪神軍だった。原動力は監督を兼任しながら投げる若林の巧みな投球術にある。カーブ、ドロップ、ナックルといった多彩な球を投げ、年を重ねても衰えを見せない。加えて野手陣は藤村富美男を中心に、戦地から帰還してきた門前眞佐人や武智修らの懐かしい顔ぶれが打棒を振るった。

関西大学の夜間で、同僚たちのために授業の代返をしていた本堂保次の姿もあった。本堂は中支で現地入隊して、米英との戦争から間もなくして比島に派遣された。バターン半島の攻略では、コレヒドール島での戦闘で生きるか死ぬかの体験をした。その後の転戦のなかでマラリアにかかり、内地への送還となった。真面目に取り組んできた姿勢が生き延びる運を呼び込んだようだ。状況判断によって瞬時に対応する軽快な二塁の守備は健在である。怖いもの知らずの役者たちがそろったチームは勢いを増した。長らく巨人軍が連覇してきたが、阪神軍が優勝するとなれば昭和一三年春季以来になる。贔屓《ひいき》たちの応援にも力が入る。

そうしたなかに交じって観戦していたのが沢村だった。もう巨人軍に籍はない。南海軍の選手と一緒に練習をしてはいたものの、試合に出ることはなかった。もどかしさといたたまれない気持ちでいっぱいだったに違いない。人の目を避けるように観ていたかつてのエースを発見したのは産業軍監督の三宅大輔だった。日米野球の全日本や巨人軍の監督をしてきた三宅は沢村にとっては恩師といえる。巨人軍を解雇された際にも移籍するよう手を差し伸べている。三宅はかつての教え子を宿舎に招き入れると近況を聞いた。沢村は毎日工場で働いているといい、「野球よりよっぽど面白い」と強がってみせた。そんな態度をじれったく思ったのか、三宅は、「危ないじゃないか」と思わず声を荒げると沢村は下を向いた。三宅はもう一度野球をやってみないかと沢村に声をかけた。沢村は返事をすることなく帰っていった。

いずれの球団も春先には一五名前後いたが、ひとり、ふたりと減っていった。巨人軍に移籍したばかりの柴田も、夏になり兵隊に志願することにした。彼は近藤に、「お互いに命があったら、どこに居ても一〇年目にはきっと逢おう」と約束すると寮をあとにした。戦地では兵の補充が急務で、西部第四六部隊へ入隊した柴田は、息つく間もなく門司港から出港となった。名前の「崎雄」は漁師だった祖父が時化《しけ》た海を祈願していた近くの磯崎神社に由来する。神様に守られるように船は南方へと向かったのだった。

なんとか持ちこたえてきた公式戦であったが、日中戦争で従軍していた阪神軍の御園生崇男や産業軍の吉田猪佐喜らの再召集が続くと、とうとう秋以降のチーム編成にメドが立たなくなるところまできてしまった。これまで陸軍報道部の検閲や比島軍政監からの指令といった力に屈することなく続けてきたが、肝心の選手がいなければ打つ手がない。これ以上の運営は不可能だ。苦渋の選択のなか報国会の理事たちは職業野球の継続を断念した。昭和一九年一一月一三日、日本野球報国会は東京会館の薄暗いローソクの下で一時休止の発表を行った。

時を同じくして沢村のもとに再び召集が舞い込んだ。これまで大陸、比島の地で命をかけて戦ってきたにもかかわらず、またも戦地から呼び出しがあるとは。三度目だけに信じられなかったであろう。

出征の日、沢村は家族に心配をかけまいと、いつものように「おい、行ってくるわ」といった調子で家を出た。しかし心中穏やかではなかった。営門近くまで見送ってくれた父との別れの時がやって来ると、これまで語らずにきた悔しい気持ちを一気に吐き出し、巨人軍に解雇されたことを涙ながらに告白した。いつかきっとマウンドに立って見返してみせる、そんな心境だったに違いない。三宅のもとにも、「こんど戦争から帰って来たら、あの話の返事をします」と書いたハガキを残している。望みは捨てていなかった。

しかし運命は残酷である。門司港を出港した沢村の輸送船は屋久島の西で米軍潜水艦からの魚雷攻撃を受けると海深く消えていった。球界を席巻したエースは職業野球の消滅とともに、その生涯を閉じた。

†出撃を待つ特殊潜航艇

兵士や物資を輸送する船はことごとく沈められ、いまや制海権は敵の手中にある。起死回生すべく新たな戦力として期待されたのが、学徒出陣で入隊してきた若者たちである。

佐世保の海兵団の配属になった名古屋軍の小鶴誠は、千葉の砲術学校で教育を受けて、陸戦隊として比島を奪還するために派遣されることになった。危険このうえない作戦である。それは目的地までの航海も同じで、二四隻ほどの輸送船団を組んでバシー海峡付近を航行中に、いきなり潜水艦に攻撃された。経験のない者にとっては恐怖以外のなにものでもない。次々と近くにいた船が沈没していくなか、小鶴が乗船していた船は紙一重で台湾へ逃げ込んだ。この先、どこへ移動するにしても周囲は敵だらけで身動きがとれない。仕方なく部隊はそのまま台湾の高雄に駐屯することになり、海岸警備の任にあたることになった。

海を主戦にした学徒はまだいた。海草中学出身の嶋清一《しませいいち》◆112と真田重蔵《さなだじゅうぞう》◆113である。嶋といえば夏の甲子園で五試合連続完封という離れ業をやってのけた逸材である。準決勝では三振一七個の無安打無得点で、続く決勝でも無安打無得点という前代未聞の記録を達成している。しかも大会を通じての被安打は八本、奪三振は五七個だから圧巻の投球だった。

それほどの実績をあげたにもかかわらず、明治大学に進学してからは思うような結果を出すことができなかった。気が弱いせいか、上級生たちからの指導に委縮したのが原因のようだった。予科の二年生になり当時の大洋軍と入団の契約をして野球部を去る事件まで起こしている。結局のところ関係者がなかに入り、契約は破棄され中退も取り消されたため在籍を続けることになった。そして六大学が解散していく渦中で最後の主将を務め学徒出陣となった。

海草中学で、嶋のあとを継いで甲子園で連覇したのが投手の真田である。彼も卒業後は明治大学へ進学するつもりでいたが、朝日軍からの熱心な誘いで、親代わりの兄が職業野球入りを承諾したのだった。入団した年は新人ながら一三勝をあげる活躍ぶりを見せた。真田もまた日本大学大阪専門学校に籍を置いていたため、一年の現役生活で学徒出陣となった。

ふたりは出征するにあたり海草中学の関係者による壮行会に出席すると、万歳の声に送り出されて広島の大竹海兵団へ入隊した。二、三カ月の基礎訓練ののち、嶋は電波探知機の教育を受けるために横須賀の通信隊に回された。一方、真田は航空隊を志願したが視力が悪く操縦士は失格となり横須賀行きとなった。そこにいたのが嶋先輩であった。嶋は眼鏡をかけるほどの視力だったせいか航空隊へは志願をしておらず、まったくの偶然である。軍隊では同じ立場で先輩と呼ぶこともできず、「俺」「お前」の間柄になった。

四カ月間の教育が終了すると、ふたりはそろって和歌山の紀伊防備隊への配属命令を受けた。日課はレーダーの監視で、休憩時間になると野球をするなどして過ごした。嶋は結婚したばかりの妻と近所に住み、戦争が終ったら一緒に職業野球をやろうと語った。だがこの戦局で平穏な暮らしが長く続くはずがない。

先に転属命令が出たのは真田であった。がっかりする真田を励ましながら、先輩は営門まで見送った。その嶋にも第八四号海防艦への搭乗命令が下された。艦の任務は輸送船団の護衛である。制海権は完全に奪われているだけに危険な役目だ。案の定、シンガポールから内地へ向かう途中、米潜水艦に発見されてしまった。執拗な追尾にもはや逃げとおすことはできない。一六隻の輸送船とそれを護衛する七隻は魚雷攻撃になすすべもなく次々と沈没していった。第八四号海防艦にも襲いかかり嶋は船と運命をともにした。

先輩が戦死したことも知らずに、真田は石川県の海軍基地で出撃を待っていた。与えられた任務は特殊潜航艇の乗組員である。空では飛行機による体当たり攻撃がはじまっていたが海でも同じように考案していた。海軍が開発したひとり乗りの人間魚雷回天は敵艦船に体当たりする特攻兵器である。魚雷を発射して基地へ帰投する戦術をとっていた特殊潜航艇も特攻用として小型化され潜航艇海龍の製造を開始していた。訓練を受けた真田は潜航艇が完成次第の出撃となる。もう生きては戻れまいと悲観する毎日となった。

特殊潜航艇の乗組員になった朝日軍の真田

†正月野球

日米開戦から四年目の年が明けた。戦争がなければ街中はどこも賑わうところであるが、いまは表立ってお屠蘇《とそ》気分で浮かれるわけにはいかない。世間の眼もあってか、元旦のこの日、人々は甲子園球場へ静かに足を運んだ。密かなお目当ては職業野球の観戦である。公式戦が休止したにもかかわらず、阪神軍の呼びかけによって大会の実現へとつながった。これまでも人手の多い三が日には正月野球大会の興行は行われていたが、戦況の悪化のなかでの開催は意味が違う。球団も試合に出場する者も、それなりの覚悟がいる。

選手不足であるのにはかわりなく、知恵を絞った方法は混成チームの編成だった。結成されたのは阪神軍九名と産業軍四名の一三名からなる即席の「猛虎軍」である。顔ぶれは阪神軍の若林のほかに、戦地から帰還した藤村らである。対するはこれまた阪急軍七名と朝日軍七名による一四名の「隼軍」である。こちらも帰還してきた者たちと、いまだ兵役の声がかからない阪急軍の西村や朝日軍の坪内が顔を見せた。当初は南海軍から改称した近畿日本軍による「潜龍軍」も結成される予定であったが調整がつかず、結局二チームのみでの対戦となった。

大会は元旦からの四日間を甲子園と西宮球場で交互に開催し、毎日二試合を行う形式である。初日は風が強く、陽が出ているうちはいいが、曇り空になるとオーバーコートを着ていても寒い。見渡せば甲子園の大銀傘は金属回収のため撤去されていた。選手の着替え部屋は近畿軍軍需輸送隊の兵隊が常駐していて、外野は木炭車トラックの置場、スタンド下は修理場になっている。軍事一色になった殺風景な球場なだけに、余計に寒さが身に染みる。

それでもグラウンドからは熱気が伝わってくる。正月から四日連続で休むことができない者もおり、本職とは異なる投手での登板や、守備位置を変更しながらの奮闘ぶりとなった。やりくりしながらすすめた大会は、なんとか無事に八回戦のすべてを終えることができた。勝敗の方は阪神軍の主力がいた猛虎軍が七勝一敗の大勝であった。だが結果は二の次だ。参加した誰もがプレーできたことに満足したに違いない。

それにしても主催した球団もさることながら、観戦する方も勇気のいることである。傍から見れば正月気分で興行を楽しんでいるとしか思われない。そういえば、つい二週間ほど前に阪神軍の三輪《みわ》八郎《はちろう》◆114の戦死が報道されていた。三輪といえば、長身から投げ下ろす速球と大きく落ちるドロップで凡打させる左の好投手である。昭和一五年には一六勝の成績を残し、その年の満洲遠征では巨人軍相手に無安打無得点を達成している。左腕はその大陸の地で倒れたのだった。紙の配給制限で頁数が大幅に削減された紙面に掲載された、三輪の記事は目を引く。それだけに選手たちの最後の姿を目に焼き付けておきたいと、球場へ足を運んだ人もいただろう。正月野球大会の四日間の入場者数は八五〇〇人を数えた。

観客の喜ぶ姿を見て、阪神軍は再び大会を開催することを計画した。唯一の心配は空襲である。事実、大会二日目に甲子園球場で行われた試合で警戒警報が発令された。敵にとっては正月など関係ない。五回裏の猛虎軍の攻撃の途中に突如、警報が鳴り響き中止となってしまった。

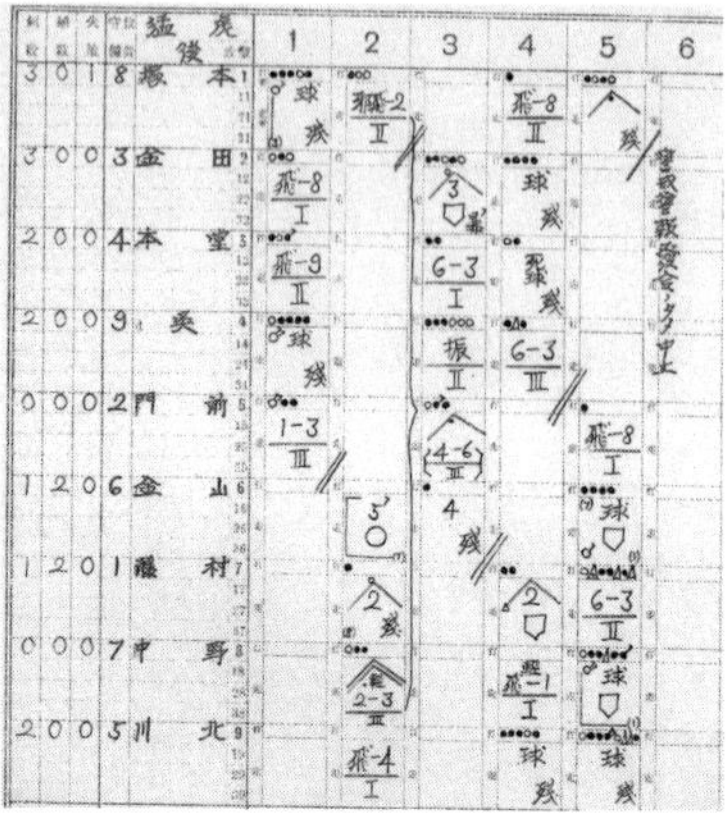
空襲により中止になった正月野球大会

翌日以降は何もなかったものの、いつまた空からやって来るかわからない。来襲しないことを祈るしかなかった。

しかし、そうした懸念が現実となっていく。米軍が日本本土への空襲を開始したのは大会の一カ月前からである。サイパン島を手中に収めた米軍は滑走路を完成させて爆撃機B29を配備した。これにより、B29の航続距離であれば爆弾を積んで日本本土まで往復が可能になった。東京郊外にある中島飛行機武蔵製作所を皮切りに、愛知、兵庫の飛行機工場への爆撃を試みはじめた。しかし目標地点での命中率の精度は低く、いまひとつ戦果があがらない。日本軍の迎撃を避けるために高度一万メートルからの爆弾投下を実施したが、上空の気流が影響して攻撃目標を外してしまうのが原因であった。

そこで新たに考え出されたのがB29の飛行高度を一五〇〇メートルから三〇〇〇メートルほど下げ、高射砲による撃墜を避けるために夜間に爆撃を行う戦法である。同時に投下する新型の焼夷弾も開発された。粘り気のあるガソリンを充塡した小さな筒状の焼夷弾で燃焼力が高いため、木造家屋が密集している日本の市街地にばらまけば一気に火の海と化しひとたまりもない。目標になったのは東京の下町だった。

本土空襲

昭和二〇年三月一〇日未明、東京は大規模な空襲に襲われた。三二五機のB29が上空に現れると、三二万余りの新型焼夷弾が投下された。またたく間に火の手があがり、本所、浅草、日本橋、本郷へと広がった。隅田川にかかる橋では、群衆が押し寄せ身動きができないまま猛火の犠牲になった。路上には焼死体が散乱し、なかには幼児をかばった母の姿も数多く見られた。後楽園球場でも、駐留していた兵士に死者が出た。近くの建物からの火が移りスコアボードが焼け、スタンドの一部に大きな穴が開く被害となった。

学徒出陣によって徴兵になった名古屋軍の西沢道夫は、一カ月ほど前に東京に戻ってきたばかりだった。北支に出征し各地を転戦していくなか、天津付近で交戦になり手榴弾の破片を右太腿部に浴びて負傷してしまった。傷の具合は思いのほか悪く、内地に送還されることになり、第二陸軍病院の大蔵分院で治療を受けていたところであった。真夜中の炎の光は、病室からも確認できたはずである。下町と比べれば被害は少ないものの、分院のあった世田谷でも一部の区域が焼失している。安全だと思っていた内地で、これほどの惨状を目にするとは思いもよらなかったに違いない。

大規模な空襲は、東京から各都市へとすすんでいった。二日後、名古屋でも大きな空襲があった。満洲で独立速射砲部隊にいた巨人軍の多田文久三は、幹部候補生として教育を受けるために岐阜へ転属することになり、その途中で空襲に遭遇した。それは名古屋行きの列車に乗車していたときのことである。突然、警戒警報が鳴り響くと停車してしまった。何事かと外に出て空を見あげると、豆粒のような飛行機が一機飛んでいるのが見えた。「兵隊さん、身を隠しなさい」と慌ててやって来た駅員に聞けば、それは爆撃機の偵察飛行だという。あれがB29か。それにしてもはじめて見る噂の飛行機はなんとも小さい。大陸の空ばかりを見ていて内地の現実を知らない多田に対して、駅員は呆れるように、一万メートル上空を飛んでいるのだと説明してくれた。想像もつかない距離と、悠然と飛び去っていく姿に米国の脅威を感じた瞬間であった。

その後も列車は繰り返し停車した。到着したのは深夜を過ぎた頃だった。そこで目にしたものはB29による空襲直後の名古屋であった。人々が暮らしていた街の建物は崩壊し、あちらこちらからうめき声が聞こえてくる。目撃した偵察機は大空襲の前触れであった。

名古屋軍を経営していた新愛知新聞社は、米国との戦争がはじまると市民に向けて、「空襲下の急救法」と題した心得を発行していた。ドイツによる英国ロンドンの空襲を踏まえて、被害にあった場合の容態の見分け方や手当、救護処置の方法などが書かれたものである。しかし、その規模は想像をはるかに超えていた。惨劇を目の当たりにした多田はただ立ちすくむばかりであった。

空襲により焼け野原になった名古屋を見て、衝撃を受けた人間はまだいた。野口二郎である。陸軍報道部からの引き分け禁止の指示によって延長二八回を投げあった西沢と同じく、彼も内地へ戻って来ていた。法政大学の夜間生だった二郎は、勉学に励み見事に中等学校の教員の資格を取得している。もれなく徴兵にかかり入営した先は大阪にできた補充兵の部隊で、すぐに一九三部隊の一員として満洲へ渡った。現地で幹部候補生の試験に合格すると、そのまま残り予備士官学校へ入った。すでに原隊には動員がかかっており、もし試験に通過しなければ危うく比島へ行くところであった。さらなる教育を受けるために内地へ帰還命令が出て目指したのは、故郷の名古屋であった。

目の前にした光景は出征前の街とはほど遠く、二郎の実家も跡形もなく消えていた。名古屋が爆撃の目標になったのは、大都市だったことに加え航空機の工場があったからである。最初の空襲では三一〇機ものB29が空を埋め尽くし、その後も繰り返し来襲しては焼夷弾を投下した。

大阪で空襲があったのは名古屋の翌日のことである。日本の地を蹂躙《じゅうりん》するように徹底的に破壊していく作戦である。正月の野球大会に出場していた坪内は、川西航空機の協力会社から疎開して、奈良にある海軍指定の御所工業で木造船を造っていた。この日、再び開催が予定された大会に参加するために、坪内は選手たちと駅まで行くと大阪で空襲があったことを知らされた。電車は走っておらず、大阪までの交通網は途絶していた。当然ながら野球どころではなくなり、試合は中止になった。

戦火は多数の一般市民を巻き込み、不安は一気に増大していった。時局をもちこたえることができなくなった小磯内閣は総辞職し、新たに鈴木貫太郎内閣が発足した。戦争を終結させるのか、それとも戦いを続けて最終決戦に臨むのか、内閣の責任は大きい。対する米軍は、本土への上陸を視野に入れていた。南九州を攻略して本州進攻への拠点を確保すれば、日本を追い込むことができる。加えて、頻繁に実施されるようになった「特攻」と呼ばれる体当たり攻撃の基地も多数あるだけに、徹底的に叩いておく必要がある。米軍は九州への空襲を激化させていった。

まさに陸軍特攻の知覧《ちらん》基地で防衛に当たりB29を迎え撃ったのが鶴岡一人《つるおかかずと》◆115中隊長だった。神宮の花形で、法政大学から南海軍に入団した鶴岡は、いきなり最多本塁打となる一〇本を放ち世間をあっといわせた。二桁の最多本塁打は巨人軍の中島治康以来の快挙で、新人とは思えない力を見せつけたのだ。さらに、統率力を買われて主将に抜擢されチームを牽引していったから余計に驚く。とてつもない新顔の出現に周囲の期待が高まったが、徴兵検査の報せが舞い込み戦場行きとなってしまった。たった一年の在籍であった。

福岡甘木《あまぎ》の高射砲第四連隊に入隊した鶴岡は、幹部候補生の試験を受け合格すると、千葉の防空学校に入校して機関砲を学んだ。日米開戦で繰りあげ卒業になったが、原隊が大陸に移動していたため九州の部隊に転属になり、各地を移動しながら防衛に当たっていった。この間に二〇〇名の部下を持つ機関砲中隊長になっている。入営以来、除隊することなく兵役は続き、やって来たのが知覧の特攻基地であった。

それまで実戦経験がなかった鶴岡であるが、はじめて空襲に直面したときは、緊張のあまりどんな号令をかけたかまったく覚えていなかった。二度目からは度胸もすわり中隊長らしく振る舞ったが、戦果は惨憺《さんたん》たるものであった。上空のB29に対して高射砲で反撃するも、敵機のはるか下でポンと炸裂するだけでびくともしない。鶴岡の中隊が受け持つ機関砲は、低空で侵入してくる戦闘機を迎撃する役目であったが、戦果は同じようなものである。それでも、敵から特攻機を守り無事に発進させる重要な役割であることに間違いはない。

特攻の日が近づくと、ほどなく機関砲中隊長のもとに日時の連絡が届く。当日は早朝から整備が開始され、中隊も来襲にそなえる。出撃の時間になると日の丸のはち巻きを締め、白いマフラーを首に巻いた特攻隊員が飛行機に乗り込み別れの時である。上官、戦友、地元の人たちが手を振るなか、特攻機は飛び立っていく。基地はこの繰り返しである。

この日も陸軍の知覧基地から戦闘機が飛び立つと、錦江湾《きんこう》をはさんだ海軍の鹿屋《かのや》特攻基地からも同時に出撃する様子が見えた。鶴岡中隊長は帰ることのない若者たちを見送った。

†飛行訓練

はたして特攻作戦を知ってのことだろうか。命の保障などない空の勇士を目指して入隊して来る若者たちはあとを絶たない。青田昇もまた憧れの飛行機乗りになりたいと志願したひとりである。

戦争が激化するにつれ、日本軍は多くの熟練搭乗員を失っていた。軍は不足する操縦士を補うために、「空こそ決戦場」と広報活動に力を入れ、「青少年諸君が空へ行く道はこれだけある」と操縦士や整備士について図解入りでわかりやすく紹介して募った。その図の流れから陸軍少年飛行学校、陸軍飛行学校、特別操縦見習士官、陸軍航空整備学校、海軍予備学生など、学歴、志望分野に応じて実に多くの道が用意されていることがわかる。ちょうど青田が巨人軍を辞めた時期のことだから、それを目にして志願したのかもしれない。

青田は特別幹部候補生の試験を受けたのち、大刀洗陸軍飛行学校への入校が許された。学校といっても兵隊であることにかわりはなく、身分は分校の甘木生徒隊の一等兵である。例外なくヘマをすれば、容赦なく鉄拳が飛び、起床から消灯まで気の休まらない生活がはじまった。入校してからの指導は基礎体力をつけることが主で、飛行兵とはほど遠かった。

　飛行の専門訓練に入ったのは三カ月が経ってからのことである。とはいえ本物の戦闘機を操縦するなどまだ早い。まずは校舎近くの河川敷で、木製グライダーを使って素質が見極められる。玩具の飛行機と同じ要領で、ゴムの張力によって飛ぶグライダーは、高度三メートル、飛行距離は一〇〇メートルほどまですすむ。うまく操縦すればもっと長く飛ぶことが可能で着陸もふわりとできる。素人が操縦桿を握るのは容易ではなく、三カ月間が経過した頃には三〇〇〇名いたはずの生徒は、三〇〇名まで絞り込まれていた。青田も選抜され大《た》刀洗《ちあらい》陸軍飛行学校の本校教育隊へとすすんだ。

陸軍飛行学校での訓練

　訓練で使用される練習機は、複座の複葉機で機体が赤く塗られていたことから「赤トンボ」と呼ばれていた。教官が同乗するから一対一で徹底的にしごかれる。のべつまくなしに怒鳴り声をあげられ、揚句のはてに、人の命より高価な飛行機の方が大事だと教えられる。少しでも失敗をすれば飛行後に操縦上達棒でケツを叩かれるから、精神をやられて脱落していく者もいた。ここが我慢のしどころで、それを乗り越えると単独飛行が許される。最初は緊張するものの、飛行時間が五〇時間も過ぎれば鼻唄まじりになってくるから不思議である。

しかし、この油断が一番危ない。青田が大刀洗陸軍飛行学校へ移る三カ月前に事故があった。空中戦を想定した演習で、旋回飛行を続けた練習機が学校近くの山膚《やまはだ》に激突して真っ赤な炎をあげた。操縦していたのは、青田と同じく職業野球出身でセネタースにいた村松長太郎《むらまつちょうたろう》◆116だった。浪華商業出身の村松は、バターン半島で戦死した納家米吉の後輩にあたる。春の甲子園の決勝で優勝を逃した納家の悔しさを晴らすように、彼は同じ春の大会に登板するや、強豪の中京商業を破り見事に優勝をはたしている。当然ながら、大阪に初の優勝旗をもたらした投手の職業野球入りに期待が高まった。ところが入団後の試合で野手とぶつかって肩を痛めるという不運に見舞われて、外野手への転向となってしまった。学生時代には、野球をするためにわざわざ浪華商業へ転校するほどの熱の入れ方であったが、職業野球の世界では投手としても野手としてもいまひとつ納得がいく成果が出せずに、「孫子の代まで野球選手にさせたらあかん」と姉に漏らして悲観した。

その村松が大阪の歩兵第八連隊へ入営すると、「鉄砲を担いで歩くより、飛行機に乗りたい」と志願して大刀洗陸軍飛行学校へやって来たのだった。事故の前日、村松は特攻に出撃する隊員と別れの酒を酌み交わしていたが、戦友のあとを追うように、彼も命を落とす運命となった。事故後、ひとりの女性が学校を訪れた。セネタース時代から交際を続けてきた婚約者で、ふたりは二週間も経たずして結婚式を挙げる予定だった。学校に悲しみが広がった。

やはり訓練中の事故を目の当たりにしたのが、明治大学野球部に所属していた大下弘《おおしたひろし》◆117だった。東京六大学野球連盟の解散もあって出場機会に恵まれず、職業野球の所属でもない彼は球界では無名の存在である。ただ練習では部員も驚くほどの打撃力を見せた。いとも簡単にポンポンと外野後方へ飛ばす隠れた新人は、「ポン」というあだ名を付けられた。

大学生の徴集延期の停止により、大下もほかの学生と同じように学徒出陣で軍隊入りした。入営したのは姫路の第三四部隊で、連隊砲を引っ張りながら歩兵の訓練を受けると航空隊へ志願した。合格したのは同期の戦友一〇名のうち大下を含めて三名だった。転属した軽井沢で学科などの基礎教育を六カ月間受けたのち、群馬県新田へ移ると待望の赤トンボが待っていた。いざ訓練に入ると、鬼とあだ名された教官の指導により、軍隊とはこんなものかと情けなくなるくらいまで絞られた。常に張りつめている状態なだけに、少しでも気のゆるみや迷いがあると危険に見舞われてしまう。事故が続出し六名もの死者が出た。

なんとか無事に乗り越えた大下は、福島の矢吹にある陸軍飛行学校の分教場に移り、青田と同じく九七式戦闘機により、高度な技術を学ぶ段階に入った。赤トンボと比べれば優に二倍は超える速度がある。しかも横転、垂直旋回などの戦闘実技はもとより、計器を見ずに目視で飛行するなどもあり危険このうえない。またも帰投できない者が出た。よくよく考えれば、それまで知識も経験もない若者に、短期間で飛行技術を習得させるなど無茶な話である。大刀洗では陰で消耗品教育と呼んでいた。ここまで無事にこれた大下は、野球で培ってきた勘の良さのおかげだと実感した。

†航空整備学校

飛行機の事故は操縦士の力量によるものだけではなく、機体の故障も原因にあげられる。自由自在に空を飛び回る戦闘機は、高度な整備技術があってのことだけに、それを担う整備士の役割は大きい。立川の陸軍航空整備学校で教官として整備士を養成していたのは、川上哲治だった。

二度の首位打者に輝くなど、巨人軍にとってはなくてはならない存在に召集がかかったのは、昭和一七年の公式戦の最中だった。熊本の西部一六部隊へ入営して、基礎訓練もそこそこに幹部候補生試験を受けて合格すると、予備士官学校に入った。投手から打者へ転向して努力の末に打撃術を開眼したように、軍隊でも暇さえあれば勉強する日々であった。そのせいで視力は落ちてしまったものの、見習士官としての道を切り開いた。本来ならここで原隊への復帰になるところだが、工業学校機械科出身の履歴が目に止まり、自身も想像もしてなかったであろう航空隊への転属となった。

再び上京した川上は、立川の陸軍航空隊に所属して整備に必要な知識をたっぷりと叩き込まれた。同じように送り込まれた者は一六〇名もいたが、それは軍が航空戦へ力を入れていることを意味していた。ここでも技術の習得に励む姿にかわりはなかった。その証拠に、三カ月間の教育が終了すると、優秀と認められた川上ら八名は立川で教官として残り、あとは各地の飛行戦隊へ配属されることになったからである。

陸軍航空整備学校での川上の担当科目は、戦闘機に搭載する機関銃などの航空火器の扱いと整備である。創設されたばかりの学校のため、教育方法が蓄積されていないから、教官に委ねられることは多々あるだろう。当然ながら、直接的な内容だけではなく関連する幅広い知識が求められる。火器といっても多様な種類があり、構造や部品も異なる。しかも整備となれば、最新のものだけでなく過去のものまで知っておかなければならない。にわか教官にとってはかなり厳しい。教える相手はさまざまで、空の戦歴の持ち主たちへの教育では、実戦に即した話をせねばならず冷や汗ものだった。

二度の首位打者に輝いた巨人軍の川上

しかし、ここで弱みを見せるわけにはいかない。

そうした引け目が虚勢へとつながったのか、さほど年齢もかかわらず入学してくる学徒兵に対して、川上は教官を演じるかのように冷徹に振る舞った。朝の点呼では、目をそらした、よそ見をしたと左腕の握りこぶしを振りあげ、兵舎から学校までは駆け足を命じた。兵士に外出の許可が出た際には、たとえ帰営時間内に戻ってきても胴間声《どうまごえ》で説教をした。夜間演習の露営では、多くの教官が兵に交じって食事をともにするが、そうしたこともしない。技術的な指導は古参の下士官に任せて、陰湿とも受け止められる精神指導に終始したため悪評が蔓延した。

そんな川上も、経験を積んでいくとしだいに部下を思い統率力を発揮するようになっていった。それは航空機を製造する明石の工場へ生徒を連れて教育実習に行ったときのことである。突然、警報が鳴り響きB29による空襲に遭遇した。川上は急いで生徒たちを誘導して工場の建屋そばの塹壕に避難した。爆弾が投下される様子を見ていた教官はとっさに建物が目標になっていることを察知し、第二派攻撃に移るまでの間に四〇名の生徒に対して工場周辺の森まで駆け足するように大声で叫んだ。再び上空に爆撃機が飛来してくるなか、生徒たちは教官を信じてあとに続いた。やがて第二波の空襲がはじまると、工場は真っ赤な炎に包まれた。もしあのまま塹壕にいたなら、全員犠牲になっていたに違いない。川上のとっさの判断と適確な指示が生徒の命を救ったのだった。

川上が教官を務めた陸軍航空整備学校

それにしても、いくら操縦士や整備士を養成しても、日本の上空は相手の思いのままである。じっとしていられなくなった青田は、自分も特攻隊に入れてほしいと中隊長へ志願書を提出した。これまで厳しい訓練をともにしてきた同期は振るい落とされるたびに特攻隊員になっていた。残った青田ら一五名は、戦闘隊員として選抜され訓練が続けられていたが、本土決戦にそなえて優秀な操縦士を温存しているという噂を耳にした。このままではいつまでたっても出撃できない。俺も同期のヤツらと同じように飛んで行きたい。はやる気持ちも空しく上官は、「そう死に急ぐこともあるまい。もう少し時機を待て」と許可しようとはしなかった。

手榴弾投げで記録を更新した青田は、甲子園の大会が戦争で開催されないとわかると、さっさと中学を中退して巨人軍に入団した。職業野球選手が工場で働くようになると、性にあわないと、こんどは球団を辞めて軍隊に飛び込んだ。純粋な青年は、これまで感じたままに行動してきた。だがここは軍隊で上官の命令は絶対である。飛び立っていく戦友を見送るしかなかった。

†菊水作戦

絶対国防圏が崩壊していくなか、いよいよ敵は日本の領土に足を踏み入れようとしていた。ここは総力戦により、なんとしてでも踏みとどまらなければならない。海軍は航空兵力をもって、沖縄に来攻する米軍に対して菊水作戦と名付けた大規模な特攻を決定した。

人間そのものが兵器となって敵に体当たりする特別攻撃隊、いわゆる特攻の出撃を間近にしていたのは加藤三郎◆118だった。バットを立ててかまえる独特な打法により、明治大学の主砲を務めてきた。その威力は大学のグラウンドで外野を優に越える飛距離の打球を連発させたことでもわかる。耳が悪い加藤であったが、遠くへ飛ばす体格の持ち主を軍が放っておくはずもなく徴兵検査で合格になった。兄と弟も同じ大学の野球部に所属していたが、学徒出陣で入隊したことは兄弟をはじめ家族誰ひとりとして知らなかった。海軍を選んだ理由は同じ兵隊になるなら陸軍一兵卒で苦労するより、試験を受けて海軍予備士官になる方がましだと考えてのようだ。見立てのとおり、土浦の航空隊に入り第一三期海軍飛行予備学生に合格するや、百里原《ひゃくりはら》海軍航空隊で少尉として配属された。だがそれは特攻への道を意味していた。加藤の同期はいずれも隊員として編成され、鹿児島の特攻基地への飛行が命じられた。出発前に加藤は同じ基地にいた一期下の予備学生で、操縦訓練の教え子でもある笠原和夫に写真の撮影を依頼した。彼も同じ六大学の野球部で、早慶壮行野球では早稲田の四番で出場している。最後の早慶戦で完全燃焼し、そのあとに明治神宮外苑競技場で開催されたお仕着せの出陣学徒壮行会には参加しなかった。卒業して海軍へ入隊してからは、加藤を追うように道をたどってきた。笠原もいずれ特攻隊員になる身だ。加藤は撮影した写真を、ある女性へ送るよう笠原に託した。神宮で戦ってきた球友だからこそ、胸の内を明かしたのだろう。笠原は懸命になって最後の姿を写真機に収めた。撮影を終えると加藤は片道の特攻とわかって、「元気に行ってくるぞ。俺は死なんぞ」といい、百里原をあとにした。

鹿児島へ飛び立った加藤は途中、給油のため名古屋にある挙母《ころも》の基地に立ち寄った。そこには、偶然にも同じ岐阜商業出身で早稲田大学野球部の近藤清がいた。早慶壮行野球の開催をめぐって、大学の煮え切らない態度に激怒した近藤も、やはり海軍飛行予備学生に合格し、名古屋の飛行隊に転属になっていた。語らずとも互いの気持ちはわかる。残された時をともにし加藤を見送った。

第二国分基地に到着した加藤を待っていたのは、菊水作戦第一号の発令であった。出撃まであまり時間がなかったのか、家族にあてて、「ただいまより出動致します。最後まで大いに頑張る決心でいます。……御両親はじめ皆々様の御健康と前途のご多幸をお祈り致します」と便箋に走り書きした。そして九九式艦上爆撃機に乗り込んだ。すでに沖縄周辺には敵の空母、戦艦などが押し寄せ、早朝も石垣島、宮古島は空襲にあっており、一刻も早い攻撃が求められる。神風特別攻撃隊第一正統隊の加藤少尉ほか四九機は沖縄へ向けて出撃し、嘉手納《かでな》近くの沖合で敵輸送船団を発見すると体当たりを決行した。この日、各飛行基地から作戦に参加したのは、特攻機を含めて五二四機にものぼり、多くの若者が散っていった。

近藤は加藤が突撃したことを知ると、いち早く笠原に知らせ、自らも続く決意であることを手紙で伝えた。三週間後、近藤少尉も菊水作戦第四号により、神風特別攻撃隊第三草薙隊の一員として沖縄の敵艦船へ目掛けて突入していった。

続々と基地から飛び立っていく飛行機を見送りながら出撃命令を待っていたのは阪神軍の皆《みな》川定之《がわさだゆき》◆119だった。選手時代に公開していた身長は、五尺三寸（約一六〇センチ）であったが、本人いわく実はもう一寸（約三センチ）ほど小さい。初打席の際に審判から、「坊やバットを拾ったら向こうへいけ」とバットボーイと間違われたという逸話がある。山椒は小粒でもぴりりと辛いではないが、見た目は小柄ながら芯はしっかりして、負けん気が強い。子供扱いに奮起した遊撃手は、並み居る競争相手を退けて定位置を獲得していった。

皆川もほかの同僚と同じく関西大学に在籍していたが、軍隊入りして満洲へ渡った。厳しい野球の練習を耐えてきただけに、訓練はそつなくこなした。幹部候補生にも合格すると予備士官学校に入るために内地へ戻ることになった。満洲からの列車で再会したのは、同僚だった宮崎剛である。野球を職業にするとは国賊だと罵られていた宮崎も、日頃の行いが上官から認められるようになり、晴れて幹部候補生として入校する途中であった。互いに見習士官としての訓練がはじまるだけに、身の引き締まる思いである。

ところが皆川が入校してみると驚くべき事実が伝わってきた。南方に移動した原隊が全滅してしまったのである。同じ釜の飯を食ってきた戦友たちだけに衝撃は大きい。普段はあまり喜怒哀楽を表に出すことはないが、深く期することがあったようだ。このまま内地で逃げ回っているよりはひと思いに大空でパッと散りたいと、特攻を志願した。特攻隊員になった皆川は、出撃はまだかと心は逸るばかりであった。

特攻に志願した阪神軍の皆川

†特別攻撃隊

皆川より先に出撃の命令が下ったのは、名古屋軍の石丸進一だった。もともと進一は兄の石丸藤吉を追って職業野球入りしてきた。兄は弟の将来を考えて兵役が猶予される日本

特攻隊員になった名古屋軍の石丸進一（左）と兄の藤吉（右）

大学に通うことを条件に許可した。ところが学徒出陣で入隊することになると、兄の心配をよそに土浦海軍航空隊員になってしまった。「よりによって飛行機乗りなんぞになりやがって」と、兄は憂いたがもう遅い。

藤吉は日中戦争の際に、南京周辺の討伐戦で部下たちと水盃を交わすほどの危険な目にあってきた。死と背中あわせにいただけに、戦場の恐ろしさは充分に承知している。戦争はお前ひとりでやるものではないと諭す兄に対して、意気盛んな弟は、「自分を捨てて国を守らなきゃならんのだ」と反発した。それは特攻隊への志願となって表れた。筑波航空隊に移り訓練を続けると、教官から特攻隊員への募集の声がかかった。「望、否望」のいずれかを書いて提出することになったが、訓練生の誰もが「望」とした。二日後、特攻隊員の氏名が呼ばれた。長男やひとり息子以外の者が選ばれ、進一もそのひとりであった。

特攻隊の出撃が決まると、進一は名古屋軍理事の赤嶺のもとを訪れた。鹿児島にある特攻隊の鹿屋基地への移動が命ぜられ、最後の別れの挨拶である。理研工業で出迎えたのは、赤嶺のほかに産業戦士として従事していた名古屋軍の小阪三郎ら選手たちである。進一は近く出撃するといい、「今日は心ゆくまでピッチングをするつもりでやって来ました」とさわやかな顔でことばを続けた。察した赤嶺は小阪が保管していた新しいボールを手渡した。

内野手として入団した進一だが、投手としての素質を見出されると、翌年から先発陣に加わり二年間で三七勝をあげている。特に入隊する前年は主軸として無安打無得点を達成し、名古屋軍を二位に引きあげる活躍を見せた。投げない日は野手で試合に出させてほしいと監督に願い出て、休日になると子供たちとキャッチボールをして楽しんだ。とにかく野球が好きで好きでたまらないのだ。そんな進一だから、ボールを手にした喜びは人一倍である。理研工業の庭に出た進一は、名古屋軍の選手を相手にピッチングをはじめた。集まってきた同僚たちは無心に投げ続ける彼の姿を見守った。投げ終った進一はボールをそっと白いハンカチに包んだ。

そして進一は赤嶺に手紙を宛てた。「…苦しみ以上の野球生活と云う物により楽しみを得ました。これにて親兄弟を喜ばすことができ二四歳としての私には何も悔ゆるところございません　明五月一日夕暮　必ず敵艦に命中致します「忠孝」私の人生はこの二文字にて終ります　さようなら」。手紙を受け取った赤嶺は、選手たちを守ろうと必死になってきただけに悔しさと悲しみでいっぱいだったに違いない。

ついに運命の菊水作戦第六号が発令された。天候がすぐれず、本来の日から一〇日遅れての出撃である。特攻隊員への訓示を聞き終えた進一は、それまでよくキャッチボールをしていた少尉をうながした。手元には赤嶺からもらったボールがある。飛行場近くにある宿舎にしていた国民学校の校庭で、「さ、名残りに一丁、元気でいこうぜ」と投球をはじめると、ミットをかまえた少尉の「ストライク」という声が空を突き抜けるように響いた。一球ずつ思いを込めて投げた一〇球すべてがストライクだ。「ようし、これで思い残すことはない」と進一がいうと飛行機に向かった。紫のマフラーをして零戦の操縦席に乗り込んだ石丸少尉は、笑いながら手を振り飛び立っていった。三時間後、隊長機より「敵艦見ユ」の無線が入った。進一の神風特別攻撃隊第五筑波隊は、沖縄本島周辺の敵機動部隊に突入した。

　沖縄に近い九州南端の知覧には陸軍の特攻基地がある。海軍の神風特攻と同じく陸軍でも航空特攻が行われ隊員が集結していた。そのなかのひとりである渡辺静《わたなべしずか》は、◆120朝日軍の投手だった。在籍は一年間で公式戦での登板には恵まれず、たった二試合のみ打席に立っただけで学徒出陣となってしまった。もとはといえば職業野球入りする際に徴兵を回避するために、日本大学大阪専門学校から改称した大阪専門学校に籍を置くことを提案して勧誘したのは球団だった。たしかに身の安全が保障される好条件であったが、いまとなっては仇になってしまったようだ。

　渡辺が入営した先は金沢の東部第四九部隊で、特別操縦見習士官の試験に合格し熊谷の飛行学校へ入校した。グライダーの滑走や赤トンボによる操縦訓練は、即席で操縦士を仕立てるためか半年ほどの教育だった。その後、航空基地に所属しながら実戦の訓練を積み、最後の行き先となったのが特攻隊であった。見習士官たちに投げ掛けられた特攻隊への参加は、あくまでも希望者であったが出した結論は志願だった。

配属になった第一六五振武隊の隊員はいずれも特別操縦見習士官の同期である。部隊は茨城で搭乗機を引き取りに行くなどしながら南下し、知覧基地へ入った。残された時間はあとわずかで、さまざまな思いが去来した。家族には別れと感謝のことばをハガキに綴った。胸の内を書いた日誌には、「忠孝一本　一機一艦体当たり轟沈」と決意を示す一方で過去への思い出として、「野球生活八年間　わが心　鍛へくれにし　野球かな　日本野球団朝日軍」という文字を残した。

知覧基地には同じ職業野球選手で機関砲を受け待つ鶴岡中隊長もいた。特攻の出撃の日が近づくと、中隊長のもとに出撃の連絡が届くが、鶴岡は渡辺の存在に気付いていなかったのだろう。渡辺が朝日軍に入団したときには、すでに鶴岡は南海軍を退団して兵隊になっていてふたりは面識がない。鶴岡は、球団関係者から届く手紙などで、少なからずリーグ戦の情報を得ていたものの、渡辺は二試合打席に立っただけだから話題になるはずもなかった。もし同じ基地内にいる渡辺のことを知っていたのなら、きっと温かい声をかけていたに違いない。

数日前から天候は不良続きで、出撃の日も九州南の海上は梅雨のせいか依然思わしくなかっ

出撃する朝日軍の渡辺（上から３機目か）の第165振武隊

た。それでも沖縄の敵軍を阻止するためには手を緩めることはできない。中止することなく出発は午前一〇時から午後三時に変更になった。待つ身にとっては実に残酷な時間である。午後一時を過ぎた頃になり、ようやく戦闘機が並びはじめ、上空では護衛機が見守るように編成をなして飛んだ。飛行場内も慌ただしくなり、滑走路の片隅には祭壇が設けられて御酒、御魚が運ばれてきた。整備士は入念にエンジンの調子などを確認し、最後の仕上げに操縦席に人形や花束をかざった。そこへ渡辺がやって来ると整備士に、「座席は私の死に場所だから、手入れをたのむ」と最後の願いを伝えた。

雲の切れ間から青空が見え、いよいよ出撃の時である。特攻隊員一同が祭壇の前に整列し決別の式を行うと渡辺は三式戦闘機の飛燕《ひえん》に乗り込んだ。三番機の渡辺少尉が離陸すると第一六五振武隊は整然と編隊を組んだ。目指すは沖縄である。

†沖縄戦

　その沖縄で敵の上陸にそなえていたのは、松木《まつき》謙治郎《けんじろう》だった。◆121 彼はタイガース結成以来、選手、監督と務めてきたが、成績不振の責任と経済的な理由から、球団を辞めて大同製鋼に勤務するようになっていた。会社は石油精製用の反応筒を製造するために大規模な鍛造工場を建設中で、松木の役目は必要な資材を買い付けることであった。酒の席での交渉は酒豪の松木にとっては主戦場であったが、その分、日曜日に工場で行われる軍事教練が疎かになった。参加しないわけにもいかず、手っ取り早く近所で行っていた軍事教練でことを済まそうとしたところ、ここで引っかかってしまった。担当官から、「こんな立派な体をして、いままで兵隊にとられなかったのは不思議だ。一週間のうちに赤紙がいくから覚悟しておけ」と脅かされた。そのことばは本当で一週間後に令状が届き、三〇歳半ばの松木二等兵が誕生した。

　敦賀の連隊に入営した二等兵は、若い兵隊たちに交じって訓練を積んで大陸に渡ったのち、沖縄を防衛するためにやって来た。与えられた仕事は上官に睨まれたせいなのか、はたまた年のいった兵隊への配慮なのか、大隊本部の炊事班であった。所属する独立歩兵第一二大隊の賀谷支隊は、第六二師団長直轄として中頭地区に配備され、周辺地域の警戒とともに防備が厳重だと敵軍を欺騙《ぎへん》する役割を担っている。松木の炊事班は後方支援とはいえ、総攻撃が迫ったいま危険であることにかわりはない。

嘉手納沖を米軍の艦船が黒一色に塗り潰すと、爆撃機の攻撃がはじまった。夜になっても収まらず、こんどは艦砲射撃である。上陸前に徹底的に日本軍の陣地を叩いておく作戦である。上陸が開始されると、賀谷支隊はたちまち交戦状態になった。敵の勢いは凄まじく、早くも損害が続出した。翌日になっても、朝から戦車による攻撃で勢いは増すばかりである。それでも各陣地は耐え死守していた。支隊長の賀谷與吉《かやよきち》中佐は金鵄勲章を授与された兵士たちの英雄である。部下からの信頼も厚く部隊は士気旺盛だ。

松木は配属されて来た女子挺身隊と一緒に玄米の握り飯を兵隊に支給した。一三四八名いた隊員に、ひとり当たり三個換算で作り、前線まで運ぶという決死の作業である。だが握る数は日ごとに減っていった。当初、四〇〇〇個以上だった握り飯は上陸五日目ごろに二〇〇〇個になり、七日目の夜には一〇〇〇個になっていた。それは犠牲者の数を意味していた。事実、部隊の将兵に多くの戦死者を出し、動けなくなった負傷者は自爆していった。孤軍奮闘してきた賀谷支隊も、とうとう後退せざるを得なくなった。

米軍の進撃はすすみ、松木らは首里まで移動した。そこで目にしたのは特攻である。その光景は壮絶であった。特攻機が上空に近づくと米軍の警報が鳴り響き、艦船から無数のサーチライトが照らされ一斉に対空射撃がはじまる。待ちかまえる相手の餌食となり、ひとたまりもない。それでも攻撃網をかいくぐってくる果敢な機もある。海面すれすれに水平飛行した特攻機が船に命中して二、三〇〇メートルもの火柱がまいあがった。松木は思わず「やった」と大声で叫んだ。目撃したのは加藤や近藤の特攻の時期と重なる。以降も石丸や渡辺と続くが、まさかこうした若者たちが、大学の後輩や職業野球のグラウンドで対戦した選手たちだとは思いもしなかったろう。

松木の近くには、かつての球友もいた。同じ明治大学野球部だった田部武雄《たべたけお》◆122である。指揮官を失った部隊が次々と賀谷隊へ編入され田部の隊も合流して、すぐ上の壕にいるとの報せがもたらされた。大学時代は脚力を活かしてグラウンド狭しと走り、守ってはどこでもこなす万能選手であった。時には投手として登板して球場を沸かせることもあった。実力、人気ともに超一流の神宮の花形である。卒業したあとは九州電気軌道で働いているところを誘われて、巨人軍の米国遠征に参加している。足の速さは本場でも証明され、一〇九試合で一〇五個もの盗塁をして、現地では「タビ」という愛称で親しまれた。

ところが帰国して巨人軍の主将になった田部は、選手の処遇に疑問を持ち、正力に連判状を提出する騒ぎを起こしてしまった。憤慨して辞表まで出すと、球団の方も契約条項違反として免職退社処分にする対抗措置をとった。所属を失った彼に声をかけたのは、岐阜の鵜飼の「鵜」を意味する「コーモラント（関西鵜軍）」という新チームだった。

連盟への加盟を目論んだ球団を運営する大日本帝国野球株式会社は、支度金一〇〇〇円を払って田部の獲得に乗り出した。しかし連盟はコーモラントの加盟を拒否するとともに、田部の行為を問題視した。受け取った手形は不渡りともいわれている。巨人軍主導のもと、球団の了解なしに他球団へ移ることはできないという連盟の規約を設けて、田部を事実上の永久追放にしてしまったのだった。職業野球での公式記録を残すことなく幻の快足選手は去っていった。友人を頼って大連に移り住んだ田部は運送業を営んだ。トラック四、五台を所有するほどの繁盛ぶりで、結婚もして満洲の地に根をおろした。

その田部が、現地で召集されて沖縄にやって来た。戦友を通じて松木に会いたいと伝言があったが、炊事の仕事で手が離せない。ここへ来るように伝えたものの、彼も軍務に追われているのか、なかなか会えない。そこで松木は融通をきかせ、そっと食べ物を田部に回した。あわずとも互いの気持ちは通じるはずだ。だがそれ以降、再会することは叶わなかった。田部は南へ移動し、摩文仁《まぶに》の海岸で無念の戦死を遂げたのである。松木にとっては悔やまれてならない。

沖縄の戦場は日増しに激しくなっていった。被害は将兵だけではなく、沖縄の住民を巻き込み、たくさんの犠牲者を出していた。松木も、首里から南へ移動していくなかで迫撃砲の爆風を受け、足腰に傷を負っていた。各地を転々としてきた部隊は弾が尽き、もう戦う余力は残っていない。洞窟などの天然の壕にこもっているほかの部隊も同じはずである。軍司令部も各部隊との通信が途絶して統制が不可能になっていた。もはやこれまでだ。無念の決断をした第三二軍司令官牛島満大将は自決し、軍による組織的な沖縄戦は終結となった。

松木の部隊も解散になり、各自による自由行動がいい渡された。あまりにも一方的な話で、壕にいた兵や女子挺身隊は途方に暮れた。それまですべて上官の命令によって動いてきた。これからどうすればよいのか。特に困惑したのは、軍を信じてついて来た女子挺身隊であろう。行き場を失った彼女たちが出した結論は自決であった。

けなげに従軍してきた少女たちにはまだ未来がある。松木は大学時代に米国遠征した際の経験から米国人の気質を話し、降伏することは危険ではなく、生き抜くことが大切だと説得をした。組織が崩壊し、いつのまにか壕内では階級より年齢が重んじられる空気になっていた。職業野球でチームをまとめる立場にいただけでなく、会社での勤務経験もある。広い見識に加えて、優しさが伝わることばには説得力があった。彼女たちは投降することに同意したのだった。

松木の負傷した大腿部と腰には迫撃砲の弾の破片が残り化膿したままで、軍服に足を通すことができずに、白いネルの腰巻をつけていた。彼はネルを引き裂き棒にくくると白旗を作った。そして女子挺身隊を米軍陣地へ送り出したのだった。壕によっての判断はまちまちで集団自決するところもあったが、松木によって壕内にいた二一名の尊い命は救われた。

あとは自分の身の振り方である。周囲は敵だらけだ。壕を抜け出し岩場に沿ってすすんだり、泳いだりと脱出を試みるもどれもうまくいかない。そのうち疲れだけが残り、動く気力もなくなっていった。いつのまにか岩陰で寝てしまうと、突然、大きな声がした。目を開けると、そこには一〇余りの米兵が小銃を向けてとりまいていた。ネルの小さな布切れを巻いているだけの丸腰の松木は観念した。「さあ、なんとでもしてくれ」。捕虜になった松木の戦いは終った。

†終戦

欧州での戦いはドイツの降伏により幕を閉じた。残るは日本である。いまや沖縄を占領し、都市部は空襲で壊滅状態にまで追い込んでいる。長引く世界大戦の決着をつけるべく米、英、ソの首脳会談が開かれ、日本に無条件降伏を求めるポツダム宣言が発表された。これに対して日本の軍部は、いまだ強気の姿勢を崩さないでいた。そうした軍からの圧力もあってか、首相の鈴木貫太郎は記者会見で、三カ国による声明を黙殺し断固として戦争完遂に邁進すると語った。連合国を刺激したのはいうまでもない。提案を拒否したと受け止めた米国は最終手段へと踏み切った。

昭和二〇年八月六日、テニアン島から出撃したB29エノラ・ゲイ号が搭載した新型爆弾が広島に投下された。市街地上空で爆発したウランを用いた原子爆弾の威力は凄まじく、またたく間に多くの市民の命を奪った。

広東攻略から帰還して、満洲でのリーグ戦で好成績を残すなどしてきた濃人渉は、郷里の広島にいた。陸軍御用達の製材所を営むようになった濃人は、この日の朝、事務所を出て作業場に入ったところで突然、大きな衝撃に見舞われ、気が付けばトタン屋根の下敷きになっていた。作業場は爆心地からわずか二キロの地点であった。同じ距離にいた市民も、自宅から出ようとしていたときにピカッと光ったかと思った途端、爆風にあおられ部屋のなかまで飛ばされ家が崩れたという。野外であれば二キロ以上離れていても爆風で地面に叩きつけられ、洋服が燃え出してやけどなどをした。製材所の事務所にいた者は全員、助からなかったが、さいわいにも濃人は紙一重で死を免れた。

同じく戦地から帰還して広島にいた岩本義行は、ちょうど呉の海軍工廠に向かおうとしているところであった。岩本といえば、南海軍の発足と同時に明治大学から入団して主将に任命されたものの徴兵になり、試合に出ることなく大陸に出征した。帰還後は南海軍に復帰したのち、東京で潜水艦の部品工場を興していたが、見通しが定まらない社会で、頼れる知人が多い故郷に戻って来ていた。

この日も工廠にいる友人から、砂糖を提供するから取りに来るようにと話があった。めったに手に入ることのない貴重な品である。普段なら一番列車に飛び乗り駆け付けるところであるが、その日に限って体調がすぐれず、乗車する予定の列車を二本遅らせて出発した。これが運命の別れ道となった。午前八時一五分、巨大な火の球から発せられた高熱の閃光と爆風が襲った。もし一番列車に乗っていたなら、広島の駅に到着する頃で命はなかった。徐々に想像を絶する被害状況が伝わってきた。岩本は仲間を助けるべく救援活動を開始した。

濃人や岩本は広陵中学に通っていたが、広島には甲子園に出場する強豪校がひしめき、職業野球選手が多い。呉港中学からタイガースに入団した藤村富美男も、やはり地元である。正月の野球大会に出場していた彼は、試合が終ると再召集となった。シンガポール攻略など数々の戦地をくぐり抜けてきたにもかかわらず、またも兵隊に逆戻りである。ところが営門をくぐると広島の歩兵第一一連隊には一〇日間ほどしか滞在せずに、原隊から離れて北九州へ移動した。敵の上陸にそなえて陣地構築に精を出していたところに、広島の惨状となった。広島を出たのは一カ月前のことである。そのまま原隊に残っていたら生きていなかったに違いない。

外地でいち早く広島の惨劇を知ったのは、広陵中学出身の白石敏男だった。入営後すぐに迫られた幹部候補生の試験を断った白石は、広島に一〇日いただけで大陸へ連れて行かれて、司令部付きの通信隊員になった。暗号無線で外部からの情報をどこよりも早く知る立場にいる。そこに飛び込んできたのが原爆の報せであった。何かわけのわからない凄いものが広島に落ちたらしい。大陸に渡った直後は広島に残った連中が羨ましく思えたが、こうなってみると複雑である。

追い打ちをかけるようにソ連が対日参戦を開始すると、大量の兵力が満洲に攻め込んできた。そしてとうとう二発目となる原爆が長崎に投下された。広島と同様に街は壊滅状態で、またも多くの死傷者が出た。事態は悪化するばかりで一刻の猶予も許されない。ポツダム宣言の受け入れについて、意見の一致がみられない状況に終止符を打ったのは、御前会議による天皇の聖断であった。

昭和二〇年八月一五日、終戦の日を迎えた。その日の選手たちはさまざまである。ある者は本土上陸にそなえてタコツボを掘り、戦車への肉弾攻撃にそなえていた。またある者はビルマからタイへ敗走する列車のなかにいた。敵からの攻撃が止んで風の噂で負けたことを知った者もいた。

審判だった島秀之助は、理研工業の庭で産業軍の選手たちと一緒にラジオから流れる天皇陛下の声を聞いていた。放送が終ると、あちらこちらから号泣が聞こえ、やがてすすり泣きにかわっていった。二・二六事件を目撃した島はようやく戦争が終ったことを実感した。

思えば職業野球が発足したのは、青年将校による事件のわずか三週間前のことである。政治家を狙ったテロ行為は軍が主導する政治への引き金となった。翌年、盧溝橋での衝突から中国との戦争が拡大していくと、すぐに沢村ら若者たちが動員された。はじめて目にした、まさに生きるか死ぬかの壮絶な戦場で彼らは兵士となっていった。死線をくぐり抜け、ようやく帰還するも戦場で傷ついた者たちの復帰は容易ではなかった。

そして日米開戦により新たな戦争がはじまった。軍の検閲がすすめられ、球場は戦時体制一色となっていく。選手たちのもとには、再び戦場への呼び出しが舞い込んできた。戦いの場は中国の大陸からさらにビルマ、比島、ニューギニアなど南洋の島々までおよんだ。勇ましい進軍も、敵の圧倒的な兵力を前にして日本軍は防戦へとかわっていく。選手もほかの兵士と同じくひとりの人間である。銃弾に倒れ、飢えや病気で最期を迎える者が出た。

プロ野球誕生の歩みは、まさに戦争の歴史そのものといってよい。グラウンドで打って、投げて躍動した先駆者たちのプレーは、もう観ることはできない。しかし、人々の記憶のなかにはしっかりと刻まれ語り継がれていく。不幸を繰り返さないために苦難を乗り越え礎を築いた野球選手たちを決して忘れることはない。

おわりに

プロ野球が復活したのは、終戦からわずか三カ月余りのことだった。東西対抗と銘打った試合に駆け付けたのは、九州で敵の上陸を待ちかまえていた阪神の藤村富美男や、数々の勲章を授与された阪急の丸尾千年次らである。ろくに練習もしないままの試合であったが、生きて昔の仲間と再会し一緒にプレーできたことが、なによりも嬉しかった。それは娯楽を求めていた国民も同じである。球場には多くの人々が詰めかけ声援をおくった。楽しさや喜びを自由に表現することのできる空間に、本当に戦争が終ったのだと実感したに違いない。

翌年春に再開された昭和二一年のリーグ戦は、巨人、阪神、阪急にゴールドスターといった新球団が加わり八チームで開幕した。航空整備学校で教官をしていた川上哲治や、産業戦士になった坪内道則、陸軍病院から退院した西沢道夫ら戦前のプレーヤーがグラウンドに戻って来た。さらには、それまで無名だった明治大学出身の大下弘が登場して二〇本ものホームランを放つといっそう観客を魅了した。

もはや検閲などない。ストライク！と堂々と大きな声を発したのは審判の島秀之助である。熱戦となったリーグ戦は、南海から名前をかえた近畿グレートリングと巨人との首位争いとなった。見事に栄冠を勝ち取ったのは、中隊長からプレーイングマネージャーになった鶴岡一人率いるグレートリングであった。

しかし、まだ戦争が終っていない選手たちもいた。外地で武装解除して残留している者や捕虜になった者はまだ帰国することはできないでいた。ようやく収容所での捕虜生活を終えて日本の地を踏んだ巨人の内堀保は、長崎への原爆投下で廃墟になった故郷を目の前にした。ソ連に抑留されていた水原茂は、帰国のメドがたっていなかった。戦場で命を落とした巨人の沢村栄治や阪神の景浦将らの悲報も徐々に伝わってきた。そして時間が経つにつれて、プロ、アマチュア野球選手の戦没者が徐々に明るみになってきた。

プロ野球が発足してから九〇年を迎えた。選手たちはグラウンドで躍動し、ファンはお気に入りのチームを応援しに球場にやって来る。東京ドームの敷地には戦没した野球選手の名前が刻まれた鎮魂の碑が建立されている。

引用・参考文献

第１章　日中戦争勃発

島秀之助『白球とともに生きて』（ベースボール・マガジン社）1988年
高橋正衛『二・二六事件』（中央公論社）1994年、中公新書
テレビ東京編『証言・私の昭和史２』（旺文社）1984年、旺文社文庫
安倍源基『昭和動乱の真相』（中央公論新社）2006年、中公文庫
北博昭『二・二六事件全検証』（朝日新聞社）2003年、朝日選書
鈴木龍二『プロ野球と共に五十年 上』（恒文社）1984年
鈴木惣太郎『日本プロ野球外史』（ベースボール・マガジン社）1976年
大宅壮一編／正力松太郎『悪戦苦闘』（早川書房）1952年
読売新聞社編『正力松太郎』（読売新聞社）1971年
読売新聞100年史編集委員会編『読売新聞百年史』（読売新聞社）1976年
電通『後楽園社史　野球篇資料集』（電通）発行年不明
阪神タイガース編『阪神タイガース昭和のあゆみ』（阪神タイガース）1991年
関三穂編『プロ野球史再発掘７』（ベースボール・マガジン社）1987年
小林一三『小林一三日記（三）』（阪急電鉄）1991年
小林一三『小林一三日記（一）』（阪急電鉄）1991年
阪急ブレーブス・阪急電鉄株式会社編『阪急ブレーブス五十年史』（阪急ブレーブス）1987年
『新聞総覧　昭和10年』（日本電報通信社）1935年
中日新聞社社史編さん室『中日新聞創業百年史』（中日新聞社）1987年
読売新聞戦争責任検証委員会『検証戦争責任 上』（中央公論新社）2009年、中公文庫
広瀬謙三『日本野球十二年史』（日本体育週報社）1948年
近藤唯之『プロ野球監督列伝 上』（現代企画室）1977年
有馬頼寧／尚友倶楽部・伊藤隆編『有馬頼寧日記３』（山川出版社）2000年
有馬頼寧『七十年の回想』（創元社）1953年
小田部雄次『華族』（中央公論新社）2006年、中公新書
千田稔『華族総覧』（講談社）2009年、講談社現代新書
弟山清行「大名の子庶民の友」『人物往来６巻３号』（人物往来社）1957年
有馬頼義『母その悲しみの生涯』（文藝春秋）1967年
有馬頼寧『政界道中記』（日本出版協同）1951年
防衛庁防衛研修所戦史室『戦史叢書 支那事変陸軍作戦１』（朝雲新聞社）1975年
秦郁彦『日中戦争史』（河出書房新社）2011年、1972年増補改訂版発行の復刻刊行

太平洋戦争研究会編／森山康平『日中戦争の全貌』（河出書房新社）2007年、河出文庫
臼井勝美『新版　日中戦争』（中央公論新社）2000年、中公新書
川田稔『昭和陸軍全史２』（講談社）2014年、講談社現代新書
菊池信平編『昭和十二年の「週刊文春」』（文藝春秋）2007年、文春新書
藤田昌雄『写真で見る日本陸軍兵営の生活』（潮書房光人新社）2011年
一ノ瀬俊也『皇軍兵士の日常生活』（講談社）2009年、講談社現代新書
兵東政夫『歩兵第十八聯隊史』（歩兵第十八聯隊史刊行会）1964年
太平洋戦争研究会『日本陸軍がよくわかる事典』（PHP研究所）2002年、PHP文庫
内閣情報局編『写真週報297号』（内閣印刷局）1943年『JACAR（アジア歴史資料センター）Ref.A06031089200, 写真週報297号』（国立公文書館）
巨人軍監修「巨人軍栄光の40年」『報知グラフ別冊』（報知新聞社）1974年
江尻容・保坂周助編『体錬記録』（光生館）1941年
内堀保『ニック・ネームはジャイアンツ』（誠文堂新光社）1986年
関西六大学野球連盟編『関西六大学野球四十年史』（関西六大学野球連盟）1972年
忠勇顕彰会編『支那事変忠勇列伝 陸軍之部 第３巻』（忠勇顕彰会）1940年
伊藤和夫ほか『銃後の花』（陸軍画報社）1937年
駿台倶楽部明治大学野球部史編集委員会編『明治大学野球部史　第一巻』（駿台倶楽部）1974年
新人物往来社戦史室編『日本陸軍歩兵連隊』（新人物往来社）1991年
野口務『巨人軍物語』（スポーツ世界社）1949年
大井廣介『巨人の光と影』（河出書房新社）1964年
飛田忠順編『早稲田大学野球部五十年史』（早稲田大学野球部）1950年
三原脩『風雲の軌跡』（ベースボール・マガジン社）1983年
戸井昌造『戦争案内』（平凡社）1999年、平凡社ライブラリー
『日本陸軍部隊総覧』（新人物往来社）1998年、別冊歴史読本第80号戦記シリーズNo.42
日本野球連盟編『都市対抗野球大会60年史』（日本野球連盟・毎日新聞社）1990年
ホームラン編集部編『歴代春夏甲子園メンバー表100年大全集』（廣済堂出版）2019年
朝日新聞社編著／日本高等学校野球連盟監修『全国高等学校野球選手権大会100回史』（朝日新聞出版）2019年
鈴木惣太郎『不滅の大投手　沢村栄治』（恒文社）1982年
山川建『野球統制の話』（太陽印刷）出版年不明
『帝国陸軍将軍総覧』（秋田書店）1990年
越智正典『ジャイアンツの歴史　増補改訂版』（恒文社）1984年
三宅大輔「沢村について」『野球読本』（高山書院）1947年

藤本定義『藤本定義の実録プロ野球四十年史』(恒文社) 1977年
読売新聞大阪社会部編『戦争 9』(読売新聞社) 1980年

第2章　大陸戦線拡大

大濱徹也『天皇の軍隊』(講談社) 2015年、講談社学術文庫
北村恒信『戦時用語の基礎知識』(光人社) 2002年、光人社 NF 文庫
南海ホークス編『南海ホークス四十年史』(南海ホークス) 1978年
『1億人の昭和史 日本陸軍史』(毎日新聞社) 1979年
寺田近雄『日本軍隊用語集 上』(潮書房光人新社) 2020年、光人社 NF 文庫
森山康平・田藤博ほか／近現代史編纂会編『陸軍師団総覧』(新人物往来社) 2000年
山際康之『広告を着た野球選手』(河出書房新社) 2015年
関三穂編『プロ野球史再発掘 2』(ベースボール・マガジン社) 1987年
鶴岡一人・川上哲治・西本幸雄・稲尾和久『私の履歴書　プロ野球伝説の名将』(日本経済新聞出版社) 2007年、日経ビジネス人文庫
騎兵第十一聯隊会・高原孝編『騎兵第十一聯隊史』(騎兵第十一聯隊会事務局・柏場和男) 1970年
筒井修・今原旭編『最後の騎兵隊』(井上節斉) 1984年
慶應義塾野球部史編集委員会編『慶應義塾野球部史』(慶応義塾体育会野球部・三田倶楽部) 1960年
鈴木龍二『プロ野球・こんなこと』(ベースボール・マガジン社) 1956年
防衛庁防衛研修所戦史室『戦史叢書 支那事変陸軍作戦 2』(朝雲新聞社) 1976年
島田勝巳『歩兵第33聯隊史』(歩兵第三十三聯隊史刊行会) 1972年
藤田昌雄『日本陸軍の基礎知識 昭和の戦場編』(潮書房光人新社) 2019年
坪井淳『大別山従軍記』(日本公論社) 1939年
野口二郎『私の昭和激動の日々』(ベースボール・マガジン社) 1990年
永田陽一『ベースボールの社会史』(東方出版) 1994年
近藤唯之『プロ野球監督列伝 下』(現代企画室) 1977年
竹中半平『背番号への愛着』(日本出版協同株式会社) 1952年
岡義武『近衛文麿』(岩波書店) 1994年、岩波新書 評伝選
有馬頼寧／尚友倶楽部・伊藤隆編『有馬頼寧日記 4』(山川出版社) 2001年
新人物往来社戦史室編『日本陸軍部隊総覧』(新人物往来社) 1998年
佐藤光房『もうひとつのプロ野球』(朝日新聞社) 1986年
『中日ドラゴンズ三十年史』(中日ドラゴンズ) 1965年
阿部牧郎『素晴らしきプロ野球』(中央公論社) 1994年
薄田純一郎編『がんす横丁 第3巻』(たくみ出版) 1973年
大和球士『野球百年』(時事通信社) 1976年
松木謙治郎・奥井成一『大阪タイガース球団史』(ベースボール・マガジン社) 1992年

第３章　日米開戦

近藤唯之『阪神サムライ物語』（現代企画室）1976年
『１億人の昭和史　日本プロ野球史』（毎日新聞社）1980年
三省堂百科辞書編集部編『婦人家庭百科辞典 上あ－し』（筑摩書房）2005年・1937年刊複製、ちくま学芸文庫
三省堂百科辞書編集部編『婦人家庭百科辞典 下す－わ』（筑摩書房）2005年・1937年刊複製、ちくま学芸文庫
澤宮優『後楽園球場のサムライたち』（現代書館）2006年
今尾恵介・原武史 監『日本鉄道旅行地図帳 満洲樺太』（新潮社）2009年
富田健治／川田稔編『近衛文麿と日米開戦』（祥伝社）2019年、祥伝社新書
三国一朗『戦中用語集』（岩波書店）1985年、岩波新書
太平洋戦争研究会『「満州帝国」がよくわかる本』（PHP研究所）2004年、PHP文庫
翼賛運動史刊行会『翼賛国民運動史』（翼賛運動史刊行会）1954年
伊藤隆『大政翼賛会への道』（講談社）2015年、講談社学術文庫
内閣総理大臣官房総務課『新体制準備会記録（第一回）』（内閣総理大臣官房総務課）1940年、資00011100　M0000000000001802606（国立公文書館）
共同通信社「近衛日記」編集委員会編『近衛日記』（共同通信社開発局）1968年
大石五雄『英語を禁止せよ』（ごま書房）2007年
ナターシャ・スタルヒン『ロシアから来たエース』（PHP研究所）1991年、PHP文庫
千葉茂『猛牛一代の譜』（ベースボール・マガジン社）1983年
太平洋戦争研究会編／平塚敏克『図説日米開戦への道』（河出書房新社）2011年
読売新聞戦争責任検証委員会『検証戦争責任 下』（中央公論新社）2009年、中公文庫
山本茂『七色の魔球』（ベースボール・マガジン社）1994年
永田陽一『東京ジャイアンツ北米大陸遠征記』（東方出版）2007年
テレビ東京編『証言・私の昭和史３』（旺文社）1984年、旺文社文庫
川田稔『昭和陸軍全史３』（講談社）2015年、講談社現代新書
一杉栄「小林蘭印特派使節に侍して」『小林一三翁の追想』（小林一三翁追想録編纂委員会）1961年
風見章『近衛内閣』（中央公論社）1982年、中公文庫
藤本弘道『戦ふ大本営陸軍報道部』（晴南社）1943年
平櫛孝『大本営報道部』（光人社）2006年、光人社 NF 文庫
富永謙吾『大本営発表の真相史』（自由国民社）1970年
文藝春秋編『太平洋戦争の肉声Ｉ』（文藝春秋）2015年、文春文庫
川崎徳次『戦争と野球』（ベースボール・マガジン社）1997年
関三穂編『プロ野球史再発掘６』（ベースボール・マガジン社）1987年

坪内道則『風雪の中の野球半世記』（ベースボール・マガジン社）1987年
防衛庁防衛研修所戦史室『戦史叢書 比島攻略作戦』（朝雲新聞社）1966年
内閣情報局編『写真週報213号』（内閣印刷局）1942年、『JACAR（アジア歴史資料センター）Ref.A06031080800, 写真週報213号』（国立公文書館）
内閣情報局編『写真週報202号』（内閣印刷局）1942年、『JACAR（アジア歴史資料センター）Ref.A06031079700, 写真週報202号』（国立公文書館）
青田昇『サムライ達のプロ野球』（文藝春秋）1996年、文春文庫
池田清編／太平洋戦争研究会『太平洋戦争全史』（河出書房新社）2006年、河出文庫
防衛庁防衛研修所戦史室『戦史叢書 マレー進攻作戦』（朝雲新聞社）1966年
『太平洋戦争連隊戦史』（新人物往来社）2000年
毎日新聞社編『選抜高等学校野球大会50年史』（毎日新聞社・日本高等学校野球連盟）1978年
鶴岡一人『鶴岡一人の栄光と血涙のプロ野球史』（恒文社）1977年

第４章　軍部介入

辻泰明　NHK取材班『幻の大戦果・大本営発表の真相』（日本放送出版協会）2002年
辻田真佐憲『空気の検閲』（光文社）2018年、光文社新書
陸軍省『特別志願将校名簿』（陸軍省）1944年
松原慶治編『終戦時帝国陸軍全現役将校職務名鑑』（戦誌刊行会）1985年
ベン・オーラン・ジョー・ライクラー／宮川毅訳『大リーグ不滅の名勝負』（ベースボール・マガジン社）1975年
Lowell Reidenbaugh:："100 years of National League baseball", 1876-1976, *Sporting News*,1976.
島秀之助『プロ野球審判の眼』（岩波書店）1986年、岩波新書
『軍令陸第十一号　体操教範』（武揚社出版部）1932年
内閣情報局編『写真週報91号』（内閣印刷局）1939年、『JACAR（アジア歴史資料センター）Ref.A06031068600, 写真週報91号』（国立公文書館）
加賀一郎『体力章検定はどうすればうかるか』（高千穂書房）1942年
冨樫喜久編・池添礼子ほか『華の生涯』（現代創造社）1988年
青田昇『ジャジャ馬一代』（ザ・マサダ）1998年
時事通信社編『時事年鑑　昭和18年版』（時事通信社）1942年
『支那事変聖戦博覧会大観』（朝日新聞社）1939年
『大東亜建設博覧会』（大阪朝日新聞社）1939年
『大東亜建設博覧会大観』（朝日新聞社）1940年
後楽園スタヂアム社史編纂委員会編『後楽園の25年』（後楽園スタヂアム）1963年
内閣情報局編『写真週報212号』（内閣印刷局）1942年　『JACAR（アジア歴史資料センター）Ref.A06031080700, 写真週報212号』（国立公文書館）

防衛庁防衛研修所戦史室『戦史叢書 本土防空作戦』（朝雲新聞社）1968年
電通『後楽園社史　戦時期篇資料集』（電通）発行年不明
本間正人『経理から見た日本陸軍』（文藝春秋）2021年、文春新書
大井廣介『タイガース史』（ベースボール・マガジン社）1958年
後楽園スタヂアム社史編纂委員会編『後楽園スタヂアム50年史』（後楽園スタヂアム）1990年
吉田一彦『ドゥーリトル日本初空襲』（徳間書店）1997年、徳間文庫
早乙女勝元編著『東京大空襲の記録』（新潮社）1987年、新潮文庫
柴田武彦・原勝洋『ドーリットル空襲秘録』（アリアドネ企画）2003年
徳川夢声『夢声戦中日記』（中央公論新社）2015年、中公文庫
都築俊三郎編『東京大学野球部史』（東京大学野球部一誠寮内一誠会）1975年
松村秀逸『報道部長日記』（日本週報社）1955年
呉市史編纂室編『呉市史 第３巻』（呉市）1964年
呉市史編纂委員会編『呉市史 第６巻』（呉市）1988年
中谷白楊『呉野球史 第１巻』（中谷白楊）1926年
永井正義『勇者たち』（現代企画室）1978年
鈴木惣太郎『プロ野球今だから話そう』（ベースボール・マガジン社）1958年
吉田裕『日本軍兵士』（中央公論新社）2017年、中公新書
『日米野球交流史』（ベースボール・マガジン社）2004年
千葉茂『巨人軍の男たち』（東京スポーツ新聞社）1984年
千葉茂『プロ野球人別帳』（恒文社）1984年
内閣情報局編『写真週報173号』（内閣印刷局）1941年、『JACAR（アジア歴史資料センター）Ref.A06031076800, 写真週報173号』（国立公文書館）
関三穂編『プロ野球史再発掘５』（ベースボール・マガジン社）1987年
『東京六大学野球80年史』（ベースボール・マガジン社）2005年、B.B.MOOK366. スポーツシリーズ No.249
宮武三郎「球界生活の憶い出と就職」『「文藝春秋」にみるスポーツ昭和史 第１巻』（文藝春秋）1988年
大道文『プロ野球選手・謎とロマン２』（恒文社）1979年
内閣情報局編『写真週報257号』（内閣印刷局）1943年、『JACAR（アジア歴史資料センター）Ref.A06031085200, 写真週報257号』（国立公文書館）
堀田善衛『若き日の詩人たちの肖像 上』（集英社）1977年、集英社文庫
堀田善衛『若き日の詩人たちの肖像 下』（集英社）1977年、集英社文庫
辻田真佐憲『大本営発表』（幻冬舎）2016年、幻冬舎新書
上之郷利昭『オレたちだってジャイアンツだ』（学習研究社）1986年
吉田要『野球読本』（高山書院）1947年
中国新聞社編著『カープ50年』（中国新聞社）1999年
川上貴光『父の背番号は16だった』（朝日新聞社）1995年、朝日文庫

木村政彦『わが柔道』（ベースボール・マガジン社）1985年
防衛庁防衛研修所戦史室『戦史叢書 支那事変陸軍作戦３』（朝雲新聞社）1975年
防衛庁防衛研修所戦史室『戦史叢書　香港・長沙作戦』（朝雲新聞社）1971年
那珂馨『勲章の歴史』（雄山閣出版）1973年
内閣情報局編『写真週報16号』（内閣印刷局）1938年、『JACAR（アジア歴史資料センター）Ref.A06031061100, 写真週報16号』（国立公文書館）
寺田近雄『日本軍隊用語集 下』（潮書房光人新社）2020年、光人社 NF 文庫

第５章　占領政策

中日ドラゴンズ編『中日ドラゴンズ四十年史』（中日ドラゴンズ）1975年
関三穂編『プロ野球史再発掘４』（ベースボール・マガジン社）1987年
近衛野砲兵聯隊史編纂委員会編『近衛野砲兵聯隊史』（近衛野砲兵聯隊史編纂委員会）1986年
『野砲兵第22連隊第２中隊陣中日誌』1942年、『JACAR（アジア歴史資料センター）Ref.C14020571800, 野砲兵第22連隊第２中隊陣中日誌、昭和17年２月１日～17年２月28日』（防衛省防衛研究所）
『野砲兵第22連隊第２中隊陣中日誌』1942年、『JACAR（アジア歴史資料センター）Ref.C14020573700, 野砲兵第22連隊第２中隊陣中日誌、昭和17年３月１日～17年３月31日』（防衛省防衛研究所）
『衛兵隊陣中日誌』1943年、『JACAR（アジア歴史資料センター）Ref.C13071879400, 衛兵隊陣中日誌、昭和18年４月１日～18年４月30日』（防衛省防衛研究所）
内閣情報局編『写真週報267号』（内閣印刷局）1943年、『JACAR（アジア歴史資料センター）Ref.A06031086200, 写真週報267号』（国立公文書館）
読売新聞社『昭和史の天皇10』（読売新聞社）1970年
防衛庁防衛研修所戦史室『戦史叢書　史料集　南方の軍政』（朝雲新聞社）1985年
読売新聞社『昭和史の天皇11』（読売新聞社）1970年
塚本清『あゝ皇軍最後の日』（塚本清）1957年
八幡製鐵所野球部内 前川重夫編『野球部史』（八幡製鐵所野球部）1937年
毎日新聞社終戦処理委員会編『東西南北』（毎日新聞社終戦処理委員会）1952年
『歩兵第９連隊第１中隊陣中日誌』1944年、『JACAR（アジア歴史資料センター）Ref.C13071516200, 歩兵第９連隊第１中隊陣中日誌、昭和19年４月１日～19年４月30日』（防衛省防衛研究所）
内閣情報局編『写真週報293号』（内閣印刷局）1943年、『JACAR（アジア歴史資料センター）Ref.A06031088800, 写真週報293号』（国立公文書館）
山際康之『プロ野球オーナーたちの日米開戦』（文藝春秋）2021年

毎日新聞社社史編纂委員会編『毎日新聞七十年』（毎日新聞社）1952年
小島善平『小島善平日記　昭和17〜18年』1942〜1943年
上田龍『戦火に消えた幻のエース』（新日本出版社）2009年
『伸びゆく“南興”』（南洋興発）1940年
『太平洋戦争 決定版６』（学研パブリッシング）2010年
南洋興発株式会社編『南洋興発株式会社二十周年』（南洋興発）1941年
永井荷風／磯田光一編『断腸亭日乗 下』（岩波書店）1987年、岩波文庫
徳川夢声『夢声戦中日記』（中央公論新社）2015年、中公文庫
防衛庁防衛研修所戦史室『戦史叢書 南東方面海軍作戦３』（朝雲新聞社）1976年
竹山九一編『剛球投手 楠本保を語る』（竹山九一）1975年
沢村栄治「仇敵明石に破れて」『京商野球部史』（京商野球部ＯＢ会）1988年
静岡聯隊史編纂会編『歩兵第三十四聯隊史』（静岡新聞社）1979年
防衛庁防衛研修所戦史室『戦史叢書 昭和十七・八年の支那派遣軍』（朝雲新聞社）1972年
依田述『学生と兵役』（日本兵書出版）1944年
早稲田大学大学史資料センター・慶應義塾福澤研究センター共編『1943年晩秋最後の早慶戦』（教育評論社）2008年
テレビ東京編『証言・私の昭和史４』（旺文社）1984年、旺文社文庫
内閣情報局編『写真週報296号』（内閣印刷局）1943年、『JACAR（アジア歴史資料センター）Ref.A06031089100, 写真週報296号』（国立公文書館）
菊池邦作『徴兵忌避の研究』（立風書房）1977年
東都大学野球連盟編纂委員会編『東都大学野球連盟70年史』（東都大学野球連盟）2001年
日本大学百年史編纂委員会編『日本大学百年史 第２巻』（日本大学）2000年
中島正直『白球にかけた青春』（櫟）1986年
ベースボール・マガジン社編『野球の妙技』（ベースボール・マガジン社）1978年
大道文『プロ野球選手・謎とロマン１』（恒文社）1979年
大谷敬二郎『憲兵』（光人社）2006年、光人社 NF 文庫
内閣情報局編『写真週報255号』（内閣印刷局）1943年、『JACAR（アジア歴史資料センター）Ref.A06031085000, 写真週報255号』（国立公文書館）
谷萩那華雄・平出英夫／産業経済新聞社編『産業戦士読本』（産業経済新聞社）1943年
小島千鶴子『小島利男と私』（ベースボール・マガジン社）1994年
苅田久徳『天才内野手の誕生』（ベースボール・マガジン社）1990年

第６章　絶対国防圏の死守
『プロ野球選手自叙傳集』（丸ノ内書房）1949年
白石勝巳『背番８は逆シングル』（ベースボール・マガジン社）1989年

青田昇『青田昇の空ゆかば戦陣物語』（光人社）1984年
防衛庁防衛研修所戦史室『戦史叢書 インパール作戦』（朝雲新聞社）1968年
NHK スペシャル取材班『戦慄の記録インパール』（岩波書店）2018年
NHK 取材班編『太平洋戦争日本の敗因4』（角川書店）1995年、角川文庫
熊本兵団戦史編さん委員会編『熊本兵団戦史 太平洋戦争編』（熊本日日新聞社）1965年
『ビルマ方面部隊略歴 その2』（厚生省援護局）1961年
内閣情報局編『写真週報317号』（内閣印刷局）1944年、『JACAR（アジア歴史資料センター）Ref.A06031091200, 写真週報317号』（国立公文書館）
防衛庁防衛研修所戦史室『戦史叢書 イラワジ会戦』（朝雲新聞社）1969年
相良俊輔『菊と竜』（光人社）1972年
水原茂『私の歩んだ野球生活』（全国書房）1962年
水原茂『華麗なる波乱』（ベースボール・マガジン社）1983年
防衛庁防衛研修所戦史室『戦史叢書 中部太平洋陸軍作戦1』（朝雲新聞社）1967年
進藤昭『戦場に散ったエース』（同時代社）1995年
静岡県文化財団『球音が消えた夏』（静岡県文化財団）2013年
『インドネシヤ方面部隊略歴』（厚生省援護局）1961年
陸軍省『陸軍異動通報第83号』（内閣印刷局）1944年、『JACAR（アジア歴史資料センター）Ref. C12120908600, 陸軍異動通報第83号』（国立公文書館）
杉浦清『ユニフォームは知っている』（黎明書房）1955年
平山菊二「外野の守備」『私の野球指導』（教育出版）1949年
中国新聞社編『ドキュメント中国百年 第二部』（浪速社）1967年
澤地久枝『妻たちの二・二六事件』（中央公論社）1975年、中公文庫
『太平洋戦争 決定版7』（学研パブリッシング）2010年
『野砲兵第22連隊第3中隊陣中日誌』1943年、『JACAR（アジア歴史資料センター）Ref.C13071749200, 野砲兵第22連隊第3中隊陣中日誌、昭和18年9月1日〜18年9月30日』（防衛省防衛研究所）
防衛庁防衛研修所戦史室『戦史叢書 捷号陸軍作戦1』（朝雲新聞社）1970年
大岡昇平『レイテ戦記1』（中央公論社）1972年
中村博男『初代巨人キラー』（かのう書房）1995年
大阪歴史博物館・毎日新聞社編『阪神タイガース展』（阪神タイガース展実行委員会）2005年
防衛庁防衛研修所戦史室『戦史叢書 捷号陸軍作戦2』（朝雲新聞社）1972年
NHK スペシャル取材班『ビルマ絶望の戦場』（岩波書店）2023年
防衛庁防衛研修所戦史室『戦史叢書 シッタン・明号作戦』（朝雲新聞社）1969年
『愛媛の偉人・賢人の紹介 筒井修』（愛媛県生涯学習センター）発行年不明

第７章　最終決戦

柴田崎雄『いい人たちばかりの中で』（六藝書房）1969年
戸沢一隆編『タイガース30年史』（阪神タイガース）1964年
内閣情報局編『写真週報337号』（内閣印刷局）1944年、『JACAR（アジア歴史資料センター）Ref.A06031093100, 写真週報337号』（国立公文書館）
『食料増産の為空閑地の活用強化に関する件関係陸軍部隊へ通牒』1943年、『JACAR（アジア歴史資料センター）Ref.C01007832400, 食料増産の為空閑地の活用強化に関する件関係陸軍部隊へ通牒』（防衛省防衛研究所）
海上労働協会編『日本商船隊戦時遭難史』（海上労働協会）1962年
山本暢俊『嶋清一』（彩流社）2007年
阪神電気鉄道株式会社臨時社史編纂室編『輸送奉仕の五十年』（阪神電気鉄道）1955年
広畑成志『終戦のラストゲーム』（本の泉社）2005年
NHK スペシャル取材班『本土空襲全記録』（KADOKAWA）2018年
早乙女勝元編著『東京大空襲の記録』（新潮社）1987年、新潮文庫
田代勝洲『空襲下の救急法』（新愛知新聞社）1941年
内閣情報局編『写真週報289号』（内閣印刷局）1943年、『JACAR（アジア歴史資料センター）Ref.A06031088400, 写真週報289号』（国立公文書館）
安部龍太郎『特攻隊員と大刀洗飛行場』（PHP研究所）2021年、PHP新書
大下弘／大道文 解説『大下弘日記』（ベースボール・マガジン社）1980年
辺見じゅん『大下弘 虹の生涯』（新潮社）1995年、新潮文庫
川上哲治『背番16とともに』（博友社）1959年
関三穂編『プロ野球史再発掘１』（ベースボール・マガジン社）1987年
防衛庁防衛研修所戦史室『戦史叢書　沖縄方面海軍作戦』（朝雲新聞社）1968年
太平洋戦争研究会編／森山康平『特攻』（河出書房新社）2007年、河出文庫
今井健嗣『海軍特攻隊の出撃記録』（潮書房光人新社）2022年、光人社NF 文庫
牛島秀彦『消えた春』（河出書房新社）1994年、河出文庫
高岡修編『新編知覧特別攻撃隊』（ジャプラン）2010年
生田惇『陸軍航空特別攻撃隊史』（ビジネス社）1977年
防衛庁防衛研修所戦史室『戦史叢書　沖縄・台湾・硫黄島方面陸軍航空作戦』（朝雲新聞社）1970年
防衛庁防衛研修所戦史室『戦史叢書 陸海軍年表』（朝雲新聞社）1980年
NHK スペシャル取材班『沖縄戦全記録』（新日本出版社）2016年
松木謙治郎『阪神タイガース松木一等兵の沖縄捕虜記』（現代書館）2012年
防衛庁防衛研修所戦史室『戦史叢書　沖縄方面陸軍作戦』（朝雲新聞社）1968年
苅田久徳・白木義一郎・大下弘『プロ野球放談』（京北書房）1948年
小西得郎『したいざんまい』（実業之日本社）1957年

朝日新聞社編『原爆・五〇〇人の証言』(朝日新聞出版）2008年、朝日文庫
テレビ東京編『証言・私の昭和史５』（旺文社）1985年、旺文社文庫
河原敏明『天皇裕仁の昭和史』（文藝春秋）1986年、文春文庫

全体

『昭和史全記録』（毎日新聞社）1989年
筒居譲二『読む年表太平洋戦争』（潮書房光人新社）2022年
秦郁彦編『日本陸海軍総合事典 第２版』（東京大学出版会）2005年
秦郁彦編『日本陸海軍総合事典』（東京大学出版会）1991年
上田正昭ほか監修『講談社日本人名大辞典』（講談社）2001年
報知新聞社『プロ野球二十五年』（報知新聞社）1961年
報知新聞社『定本プロ野球40年』（報知新聞社）1976年
ベースボール・マガジン社編『プロ野球70年史』（ベースボール・マガジン社）2004年
ベースボール・マガジン社編『日本プロ野球記録大全集』（ベースボール・マガジン社）1985年
日本野球機構 IBM・BIS データ本部編『The official baseball encyclopedia:1936-1990』（日本野球機構）1991年
野球殿堂博物館編『野球殿堂2018』（野球殿堂博物館）2018年
野球殿堂博物館編『野球殿堂2023』（野球殿堂博物館）2023年

その他（新聞・雑誌・資料等・映像）

伊勢新聞　国民新聞　写真特報大阪毎日　スポーツニッポン　新愛知　名古屋新聞　日刊スポーツ　函館毎日新聞　ビルマ新聞　マニラ新聞　満洲日日新聞　読売新聞　読売報知　愛国婦人　あいだ　秋の大リーグ　アサヒ・スポーツ　潮　オール読物　音楽知識　画論　国際写真新聞　経営者　写真週報　週刊ベースボール　週刊文春　新聞研究　スポーツ日本　浪華タイムス　話　美術　婦人倶楽部冬の大リーグ　文藝春秋デラックス　ベースボールニウス（改題　体育週報）　ベースボール・マガジン（月刊誌含む）　毎日グラフ　野球界（改題　相撲と野球）　読売スポーツ　伊藤利清氏スコアブック　官報　小島善平日記　日本職業野球連盟公報（改題　日本野球連盟ニュース）　野球殿堂博物館 Newsletter　日本野球連盟　河野安通志　指導『野球の妙技』（朝日新聞社）1939年　日本ニュース　NHK 戦争証言アーカイブス

資料・写真提供

国立公文書館／アジア歴史資料センター　国立国会図書館　阪神甲子園球場甲子園歴史館　防衛庁防衛研究所　野球殿堂博物館　山際康之

○引用・参考文献は、最初に用いた章を示す。以降、繰り返し用いるものもある。

登場人物一覧

1　**島秀之助**　金鯱軍・法政大学・外野手・金鯱軍発足時に選手兼助監督として入団し盗塁王に。その後、肩を痛めて審判に転向する。近衛輜重兵連隊へ入営するも１カ月ほどで除隊。二・二六事件や東京初空襲に遭遇。戦前の延長28回引き分け試合の審判も務める。戦後も天覧試合など数々の場面に立ちあう。殿堂入り。

2　**水谷則一**　大東京軍・慶應義塾大学・外野手・慶應義塾大学とライオン軍で主将を務める。出征した広東で開催された大学出身者による早慶戦に出場する。試合結果は引き分けだった。その後、仏印へ進駐。

3　**沢村栄治**　巨人軍・京都商業・投手・リーグ発足間もない時期に活躍するも徴兵され徐州会戦や武漢攻略に参加する。帰還後はマラリアに悩まされた。日米開戦時に比島に上陸して従軍した。３度目の召集で戦死する。日米野球でベーブ・ルースら相手に好投した試合は伝説となり、その名は沢村賞として刻まれている。殿堂入り。

4　**野口明**　セネタース・明治大学・投手・明大を中退して職業野球入りし球界のエースに。徴兵され砲兵として大別山の戦闘に参加。除隊後は内野や捕手を守り弟二郎とプレー。再召集されて九州で終戦を迎える。

5　**筒井修**　巨人軍・松山商業・内野手・日中戦争になり騎兵連隊へ入営する。大陸の空の下で戦友と巨人軍の歌を合唱したことも。太平洋戦争でビルマ戦線へ。手榴弾が暴発し左手の親指を除く４本を失う重症を負う。戦傷により選手への復帰は叶わず戦後は審判に転じた。審判初の3000試合出場を記録する。殿堂入り。

6　**内堀保**　巨人軍・長崎商業・捕手・バッテリーを組んだ沢村と同時に入営。暗号の訓練を受けたのち大陸に渡り山西省の討伐戦に参加する。除隊して１カ月ほどで再召集になり終戦までビルマ周辺で従軍し捕虜に。

7　**後藤正**　名古屋軍・立命館大学・内野手・平壌の第77歩兵連隊に入営し、日中戦争がはじまるとすぐに現地に急行。盧溝橋近くの南苑の戦闘で戦死し職業野球選手最初の犠牲者となった。金鵄勲章功七級を授与。

8　**中尾長**　セネタース・明治大学・外野手・明治大学で主将を務める。セネタースと契約したが試合に出場することなく出征。河北省高地の山岳戦に投入され突撃の際に戦死。選手登録後わずか２カ月足らずだった。

9　**中山武**　巨人軍・享栄商業・捕手・日中戦争がはじまり早々に入営。軍内の手榴弾投げで50メートルを投げて話題に。上陸直後の上海で足に負傷。復帰を目指したが断念しマネージャーなどをして裏方でささえた。

10　**三原脩**　巨人軍・早稲田大学・内野手・巨人軍の契約第１号だったが、そのまま現役兵として入営する。日中戦争では上海戦で負傷する。召集は繰りかえされ太平洋戦争でのビルマ出兵を含めて３度の兵役に就く。

戦後は巨人軍で監督を務めたのち、西鉄、大洋などの監督を歴任しながら優勝に導いていった。殿堂入り。

11　**井野川利春**　阪急軍・明治大学・捕手・門鉄を率いて都市対抗で優勝に導き橋戸賞第1号に輝く。済南攻略では敵地へ密偵も。帰還後に阪急軍監督になり軍隊式で指導。太平洋戦争で再び召集されビルマで従軍。終戦で捕虜になり抑留生活をおくる。復員後は復帰して東急や東映の監督として指揮した。退団して審判に転身。

12　**日高得之**　阪急軍・平安中学・外野手・阪急軍の発足時に入団して期待された。日中戦争で大陸に出征すると石家荘、南京、徐州、武漢といった数々の戦闘に参加した。除隊後に復帰するも一年限りで退団。

13　**夫馬勇**　（日米野球　全日本）・早稲田大学・外野手・日米野球で4番を打ち、好成績を残すも文部省からの指摘で全日本から離脱する。兵役中に妻の思いに感激した荒木貞夫大将から直筆の日章旗を贈られる。

14　**小阪三郎**　名古屋軍・宇治山田商業・内野手・沢村と一緒に同じ連隊に入営した。京都の陸軍病院では内藤と再会し野球部を作った。帰還して球団のマネージャーになり戦地にいる村松幸雄へボールを送る。

15　**岩本義行**　南海軍・明治大学・外野手・南海軍発足時に主将で入団するも試合に出ることなく入営した。大陸を転戦したのち帰還して南海へ復帰。退団後に故郷の広島に戻ったが原爆投下に遭遇し救援活動を行う。戦後しばらくして復帰すると39本の本塁打でチームを優勝へ導く。東映や近鉄の監督を歴任した。殿堂入り。

16　**浅原直人**　ライオン軍・愛知一中学・内野手・名古屋軍からライオン軍へ移籍して4番を打つ。セネタースの野口明と同じ名古屋の師団で高射砲連隊に所属。その後も高射砲の任務はかわらず大阪で終戦を迎える。

17　**前田喜代士**　名古屋軍・慶應義塾大学・外野手・福井の武生中学卒業後に慶應義塾大学へ入学するも中退して名古屋軍入りした。出征して北支方面の戦闘で戦死。戦死後、功績により金鵄勲章功六級が与えられた。

18　**永井武雄**　大東京軍・慶應義塾大学・監督・大東京軍の初代監督。最初の兵役では軍を抜け出し試合をしたため軍紀違反で軍法会議に。日中戦争では手榴弾伍長と名をとどろかせたが台児荘の戦闘で戦死した。

19　**濃人涉**　金鯱軍・広陵中学・内野手・太原作戦後に広東攻略で大砲が爆発し負傷。帰還後、満洲のリーグ戦で首位打者になり復活をはたした。二重国籍から日本国籍に。原爆投下時に爆心地から2キロの地点にいた。戦後は新興の国民野球リーグに籍を置いたことも。その後、中日を指揮したのち東京、ロッテの監督を歴任。

20　**津田四郎**　巨人軍・関西中学・内野手・どこでもこなす万能選手で巨人軍主将も務める。広東攻略に参加。長らく大陸に駐屯したのち北部仏印ハイフォンに進駐する。帰還して巨人軍に復帰するも審判に転じた。

21　**新井一**　金鯱軍・享栄商業・外野手・金鯱軍入りするとリーグ戦に出場することなく入営して大陸へ渡った。各地を転戦し徐州会戦にも参加

した。戦地で負傷して入院したが、帰還して金鯱軍への復帰をはたす。

22　**片岡勝**　阪急軍・大連商業・マネージャー・日本初の職業野球団日本運動協会の捕手。協会解散後に阪急軍のマネージャーとして球団をささえる。日中戦争に従軍すると身代わりで戦死した戦友のために奮起する。

23　**山本栄一郎**　巨人軍・島根商業・外野手・日本運動協会のエースで活躍。巨人軍では若手の指導に励む。日中戦争になり２度目の兵役に。除隊後も現役を続け手榴弾投げ競技の参加や慰問試合で責任者を務めた。

24　**石丸藤吉**　名古屋軍・佐賀商業・内野手・南京周辺で通信部隊の軍曹として討伐戦に参加し、敵が迫る危機に遭遇した。戦地では野球チームをつくり試合も。大陸から戻ると弟の進一と同じチームでプレーをした。

25　**石田政良**　名古屋軍・鹿児島商業・外野手・俊足の持ち主で15年には66試合の出場で32盗塁を記録して盗塁王になっている。遠征先の奉天で召集されて南京で教育を受けていたときに同僚の石丸と再会した。

26　**中野隆雄（旧姓・筒井隆雄）**　ライオン軍・海南中学・内野手・主に遊撃手として出場した。病名などは不明であるが南京周辺の野戦病院に入院し、名古屋軍の石丸、石田が見舞いに訪れている。階級は中尉。

27　**藤村富美男**　タイガース・呉港中学・内野手・日中戦争までに南寧や仏印を転戦し、太平洋戦争でもマレーに上陸しシンガポール攻略などに参加した。スラバヤから乗船するも魚雷攻撃にあい海をさまよう。20年再召集。戦後最初のリーグ戦に監督で復帰。首位打者、本塁打王を獲得しミスター・タイガースと呼ばれた。殿堂入り。

28　**梶上初一**　慶應義塾大学・外野手・夏の甲子園で二試合連続の本塁打を放ち広島商業を初優勝に導く。大学で主将を務め卒業後の都市対抗でも優勝。歩兵第11連隊の中隊長として従軍し青島周辺の呂南で戦死した。

29　**中村三郎**　大東京軍・明治大学・内野手・遠征で訪れた長野の旅館で召集を知る。翌日の試合で本塁打を放って出征したという逸話も。盧溝橋近くの北平で警備にあたった。部隊対抗戦で優勝したと報告。戦死。

30　**御園生崇男**　タイガース・関西大学・投手・投打に活躍して２季連続優勝に貢献。占領した漢口では盛んに野球の試合が行われていたことから職業野球の現地への慰問を球団に提案。帰還後は脚力も発揮する。

31　**小川年安**　タイガース・慶應義塾大学・捕手・タイガース発足時に捕手として活躍した。第一電信隊に入営し大陸に出征すると沢村との再会をはたした。帰還後は職業野球には復帰せずに、再び召集され戦死した。

32　**小田野柏**　阪急軍・岩手福岡中学・投手・阪急軍監督だった三宅大輔からのいいつけを守り、満洲での兵役中の訓練はトレーニングだと念頭に行動し、また肩を痛める行為は控えた。その甲斐あって17年に復帰。戦後22年、豊岡物産の外野手として都市対抗に出場すると天皇皇后両陛下を前に天覧本塁打第１号を放った。

33　**アチラノ・リベラ**　巨人軍・トレード高校・外野手・マニラのベーブといわれた。巨人軍の比島遠征の際に交渉し来日。マニラリーグでは

「色部」という日本語名で登場し日本倶楽部と対戦。マニラで命を落とす。

34　**ビィクトル・スタルヒン（日本語登録名：須田博）**　巨人軍・旭川中学・投手・14年に42勝を記録。正力らがすすめる新体制運動により須田博に改名を余儀なくされる。戦況が悪化して軽井沢に隔離された。戦後はチームを渡りあるきながら史上初の300勝を達成。自動車事故により不慮の死を遂げる。殿堂入り。

35　**サム・高橋吉雄**　イーグルス・ワシントン大学・内野手・日系二世として来日し名古屋軍入団後、イーグルスへ移籍。12年秋季に本塁打王になるも日中戦争が勃発して徴兵される。軍隊で日本語、麦飯に苦労した。

36　**若林忠志**　阪神軍・法政大学・投手・ハワイから来日し法政大学へ。タイガースに入団し多彩な球で打者を翻弄した。日米関係悪化のなか日本国籍を取得。産業戦士として阪神電鉄で従事しながら公式戦で指揮をとる。戦後も投手兼任監督として優勝に導く。２リーグ分立の際に毎日に移籍し、その後、監督を務めた。殿堂入り。

37　**田中義雄**　阪神軍・ハワイ大学・捕手・恋愛中の女性との交際を反対され、球団からの勧誘を機に来日して結婚を計画。米国と戦争になったが日本にとどまる。選手たちが徴兵されていくなかで本塁を守り続けた。

38　**亀田忠**　黒鷲軍・アンドルー・E・コックス中学・投手・三振か四球かの荒れ球で打者を翻弄し、無安打無得点を２度達成している。来日直前に日本で徴兵されないために日本国籍を離脱しており16年に帰国した。

39　**亀田敏夫**　阪神軍・ハワイ大学・投手・兄の忠を追うように来日。電車で英字新聞を広げて憲兵から殴られたことも。大学入学時に日本国籍を離脱しており帰国した。米国で徴兵されたが病気で兵役を逃れた。

40　**長谷川重一**　黒鷲軍・ミッドパシフィック高校・投手・高校時代は亀田敏夫と同じ野球部だった。来日１年目に12勝の成績を残してチームに貢献した。堀尾らとともにハワイに帰国すると翌年、米国で徴兵された。

41　**ジミー・堀尾文人**　阪神軍・マウイ高校・外野手・日米野球大会の全日本メンバーとして出場後、巨人軍の米国遠征に参加した。リーグが発足すると阪急軍やタイガースで活躍した。日米関係の悪化により帰国。

42　**川崎徳次**　南海軍・久留米商業・投手・久留米の部隊に入営しビルマへ。幹部候補生としてジャワで教育を受けて見習士官となる。速射砲中隊の隊長代理としてビルマの将兵を脱出させるシッタン作戦に参加する。

43　**吉原正喜**　巨人軍・熊本工業・捕手・川上哲治とともに入団し闘志あふれるプレーを見せる。戦地で内堀保らと再会。独立速射砲部隊でインパール作戦に従軍。作戦後にビルマ北部中央で戦死。殿堂入り。

44　**川上哲治**　巨人軍・熊本工業・内野手・入団後に投手から打者に転向し戦前に２度の首位打者を獲得する。熊本の部隊へ入営するも転属になり立川の陸軍航空整備学校の教官になる。航空火器の整備などの教育を担当した。巨人軍に復帰した戦後も打線の中心に座る。監督に就任するとチームを統率して９連覇へ導いた。殿堂入り。

45　**フランク・山田伝**　阪急軍・エルクグローブ高校・外野手・ヘソ付近で捕球する技で観客を沸かせる。兵役に就けず100円の国防献金をしたことも。日本籍を取得すると召集。入営前に軍人勅諭の練習をし北支へ。

46　**天川清三郎**　南海軍・平安中学・投手・甲子園の優勝投手。比島バターン半島でのカポット台の戦闘では生き残った13人のひとりだった。占領地比島での皇軍慰問野球大会で勝利。レイテ島への敵上陸で戦死した。

47　**納家米吉**　南海軍・法政大学・外野手・南海鉄道から出向社員として南海軍の立ちあげに参加。その年末に召集され満洲北部の警備にあたるなど各地を転戦した。比島の第２次バターン半島攻略の開始の日に戦死。

48　**野口二郎**　大洋軍・中京商業・投手・リーグ戦で40勝記録。延長28回の試合をひとりで投げ抜く。大学に通い教員の資格を取得。入営後、満洲へ渡り内地へ転属になったが実家は空襲で消えていた。殿堂入り。

49　**西沢道夫**　名古屋軍・鹿児島総合中学・投手・14歳で採用試験に合格し見習いとして入団すると主軸投手を務めるようになる。天津付近で手榴弾の破片を右太腿部に浴び負傷。内地に送還されて陸軍病院へ入院。戦後は打者に転向して首位打者、打点王を獲得する。引退後は中日の監督に就任して指揮をとる。殿堂入り。

50　**木村進一**　名古屋軍・平安中学・内野手・延長28回の試合に遊撃手として出場。64部隊へ入営しラバウルに派遣される。迫撃砲小隊の照準手になるが戦闘中に迫撃砲が爆発しひとり助かるも右手首から先を失う。戦後は母校の平安高校の監督になり夏の甲子園で見事優勝をはたす。鮮やかなシートノックは注目を浴びた。

51　**佐藤武夫**　大洋軍・岡崎中学・捕手・右ヒザに故障をかかえ召集されては即日帰郷を繰り返したおかげで毎年、リーグ戦で顔を見せた。延長28回の試合ではマスクをかぶり続け最終回には激走する闘志を見せた。

52　**冨樫淳**　（戦後　阪神）・法政大学・外野手・父は阪神理事の冨樫興一。体力章検定の手榴弾投げで75.88メートルを記録。昭和17年に幻の甲子園といわれた大会に出場。戦後すぐに大学を中退して父のいる阪神へ。

53　**景浦将**　阪神軍・立教大学・外野手・タイガースの主砲として活躍。日中戦争で満洲の虎林で山砲部隊として従軍。太平洋戦争になり再び召集され比島ルソン島の山中で食糧探しに出かけて行方不明に。殿堂入り。

54　**青田昇**　巨人軍・滝川中学・外野手・滝川中学時代に手榴弾投げで81.6メートルを記録。戦況の悪化で選手が軍需工場で働くようになると巨人軍を辞めて飛行機乗りを目指して志願。大刀洗陸軍飛行学校へ入校。戦後は本塁打王を五回獲得するなどしてチームに貢献した。「じゃじゃ馬」と呼ばれ親しまれた。殿堂入り。

55　**御子柴長雄**　明治大学・外野手・体力章検定の手榴弾投げ種目で82.25メートルを投げ日本記録を樹立し、金色章を授与。砲兵隊としてスマトラ島を守備し近海への輸送中に潜水艦からの砲撃にあい戦死。

56　**大原敏夫**　阪急軍・越智中学・捕手・戦艦などを建造していた呉海軍

工廠から入団してきた。守っては強肩を発揮し打撃では長打するなど腕をあげた。正捕手の座をつかんだ矢先に召集になった。中支で戦死した。

57 **荒木政公** 阪急軍・海星中学・投手・荒木を獲得するために阪急、タイガース、巨人の争奪戦に。入団すると先発の一角を担い9勝を収めた。わずか1年の在籍で出征すると満洲とソ連の国境近くで戦病死した。

58 **丸尾千年次** 阪急軍・熊本工業・投手・台湾で入営し海南島海口、広東、ジャワ島スラバヤと転戦した。広東では急性大腸炎になり陸軍病院に移送された。戦地での活躍は目覚ましく旭日章など数々の勲章を授与。

59 **青柴憲一** 巨人軍・立命館大学・投手・巨人の米国遠征で18勝をあげたが、帰国後は持病の喘息でわずかな登板だった。出征した中支で持病が再発し京都の病院へ入院して除隊。終戦直前に再召集となり戦病死。

60 **内藤幸三** 金鯱軍・東京市立商業・投手・全国軟式野球大会で予選からひとりで投げ抜きわずか1得点に抑えて優勝し入団。徐州会戦後に肺炎になり京都の病院へ移送。院内で野球部を作るよう指示を受け監督に。

61 **楠安夫** 巨人軍・高松商業・投手／捕手・投手で入団したのち捕手に転向した。入営すると内地での演習中にトラックにはねられ右膝関節を挫傷する。善通寺の陸軍病院に入院していたときに病院対抗戦に出場。

62 **藤井勇** タイガース・鳥取第一中学・外野手・徴兵猶予のために大学に籍を置いていたが辞めて兵隊に。関東軍で任務にあたる。再召集され野球好きの軍医によりビルマ行きを免れる。本土防衛にあたるも中国へ。

63 **宮武三郎** 阪急軍・慶應義塾大学・投手／内野手・投打で活躍した慶大の中心選手。東京の歩兵第3連隊に入営。試合中に痛めた左足の不安から行軍前に診察すると軍医の計らいにより即日帰郷に。殿堂入り。

64 **山下実** 阪急軍・慶應義塾大学・内野手・慶大時代は宮武と両雄の花形。腰痛だったが軍医に甲子園での活躍を目撃され仕方なく入営。船舶高射砲隊としてニューギニアやソロモン方面へ出動した。殿堂入り。

65 **多田文久三** 巨人軍・高松商業・投手／捕手・投手で入団したが捕手も務め沢村の球も受けた。満洲の独立速射砲部隊にいたが幹部候補生として教育を受けるために岐阜へ転属。移動途中で名古屋の空襲に遭遇。

66 **門前眞佐人** 阪神軍・広陵・捕手・タイガースによる契約第1号の選手。兵隊になって大陸へ出征。砲兵になったようで大砲を移動する際に砲身や砲架などに分解するが門前は砲の車輪を持ちあげて山越えした。

67 **山口政信** 阪神軍・日新商業・外野手・俊足を活かし3番を打ち優勝に貢献。従軍中に軍紀違反で重営倉入りの処罰を受けた。再召集され敗戦間近にビルマへ。中隊内での生き残りは山口含めてふたりだけだった。

68 **上田正** 阪神軍・松本商業（広島）・外野手・上海の呉淞へ上陸し工兵隊の分隊長として宜昌、長沙作戦に参加した。武功抜群に与えられる金鵄勲章を生存中に授与した唯一の職業野球選手といえる。再召集で戦死。

69 **宮崎剛** 阪神軍・同志社高等商業・内野手・攻守を買われて入団。入営して満洲に渡ると輜重兵として輸送を担った。幹部候補生に合格して

予備士官学校へ入るために内地へ戻る途中に皆川定之と再会した。
70　**土井垣武**　阪神軍・米子中学・捕手・チームでは捕手層が厚く内野を守って貢献した。鳥取の歩兵連隊へ入営したのち近衛兵に。幹部候補生の試験で事前に対策したヤマが外れて隣を盗み見するもバレて落ちる。
71　**武智修**　阪神軍・松山商業・内野手・投手だったが選手不足から遊撃手を兼ねた。入営直後の身上調査で職業野球選手だったことが知れて中隊長から非国民だと怒鳴られる。終戦になりマレーで捕虜になる。
72　**千葉茂**　巨人軍・松山商業・内野手・松山の連隊に入営。野球に理解のある周囲により所属先など配慮された。外地への派遣命令が度々出るも中止になり内地にとどまり終戦は転属先の高知で迎えた。殿堂入り。
73　**服部受弘**　名古屋軍・岡崎中学・捕手・兵役直前のリーグ戦で本塁打王になる。東部軍から近衛野砲兵連隊へ転属して桜田門から半蔵門にかけての警備の任にあたる。終戦直前の皇居内での反乱事件には関係せず。戦後、中日に復帰すると投手に転向して活躍した。球団はその功績に対して背番号10を永久欠番とした。
74　**北浦三男**　セネタース・関西大学・捕手・俊足の捕手で関西にファンが多かった。日中戦争になり南支に従軍し、ゴム毬を手にして職業野球を思い出すことも。戦地でセネタースが日本語名に改名したことを知る。
75　**吉田猪佐喜**　名古屋軍・熊本工業・外野手・日中戦争に従軍し戦地で手製のバットで試合に。帰還後、門司鉄道局から名古屋軍入り。太平洋戦争になり再び召集。終戦を迎えシベリアに抑留されるも帰国をはたす。
76　**鬼塚格三郎**　明治大学・投手・明治大学で3人目となる無安打無得点を達成。卒業後の八幡製鐵所では主将を担う。占領地で開催されたマニラリーグでも主将としてまとめ、投げては全試合に登板して奮起した。
77　**桐原眞二**　慶應義塾大学・内野手・主将として早慶戦を復活させた功労者。賀陽宮が渡米し野球を観戦した際には案内役を務めた。出征先でマニラリーグを始動させ宣撫活動を。ルソン島で戦病死。殿堂入り。
78　**古舘理三**　東京帝国大学・投手・六大学では弱小チームながら投げて勝利に貢献した。マニラリーグへの参戦に尽力すると同時に日本倶楽部の監督として指揮をとった。リーグ戦の成績は5チーム中の同率3位。
79　**近藤鉄己**　慶應義塾大学・捕手・新婚生活1週間で比島へ出征する。少尉として飛行場の中隊に勤務した。マニラリーグの日本倶楽部の選手に選抜され4番を打つ。ルソン島北部の山脈で胸部貫通銃創により戦死。
80　**広瀬習一**　巨人軍・大津商業・投手・入営前のリーグ戦で虫垂炎となり完治しないまま軍隊入り。比島へ出征後もアメーバ性赤痢になるが退院後すぐにマニラリーグで登板する。レイテ島でのゲリラ討伐時に戦死。
81　**中田武雄**　慶應義塾大学・投手／外野手・甲子園で延長25回をひとりで投げ抜いた。慶應進学後は外野手に転向する。戦車中隊に配属され上陸予定のブーゲンビル島への航行中に水上機母艦日進が沈没し戦死する。
82　**楠本保**　慶應義塾大学・投手／外野手・春、夏の甲子園に6回出場し

て無安打無得点も記録。慶應では外野手に転向して主将を務める。分隊長として江南殲滅作戦に参加後、石家圩付近への敵情偵察の戦闘で戦死。

83　**松井栄造**　早稲田大学・外野手・岐阜商業時代に春２度、夏１度の優勝を経験。早稲田大学では俊足の外野手で活躍。入営したのち豊橋予備士官学校で見習士官になった。江南殲滅作戦で敵陣へ突撃して戦死した。

84　**近藤清**　早稲田大学・捕手／外野手・戦前最後の早慶壮行試合に出場。開催をめぐって大学の煮え切らない態度に激怒したことも。菊水作戦第４号により神風特別攻撃隊第３草薙隊の一員として沖縄の敵艦へ突入。

85　**笠原和夫**　（戦後　南海）・早稲田大学・外野手・早稲田で主将を務め早慶壮行試合に４番で出場。学徒出陣で百里原航空基地に配属。特攻で出撃した加藤三郎や近藤清を見送る。戦後、南海に入団し高橋で監督。

86　**鈴木美嶺**　東京帝国大学・内野手・六大学野球連盟が解散したあとも野球部の寮に残り法政などと試合。明治神宮外苑競技場で開催された出陣学徒壮行会に参加し雨のなか行進する。京城の部隊へ入営。殿堂入り。

87　**本堂保次**　タイガース・日新商業・内野手・徴兵回避のため大学に在籍すると他選手の代返をして助ける。中支で現地入隊してバターン半島の攻略に参加しコレヒドール島で戦闘。マラリアにかかり内地へ送還。

88　**石丸進一**　名古屋軍・佐賀商業・投手・内野手から投手に転向し２年間で37勝をあげてチームを２位に躍進させた。特攻出撃前にキャッチボールを。神風特別攻撃隊第５筑波隊として沖縄の敵艦に突入し戦死した。

89　**中河美芳**　黒鷲軍・鳥取第一中学・内野手・柔軟に捕球する姿から「蛸」とあだ名され人気者に。憲兵から尾行され下宿先に押し入られたことも。志願して満洲へ。カミギン島沖合で攻撃にあい戦死。殿堂入り。

90　**鬼頭数雄**　ライオン軍・日本大学・外野手・昭和15年、川上との激しい打率争いの末に首位打者。憲兵に睨まれて軍隊入り。中部第２部隊へ入営しサイパン島へ派遣。連隊で旗手をしていたという。部隊は玉砕。

91　**鬼頭政一**　朝日軍・日大第三中学・内野手・名古屋軍入団後、当時、兄の数雄がいたライオン軍へ移籍。兄弟で憲兵に睨まれ軍隊入りを余儀なくされる。兄と同じく中部第２部隊へ配属となるが千葉の歩兵学校へ。

92　**坪内道則**　朝日軍・立教大学・外野手・日中戦争直前に徴兵検査を受けたが直前の試合で骨折してしまい軍隊入りしなかった。以降、徴兵されることはなかったが主将や監督を兼任しながらチームを牽引した。戦後も選手を続けて史上初の1000試合出場、1000安打を達成する。引退後は名古屋の監督に。殿堂入り。

93　**大友一明**　朝日軍・島田商業・内野手・遠征先で召集令状が届き送別会となる。飲めない酒を飲み、席上で出征前の試合で投げることを志願。肩をこわして内野手に転向していたが見事に投げて戦地へ向かった。

94　**西村正夫**　阪急軍・関西大学・外野手・二・二六事件の日に契約。入団後に徴兵検査に臨むも学生時代の骨折が原因で入隊せず。その後２度の召集も即日帰郷に。終戦前に善通寺の連隊に召集され通信兵になる。

95　**苅田久徳**　セネタース・法政大学・内野手・名人芸ともいえる二塁手で人気を博す。巨人軍時代の米国遠征での書類不備で海外に残留と見なされ召集されず。発覚して中支で従軍。少尉で終戦を迎える。殿堂入り。

96　**小島利男**　イーグルス・早稲田大学・内野手・六大学で２度の首位打者になる。女優の小倉みね子と結婚。野戦重砲第２連隊への入隊を皮切りに２度目の召集は満ソ国境の守備隊、３度目は名古屋の司令部で従軍。

97　**小鶴誠**　名古屋軍・飯塚商業・外野手・八幡製鐵を退職して職業野球入りする際に偽名で入団。陸戦隊で比島に派遣されたが航行中に潜水艦に攻撃され台湾へ避難。高雄で駐屯後に海南島に行き終戦。殿堂入り。

98　**白石敏男**　巨人軍・広陵中学・内野手・巨人軍入団以来、遊撃手として守り続けてきたが退団。入営早々に幹部候補生試験を拒否して中国行きとなる。上海で通信隊員になり暗号無線で故郷に原爆が投下されたことを知る。戦後２リーグ分立により誕生した市民球団の広島の立ちあげに参加して貢献。のちに監督も務める。殿堂入り。

99　**水原茂**　巨人軍・慶應義塾大学・内野手・六大学の花形。巨人軍主将として最高殊勲選手賞に選出。出征後のため愛児がかわって表彰。満洲で兵器の保管管理などを行う。終戦直前にソ連が侵攻してシベリア抑留に。終戦から４年後に帰国する。翌年から巨人軍の監督を務め連覇を達成。東映、中日の監督も歴任し殿堂入り。

100　**大沢清**　名古屋軍・國學院大学・内野手・東都リーグの國學院大学から入団して打線の中心に座った。出征時に無理はしないと妻に伝え安心させた。近衛第７連隊へ入営後、半年ほどで満洲の孫呉へ転属し従軍。

101　**岡田宗芳**　タイガース・広陵中学・内野手・タイガース発足時の遊撃手として軽快な守備を見せる。入営前の遠投競技では強肩を発揮する。北支で仲良しの藤村と再会するも、翌日ニューギニアに派遣され戦死。

102　**尾茂田叶**　セネタース・明治大学・外野手・打って良し守って良しで特に外野守備の回転捕球は人気を博した。日中戦争で大陸へ出征。腸チフスにかかるなどしながらビルマ、シンガポール、ニューギニアを転戦。

103　**村松幸雄**　名古屋軍・掛川中学・投手・昭和15年に21勝を記録。歩兵第34連隊へ入営後に第38連隊へ転属になり満洲へ。球団からボールを取り寄せ中隊対抗試合を実施。グアム島で果敢に戦うも部隊は全滅。

104　**杉浦清**　（戦後　中日）・明治大学・内野手・大学本科を終えて高等文官試験を目指す。その後、明治大学監督になり１年で召集。空襲が続くラバウルで魚や果実を獲る自給自足の生活に。戦後、中日の監督に就任。

105　**平山菊二**　巨人軍・下関商業・外野手・打撃と守備の両立を信条としてプレー。のちに塀際の魔術師として知られる。義兄は二・二六事件主導者の田中勝。モロタイ島で捕虜になり殺されるなら襲撃しようと計画。

106　**西村幸生**　タイガース・関西大学・投手・主戦投手で連覇に貢献。契約期間が終え退団。満洲に移り住み現地で応召。比島への輸送船が撃沈されるも奇跡的に生き延びる。再び比島へ向かい消息を絶つ。殿堂入り。

107　**新富卯三郎**　阪急軍・小倉工業・外野手・日米野球で全日本に選ばれ巨人軍の結成に参加。日中戦争で負傷し帰還後に阪急軍へ移籍。再召集でラングーンに上陸し拉孟で駐屯。ビルマを南下中に地雷により戦死。

108　**前田諭治**　ライオン軍・興国商業・内野手・負けん気の強さと軽快な動きで遊撃手の定位置を獲得。軍務の移動中にクアラルンプールで南海軍の川崎徳次と再会し旧交を温める。上等兵で軽機関銃の射撃手を担う。

109　**近藤貞雄**　巨人軍・岡崎中学・投手・西鉄解散により巨人へ配給選手で移籍。スタルヒン欠場の穴をうめて登板。憲兵に咎められバットを新聞紙に巻いて持ち歩くように。終戦を豊橋の部隊で迎える。殿堂入り。

110　**柴田崎雄**　巨人軍・飯塚商業・捕手・近藤と同じく配給選手として巨人軍へ移籍。寮の娘さんと一緒に帰宅し憲兵に顔が腫れるほど殴られた。志願して西部第46部隊へ入隊するとシンガポールや南方へと出征した。

111　**藤本英雄（中上英雄）**　巨人軍・明治大学・投手・入団早々10連勝、翌年には34勝の成績。遠征先で刑事に野球を商売にしていることを咎められる。選手不足で20代半ばで監督になり練習場の確保などに奔走する。戦後も投手兼任監督を続けるも中日に移籍し、再び巨人へ復帰する。史上初の完全試合を達成する。殿堂入り。

112　**嶋清一**　明治大学・投手・夏の甲子園で五試合連続完封し決勝では無安打無得点を達成。軍隊では防備隊などで真田と同じ配属。第84号海防艦に乗り込み輸送船を護衛したが敵の攻撃により沈没し戦死。殿堂入り。

113　**真田重蔵**　朝日軍・海草中学・投手・甲子園に出場し入団したが１年で学徒出陣となる。海軍通信学校や防備隊を経て特殊潜航艇の乗組員へ。艇の完成を待っての出撃であったが、そのまま終戦を迎える。殿堂入り。

114　**三輪八郎**　阪神軍・高崎中学・投手・速球とドロップを武器にした左腕。満洲での公式戦で巨人を相手に無安打無得点を達成する。新聞紙面の頁数が減っていくなか昭和19年末に大陸で戦死したことが報道された。

115　**鶴岡一人**　南海軍・法政大学・内野手・入団するなり主将に抜擢され、最多本塁打となる10本を記録。戦前の２桁の本塁打は２人目。200名の部下を持つ中隊長として陸軍特攻の知覧基地で防衛の任務に当たる。終戦を迎え復員するとすぐに監督兼選手としてチームを再建させて戦後最初のリーグ優勝に導く。殿堂入り。

116　**村松長太郎**　セネタース・浪華商業・外野手・春の甲子園で登板し大阪に初の優勝旗をもたらす。セネタースでは外野手に。歩兵第８連隊へ入営後、志願して飛行機乗りに。大刀洗陸軍飛行学校で訓練中に事故死。

117　**大下弘**　（戦後　セネタース）・明治大学・外野手・六大学解散で出場機会に恵まれず。学徒出陣で軍隊入りし航空隊を志願。訓練後に埼玉の部隊で終戦。戦後プロ入りし本塁打王。青バットと称された。殿堂入り。

118　**加藤三郎**　明治大学・内野手・バットを立ててかまえる打法で大学の主砲を務めた。海軍の菊水作戦第１号により神風特別攻撃隊第１正統隊として沖縄の敵船団に体当たりを決行。兄の春雄は戦後、近鉄の監督。

119　**皆川定之**　阪神軍・桐生中学・内野手・五尺三寸に満たない体で遊撃手の定位置を確保。予備士官学校にいるうちに原隊が南方で全滅。大空で散りたいと特攻隊を志願。出撃の命令が下されるも直前に終戦になる。

120　**渡辺静**　朝日軍・小諸商業・投手・公式戦での登板はなく打者として２試合の出場にとどまる。入営後は陸軍航空特攻部隊の第165振武隊の一員になり知覧基地から三式戦闘機飛燕で飛び立ち特攻で戦死した。

121　**松木謙治郎**　タイガース・明治大学・内野手・タイガースに入団すると首位打者、本塁打王を獲得し、主将、監督を務めた。独立歩兵第12大隊本部の炊事班として沖縄戦に従軍して米軍の捕虜になる。殿堂入り。

122　**田部武雄**　巨人軍・明治大学・内野手・巨人軍の米国遠征に参加して109試合で105個の盗塁。主将になり選手の処遇改善を求め連判状を出し退団。公式戦の記録はない。沖縄の摩文仁海岸で戦死。殿堂入り。

○兵役を回避するために籍を置いた大学など出身校は学籍記録が不明のため除いてある。

○所属チームは文中での登場場面などを勘案している。したがって、戦没野球選手一覧に記載されている所属チームと異なる場合がある。

戦没野球選手一覧

プロ野球出身者

青柴憲一（巨人軍） 青木勤（阪急軍） 天川清三郎（南海軍） 荒木政公（阪急軍） 池田久之（阪急軍） 石井豊（セネタース） 石丸進一（名古屋軍） 伊藤健太郎（巨人軍） 伊東甚吉（阪急軍） 上田正（阪神軍） 太田健一（イーグルス） 大原敏夫（阪急軍） 大宮清（金鯱軍） 岡田福吉（黒鷲軍） 岡田宗芳（阪神軍） 小川年安（阪神軍） 小野寺洋（黒鷲軍） 織辺由三（セネタース） 戒能朶一（名古屋軍） 景浦将（阪神軍） 加藤信夫（阪神軍） 川村徳久（阪急軍） 北原昇（南海軍） 鬼頭数雄（ライオン軍） 木村孝平（黒鷲軍） 国久松一（南海軍） 倉信雄（巨人軍） 桑島甫（阪急軍） 後藤正（名古屋軍） 小林公平（朝日軍） 沢村栄治（巨人軍） 三田政夫（巨人軍） 柴田多摩男（金鯱軍） 島本義文（阪急軍） 白木一二（名古屋軍） 新富卯三郎（阪急軍） 杉山東洋生（イーグルス） 高野百介（南海軍） 田中雅治（朝日軍） 田部武雄（巨人軍） 辻源兵衛（阪神軍） 寺内一隆（イーグルス） 永井武雄（大東京軍） 中尾長（セネタース） 中河美芳（イーグルス） 中村三郎（大東京軍） 中村政美（巨人軍） 納家米吉（南海軍） 西村幸生（阪神軍） 野口昇（阪神軍） 林安夫（朝日軍） 原一朗（阪神軍） 平林栄治（阪神軍） 広瀬習一（巨人軍） 福士勇（ライオン軍） 藤野文三郎（イーグルス） 伏見五郎（イーグルス） 前川正義（阪神軍） 前田喜代士（名古屋軍） 政野岩夫（南海軍） 増田敏（南海軍） 松下繁二（阪神軍） 松本利一（金鯱軍） 宮口美吉（南海軍） 三輪八郎（阪神軍） 村上重夫（ライオン軍） 村瀬一三（名古屋軍） 村松長太郎（セネタース） 村松幸雄（名古屋軍） 森国五郎（阪神軍） 森田実（金鯱軍） 八木進（南海軍） 矢島粂安（巨人軍） 吉原正喜（巨人軍） 渡辺静（朝日軍） 渡辺敏夫（阪急軍）

アマチュア野球出身者

梶上初一（慶應義塾大学） 加藤三郎（明治大学） 桐原眞二（慶應義塾大学） 楠本保（慶應義塾大学）近藤清（早稲田大学） 近藤鉄己（慶應義塾大学） 嶋清一（明治大学） 中田武雄（慶應義塾大学）松井栄造（早稲田大学） 御子柴長雄（明治大学）

○プロ野球出身者の氏名は、「鎮魂の碑」（東京ドーム）に祭られた選手の一覧を示す。所属チームは野球殿堂博物館による公開に準じている。登場人物一覧、戦場地図に記載されている所属チームとは異なる場合がある。
○アマチュア野球出身者は、「戦没野球人モニュメント」（野球殿堂博物館）に刻まれた名前のうち、本書に登場する選手を示す。

ちくま新書
1788

プロ野球選手《やきゅうせんしゅ》の戦争史《せんそうし》
――122名《めい》の戦場記録《せんじょうきろく》

二〇二四年四月一〇日 第一刷発行

著　者　山際康之（やまぎわ・やすゆき）
発行者　喜入冬子
発行所　株式会社 筑摩書房
東京都台東区蔵前二-五-三　郵便番号一一一-八七五五
電話番号〇三-五六八七-二六〇一（代表）
装幀者　間村俊一
印刷・製本　三松堂印刷 株式会社

ISBN978-4-480-07617-5 C0275

ちくま新書

1444
阪神タイガース 1985-2003
中川右介
1985年の日本一から2003年のリーグ優勝まで、二度の暗黒時代を阪神タイガースはいかに乗り越えてきたか。栄光と挫折の歴史を、事実に基づき再構成する。

1736
日本人が知らない戦争の話
――アジアが語る戦場の記憶
山下清海
かつて、私たちは何をしたのか。長年アジア各地で人びとの声に耳を傾けてきた地理学者が、日本人がけっして忘れてはいけない戦争の理不尽な現実を明らかにする。

1732
写真が語る銃後の暮らし
太平洋戦争研究会
一九三一年から四五年を中心に世相、事件、生活を資料性の高い貴重な写真で振り返る。歓喜から絶望へと突き進んだ戦時下をしたたかに生き抜いた人々の日常。

1730
B-29の昭和史
――爆撃機と空襲をめぐる日本の近現代
若林宣
B-29はいかにして、太平洋戦争そのものを象徴する存在になったのか。戦略爆撃機の開発から『火垂るの墓』まで、豊富な資料で読み解く縦横無尽のB-29史。

1727
東京史
――七つのテーマで巨大都市を読み解く
源川真希
明治維新から今日までの約一五〇年、破壊と再生を繰り返し発展してきた東京を様々な角度から見つめ、読み解き、その歴史を一望する。まったく新しい東京史。

1704
英語と日本人
――挫折と希望の二〇〇年
江利川春雄
日本人はいかにして英語を学んできたのか？　文明開化、英会話ブーム、小学校英語への賛否――、二〇〇年に及ぶ悪戦苦闘の歴史をたどり、未来を展望する決定版。

1499
避けられた戦争
――一九二〇年代・日本の選択
油井大三郎
なぜ日本は国際協調を捨てて戦争へと向かったのか。国際関係史の知見から、一九二〇年代の日本に本当は存在していた「戦争を避ける道」の可能性を掘り起こす。

ちくま新書

1236
日本の戦略外交
鈴木美勝
外交取材のエキスパートが読む世界史ゲームのいま。「歴史」の和解と打算、機略縦横の駆け引き、舞台裏で支えるキーマンの素顔……。戦略的リアリズムとは何か！

1258
現代中国入門
光田剛 編
あまりにも変化が速い現代中国。その実像を政治史、文化、思想、社会、軍事等の専門家がわかりやすく解説。歴史から最新情勢までバランスよく理解できる入門書。

1345
ロシアと中国　反米の戦略
廣瀬陽子
孤立を避け資源を売りたいロシア。軍事技術が欲しい中国。米国一強の国際秩序への対抗……。だが、中露蜜月の舞台裏では熾烈な主導権争いが繰り広げられている。

1515
戦後日本を問いなおす
――日米非対称のダイナミズム
原彬久
日本はなぜ対米従属をやめられないのか。戦後の「日米非対称システム」を分析し、中国台頭・米国後退の中、政治的自立のため日本国民がいま何をすべきかを問う。

1601
北方領土交渉史
鈴木美勝
「固有の領土」はまた遠ざかってしまった。歴代総理や官僚たちが挑み続け、ゆっくりであっても前進していた交渉が、安倍外交の大誤算で後退してしまった内幕。

1638
北朝鮮外交回顧録
山本栄二
拉致被害者の帰国はいかにして実現したのか。一九九〇年の金丸訪朝から二〇〇二年、〇四年の二度の小泉訪朝までの北朝鮮外交に従事した外交官による回想録。

1679
韓国の変化 日本の選択
――外交官が見た日韓のズレ
道上尚史
飛躍的な変化を見せる韓国とどう向き合うべきか。長く韓国に駐在し、現地事情に精通した外交官が、韓国市民の日本観を冷静に分析。日本の進むべき道を提言する。